Duas Vidas

Antonieta V. Meyer

Pelo Espírito
Virgínia

INSTITUTO DE DIFUSÃO ESPÍRITA

ide editora

INSTITUTO DE DIFUSÃO ESPÍRITA
Av. Otto Barreto, 1067 - Caixa Postal 110
CEP 13602-970 - Araras - SP - Brasil
Fone (19) 3541-0077 - Fax (19) 3541-0966
C.G.C. (MF) 44.220.101/0001-43
Inscrição Estadual 182.010.405.118

www.ide.org.br
info@ide.org.br
vendas@ide.org.br

Capa:

César França de Oliveira

8ª edição – julho/2005

3.000 exemplares

(50.501 ao .53.500)

Ficha Catalográfica

(Preparada na Editora)

Meyer, Antonieta Vieira, 1902-1988.

M56d *Duas Vidas* / Antonieta Vieira Meyer, Virgínia (Espírito). Araras, SP, 8ª edição, IDE, 2005.

384 p.

ISBN 85-7341-330-1

1. Romance 2. Espiritismo 3. Psicografia I. Título.

CDD-869.935
-133.9
-133.91

Índices para catálogo sistemático:

1. Romances: Século 20: Literatura brasileira 869.935
2. Espiritismo 133.9
3. Psicografia: Espiritismo 133.91

ÍNDICE

PRIMEIRA PARTE

Madalena

SEGUNDA PARTE

Virgínia

PRIMEIRA PARTE

Madalena

1

Alucinante amor à primeira vista

Nasci rica e nobre, filha primogênita dos orgulhosos Duques de X., cujos brasões de nobreza se entrelaçavam com os dos Reis da França.

O castelo de meus pais ficava no burgo de Saint-Germain, a poucos quilômetros de Paris; era um castelo antiqüíssimo, construído por um ancestral de minha família que, em épocas remotíssimas, deixou escrito nas páginas da história da França grandes e memoráveis feitos.

Remodelado por um dos seus filhos que o guarneceu de preciosíssimas relíquias, foi, entretanto, quase que destruído e saqueado quando minha família sofreu atroz perseguição na época do terror.

Anos depois, voltou o lendário castelo a pertencer novamente à família dos Duques de X., meus avós.

Desde então, foi constante e firme o seu prestígio; assim digo, porque nesse castelo foram discutidos vários, grandes e importantes problemas da França, e nos seus salões vastos e regiamente ornamentados, passaram os mais destacados vultos da nobreza francesa, os maiores sábios e os mais geniais artistas.

Nesses mesmos salões de paredes cobertas de espelhos e de dourados móveis, belas damas teceram as mais sutis intrigas e deixaram gravadas as mais escandalosas lendas.

Até quando aí vivi, esse castelo tinha, em cada recanto, uma história digna de ser contada...

Meus pais tinham por mim grande e desvelado amor, pois além de filha primogênita, fui, também, a única mulher. Tive dois irmãos.

Quando completei quinze anos, era uma lindíssima adolescente de cabelos loiros, de um dourado ouro velho, longos, sedosos, crespos, cujos cachos, caídos nos ombros, eram encantadores.

Olhos azuis, ternos e límpidos, cujo olhar, protegido por delicados cílios, encobria um mundo de promessas... Boca pequena, lábios rubros e sensuais, que, mesmo nessa etapa de juventude, em que tudo denota inocência e pureza, os meus lábios, de contornos perfeitos, tinham marcado, fortemente, o meu temperamento que, com o desabrochar dos anos, iria positivar a mulher que fui, sedenta de prazer, insatisfeita e volúvel... Já no despontar dos anos, tinha, bem visível, o estigma da aventura pairando sobre mim.

Corpo esbelto, cintura delgada, como um flexível galho verde balouçando pelo vento ou pela aragem leve; assim era o meu andar... pés pequeninos.

Clara, muito clara, tinha a minha tez a maciez gostosa do arminho. Enfim, tudo em mim era perfeito... quinze anos... lembro-me bem desse dia tão distante, desse quinze de maio que abriu para mim as portas douradas da sociedade, em que eu, qual irrequieta borboleta, ébria de luz e de perfume, pousei desorientada em várias flores sugando, sôfrega, o mel delicioso contido nas corolas entreabertas... Sim, eu, qual borboleta irrequieta, transpus, resoluta, os umbrais dos salões iluminados, em busca, não do mel delicioso e perfumado, mas em busca da ilusão, do sonho, do prazer, do "Amor".

Meus pais abriram os ricos salões do magnífico castelo para uma recepção grandiosa, comemorativa à grande data do meu natalício.

Veio de Paris, especialmente, o meu traje para essa noite marcante da minha vida.

Branco, vaporoso, feito de finíssimas e autênticas rendas, com graciosos apanhados presos por grandes laços de veludo; no corpete ajustado, modelando meu busto de encantadora adolescente, sobressaíam as pérolas de riquíssimo colar, oferta de meu pai.

Os cabelos loiros, erguidos e presos também por delicados fios de pérolas, sustentando os bandós; e, para completar o belo traje, eu levava um vaporoso leque feito de rendas, idênticas às do vestido, incrustadas em varetas, marchetadas de ouro e pérolas...

Na idade de quinze anos, eu já tinha bem pronunciados todos os requintes de faceirice e de dissimulação, inatas em mim. Sem demonstrar o menor sinal de timidez, transpus o salão iluminado e florido, pelos braços de meu pai, para a minha entrada triunfal na depravada sociedade... Entrei com passos firmes e, com olhar dominador, fitei desassombrada todos os convivas, principalmente os nobres senhores, desde os velhos corruptos até os jovens ousados e galanteadores.

Fiz de todos os que me foram apresentados, um rápido exame e uma análise ligeira, sedenta de conhecer pormenores daquela sociedade onde eu, pela primeira vez, entrava em contato, mas da qual, às ocultas já sabia de inúmeros "casos" que me deixaram trêmula de curiosidade.

* * *

Meu pai era descendente de nobilíssima família, cujos brasões de nobreza vinham sendo entrelaçados há muitos anos com os da família Real da França; entretanto, minha mãe pertencia a uma arruinada e decadente família de nobres, em que diversos membros, fugindo à velha tradição de só se unir com fidalgos, preferiram escolher suas esposas entre artistas, algumas bem humildes, ou então desconhecidas plebéias que eles corajosamente tiveram a ousadia de elevá-las à dignidade de esposas.

O meu avô materno foi casado com uma grande cantora que

deslumbrou as platéias da Europa com o encanto da sua voz e sua beleza estonteante.

Casados, ela tudo abandonou, para viver unicamente devotada ao esposo que adorava...

Mas, mesmo assim, não foi esquecido o seu passado. Ela o tinha vivido intensamente, deixando atrás de si um rastilho de fama difícil de ser apagada.

Não possuía assim, minha mãe, grandes brasões de nobreza, mas a sua família era de artistas natos e de renomados críticos e escritores...

Foi na sua família que eu encontrei o único homem que amei e desejei sinceramente, e assim como meu pai não exigiu brasões de alta nobreza, eu também não os quis: preferi o artista...

Com verdadeira ansiedade iniciei a minha entrada na sociedade. Foi também para os amigos e freqüentadores dos salões do nobilíssimo Duque de X. uma atração a entrada da encantadora adolescente.

Eu era uma jovem forte, de saúde perfeita como das rústicas camponesas, que viviam livremente nos campos em contato constante com a natureza. A minha voz macia e delicada encobria o meu temperamento enérgico e voluntarioso.

Vivi sempre mergulhada, desde pequena, nos enramados das artes e das intrigas, não só amorosas como políticas e, ao completar quinze anos, já era muito adiantada em música, canto e em outras coisas que vinha observando e aprendendo desde criança.

Tive sempre plena liberdade. Conversava, com desembaraço, sobre todos os assuntos, sendo meu pai o meu melhor mestre e que, naquela época remota, já era um reformador, sendo entusiasta defensor dos direitos de igualdade entre homens e mulheres...

Deu-me liberdade de sair sem ser acompanhada por uma dama, como era exigido para as filhas de nobres senhores.

Eu corria sozinha pelos jardins e, mais tarde, pelo bosque,

montada em fogosos ginetes puro sangue, as rédeas soltas, os cabelos revoltos e as faces rubras.

Quando meu pai me via chegar assim, batia palmas contente e, me abraçando, dizia:

– Assim, filha, é que deviam ser educadas todas as mulheres: livres, soltas pelas campinas floridas e pelos bosques verdes e belos, cantando alegres e sadias, e não atrofiadas nos salões dourados, apertadas e empoadas, mistificando todos os anseios, corrompendo o caráter, mentindo, dissimulando. Filha, eu compreendo quanto vale a liberdade para uma mulher... Eu compreendo – dizia ele, balançando a cabeça nobre, já grisalha, porém, bela.

Eu tinha por meu pai grande e profunda admiração.

Achava que só ele era justo e as suas teorias, tão avançadas naquela época, em que tudo se resumia no círculo estreito das aristocracias afamadas e corrompidas, onde homens e mulheres viviam numa promiscuidade escandalosa, ignorantes e impuros, meu pai era, na verdade, excepcional e quase único...

Mesmo depois de me tornar conhecida e famosa, já no apogeu da celebridade, recordava sempre meu pai, e as suas palavras e conselhos permaneceram imorredouras no meu coração e no meu pensamento...

Quando já senhora de mim, decepcionada com tudo e com todos, foi que mais admirei meu pai e que mais reconheci quanto ele era bom e como as suas teorias eram magníficas e humanas.

Segui sempre as suas diretrizes no setor da vida social e amorosa; só desvirtuei os seus conselhos, olvidando que tinha deveres sacrossantos perante os meus e perante os homens.

Não fui boa como foi meu pai, que, apesar de livre-pensador, era caridoso e justo; e eu fui egoísta e má.

Somente segui os seus exemplos, vivendo uma vida livre, mas ignorando todas as críticas, passando por todos os preconceitos sociais, satisfazendo as minhas vontades, desprezando e zombando de tudo.

* * *

Meu pai não seguia nenhuma religião, só acreditava no que via e sentia: a Natureza...

Assim, também, eu fui... Debalde minha mãe, que era muito religiosa, sempre obediente ao seu confessor, um velho jesuíta, tentava me convencer que devia seguir a sua religião; mas sempre foram inúteis os seus apelos, inúteis, também, os conselhos do velho sacerdote.

Eu ria, mesmo na frente deles, sacudindo os cachos dourados e, desprezando as críticas e as ameaças de minha mãe, saía correndo para o jardim ou, então, pelos campos. Muitas vezes, sentei-me na relva fresca e verde, e fiquei entregue aos meus pensamentos e às minhas dúvidas. Estava com quinze anos e sentia a vida crepitar impetuosamente diante de mim.

Pensava, certa manhã, quando, fugindo de minha mãe, busquei o campo para o meu repouso; pensava, olhando para o verde claro da campina salpicada de delicadas florzinhas e para o azul forte do céu; não tenho dúvida: só é verdade o que sentimos através da vida; só é verdade o que temos diante de nós, nada mais existe além disso... Tenho quinze anos e devo satisfazer a mim mesma.

Preciso conhecer todos os segredos da vida; tenho de iniciar o meu aprendizado, quero e hei de triunfar; alcançarei tudo quanto almejo, terei aos meus pés os mais fervorosos admiradores; deslumbrarei a sociedade com as minhas idéias audaciosas, derrubarei preconceitos, galgarei todos os obstáculos, mas triunfarei, serei o que desejo ser: amada, cortejada e célebre; enfim, dominarei e serei soberana e absoluta...

Deitada, negligentemente, na relva fresca, olhando o firmamento azul, sozinha, na vastidão da campina cujo silêncio só era interrompido pelo piar delicado dos pássaros e pelos zumbidos rápidos dos insetos, deixava que o meu pensamento vagasse livre.

Mirando o céu muito belo, fazia uma interrogação a mim mesma... céu... firmamento... o que será realmente?... éter, diz meu pai; moradia das almas boas, dizem minha mãe e o velho sacerdote... Sem querer, dou uma gargalhada... almas boas, moradia dos bons, reino de Deus; qual, não creio nisso; penso como meu pai... éter... éter e nada mais...

Deus... ora, também não creio... Não posso crer numa divindade soberana, sentada num régio trono, com uma corte de anjos e serafins entoando melodias lisonjeiras... Não, nada disso existe; nada.

Deve existir somente uma força possante e criadora que deu impulso para o desabrochar perfeito e ritmado de tudo isto que abrangemos.

Estou com meu pai; só é real a Natureza; observando com atenção, teremos a convicção plena dessa verdade.

Deitada como estava na relva, alcancei um pé de delicada plantinha agreste que, nessa manhã, estava coberta de belíssimas flores; sentei-me e, arrancando uma, fiz um exame meticuloso: primeiro analisei a raiz, foco primordial da vida da tenra plantinha, donde vem a seiva para alimentá-la e fazê-la crescer e desabrochar, nascida, como foi, a esmo, na imensidão da campina... Não sei... Para mim, ignorante adolescente, mistério... Depois, a haste delgada que sustenta as folhas verdes e as flores coloridas.

Donde vem e como surgiu o verde dessas folhas e o colorido perfeito das suas pétalas?

Não sabia, também... Olhei para um regato que cortava a campina e deslizava, placidamente, indo desaparecer muito ao longe... Água... quantas vezes tenho pensado no profundo mistério do surgimento da água na Natureza... Diz o velho sacerdote que as mesmas foram criadas por Deus, nos primórdios da formação do Mundo... Água... Fogo... Ar... Terra... Muitos anos depois, quando, já conhecedora perfeita da vida, estudiosa e ansiosa, procurava, ainda aflita e descrente, nos velhos livros e nas palavras autorizadas dos grandes sábios, a explicação satisfatória para a minha ansiosa curiosidade, mas, mesmo aí, pairava, ainda, o mistério; tudo a ciência ia desvendando lentamente, mas, ao chegar nesses rudimentares princípios, parava bruscamente diante do obstáculo intransponível... Terra... Água... Fogo... Ar...

Vinha, pois, desde os meus quinze anos, a minha descrença; todas as manhãs, deixava o meu castelo e fugia para a campina, onde podia, sozinha, pensar e fazer os meus exames meticulosos.

Tinha uma constante preocupação, deveras singular, na minha idade: conhecer e desvendar os mistérios da Natureza, que eu admirava com ardor.

No círculo estreito do meu lar, só encontrava compreensão no meu pai; porém, ele vivia subjugado, quase alheio ao aconchego da família, entregue aos problemas difíceis da época, dado ao seu grande nome e à sua ilustre posição no cenário público.

Minha mãe, que nada procurava conhecer, sentia-se perfeitamente feliz com as indulgências do seu confessor, e eu, sozinha, não encontrava guarida para as minhas idéias.

Desalentada, saía para os campos e para as florestas onde, engolfada na tranqüilidade acolhedora das suas sombras amenas, deixava vagar o meu pensamento.

Ouvia os pássaros, sentia o odor agradável vindo das flores e, cada vez mais, sentia a nulidade dos dogmas pregados por minha mãe e pelo padre... Não acreditava em dogmas, jamais acreditaria...

Meu pai tinha razão quando dizia que só a Natureza existia, somos partículas dela e, assim como os pássaros e as plantas, a deixaremos, depois de um período de vitalidade, devolvendo à terra mater os tributos exigidos para o seu constante desenvolvimento.

***

Foi numa noite de grande gala, quando os aristocráticos salões do nobre Duque de X. se abriam para uma grande recepção, que vim a encontrar Edmundo de G., já então célebre escritor, no apogeu da fama e no ápice da mocidade... Foi, trêmula de emoção, que o divisei ao longe, recostado num antiqüíssimo *console,* onde ricos objetos estavam colocados; e, ao alto, um grande espelho, cujo cristal límpido refletia a imagem do belo homem que eu, emocionada, contemplava ao longe.

Estava Edmundo tão entregue aos seus pensamentos, e tão alheio ao barulho que vinha do salão próximo, onde inúmeros pares dançavam, embalados por uma orquestra que executava alegre e saltitante minueto, que não desconfiava que estava sendo meticulosamente examinado; e eu podia, também, do meu lugar afastado, quase encoberta por um indiscreto jarro, fazer a análise desejada. Senti, desde os primeiros instantes, que aquele homem jamais se afastaria da minha vida.

Podiam, como puderam outros homens cruzar a minha atribulada existência, mas jamais poderiam afastar do meu coração esse estranho e alucinante amor que sentia por Edmundo... Desde essa noite, ele ficou ligado a mim por laços tão fortes, que os mais rudes temporais não conseguiram destruir.

Anos após anos, fiquei ligada a ele, sempre presa a esse amor, que foi depois do afeto que dedicava a meu pai, o elo mais puro e nobre da minha vida.

Edmundo era um belo tipo de homem: alto, de porte distinto, vestindo-se sempre com apurada elegância, tinha olhos pretos e olhar calmo e indiferente, que mesmo quando pousava, ansioso, em qualquer ponto, parecia sempre que não estava observando nada, tal a quietude vinda do seu olhar belo e estranho; porém, o que mais me atraía em Edmundo era o sorriso irônico e sarcástico, completamente diferente do olhar calmo e belo.

Boca larga, lábios grossos e ligeiramente proeminentes, onde pairava um sorriso que causava sempre um certo temor... Mesmo quando ele, nos transportes de ternura, dizia as mais delicadas e suaves palavras ou quando recitava pequeninos poemas seus, tinha, bailando nos lábios, o sorriso sarcástico e até mesmo, quando isolado ou indiferente, como estava na noite em que o conheci, recostado no *console,* sozinho e pensativo, foi o seu sorriso estranho o que mais me impressionou.

Nervosa, arranquei uma folha da bela planta que tinha ao meu lado e, depois de apertá-la muito tempo, atirei-a para longe.

Foi nesse momento, que o fino cordão de seda que prendia o meu pequenino e delicado leque de rendas se partiu e caiu juntamente com a verde folhinha.

Edmundo voltou-se rapidamente e, ao ver, bem perto dele,

o leque, ligeiro se aproximou e o tomou, olhando, incontinenti, para o lado, à procura de sua dona.

Nesse instante, eu me aproximei também e, trêmula e rubra, recebi de suas mãos o leque que iria nos unir.

Esse pequenino e delicado leque, feito de fina renda, presa a varetas de madrepérolas incrustadas de minúsculas safiras, eu guardei cuidadosamente para sempre...

Quando o recebi, nossos olhares se cruzaram e uma forte emoção, que não nos foi possível ocultar, nos uniu estreitamente... Parados ficamos defronte um do outro, mudos, examinando-nos, mutuamente.

Depois, foi ele quem primeiro falou e, numa reverência correta, calmamente, beijou-me a mão, com galanteria.

Fiquei imóvel sem poder dizer uma só palavra. Sentia, na minha mão, o calor do beijo ardente do belo jovem.

Não seria necessário mais do que esses rápidos momentos para sentirmos que um forte e impetuoso amor nos iria ligar doravante...

Compreendemos que éramos dotados de idêntico temperamento e de uma grande ousadia...Só depois de passados alguns instantes, foi que consegui dizer, ainda com dificuldade, "Madalena"...

Vinham do grande salão, até nós, os acordes suaves da grande orquestra que executava uma lânguida valsa. Sem dizer nada, ele tomou-me a mão e quase que me arrastando, encaminhou-se para o salão.

Deixei-me levar e só voltei a mim quando senti que estava fortemente presa pelos braços de Edmundo, que apertava-me delicadamente junto a ele.

Sentia o hálito quente que vinha da respiração ofegante do meu par. Envolvidos no torvelinho da valsa, embriagados pelos perfumes das damas e das flores, num rodopiar veloz, íamos, aos poucos, nos estreitando cada vez mais...

Sentia que os seus braços me prendiam, agora, como se fossem duas tenazes e que inútil seria o meu esforço para livrar-me deles, mas, em dado momento, não podendo mais suportar a pressão, senti que uma forte vertigem turvou-me a vista e que um entorpecimento invadiu o meu corpo.

Tombei desmaiada nos braços de Edmundo.

Quando voltei a mim, estava sentada num longo divã, tendo ele ao meu lado, aflito, comprimindo as minhas mãos frias.

Bruscamente, sentei-me e as retirei.

Edmundo aproximou-se e perguntou:

– Estás bem?

– Sim – respondi. – Podemos voltar ao salão.

Novamente ele ofereceu o braço e, calmamente, retornamos ao salão; ao entrarmos, fui surpreendida por uma jovem de rara beleza que, ao ver-me em companhia dele, teve um gesto de contrariedade que não pôde disfarçar e, com voz altiva, foi, incontinenti, interrogá-lo:

– Onde estavas que há tanto tempo te procuro?

Senti que Edmundo apertava fortemente o meu braço e, sem a menor preocupação, respondeu:

– No terraço, em companhia desta jovem que te apresento: Madalena...

Nesse instante, senti todo o ímpeto do meu temperamento indomável e, já, a tortura do ciúme que iria perseguir-me por toda a vida. Deixei o braço de Edmundo e aproximei-me da jovem que, também impassível à minha frente, esperava, altiva, o que eu ia lhe dizer.

Aproximei-me e com voz pausada disse:

– Madalena, Duquesa de X.

Notei que um estremecimento imperceptível percorreu todo o corpo da jovem e que os seus olhos grandes e negros, sombreados de longos cílios, se fecharam ligeiramente, que as suas mãos finas e alvas se comprimiram fortemente e que ela, num esforço supremo, tentou reprimir o abalo que minhas palavras lhe causaram. E, assim, todos os três ficamos calados até que ouvi a jovem, muito devagar, dizer:

– Ângela – e, depois, erguendo a cabeça perfeita, onde um gracioso ramo de delicadas florzinhas prendiam os cachos negros do seu cabelo, fitou-me, desta vez, demoradamente e, quase com arrogância, tornou a dizer:

– Ângela, noiva de Edmundo...

Senti, nesse momento supremo da minha vida, a mais forte emoção que experimentei e que, durante toda a minha existência, não pude esquecer.

Deixei de ouvir os acordes da orquestra, pareceu-me que todas as luzes se apagaram repentinamente deixando o salão às escuras; nada mais ouvi; só mesmo o eco da voz da jovem desconhecida, dizendo: – Ângela, noiva de Edmundo... Ângela... Ângela...

Quando consegui recuperar o domínio dos meus nervos desarticulados, tinha ainda defronte de mim a jovem e sentia, também, o braço de Edmundo que continuava preso ao meu. Tornei a fitá-la e senti, então, o ódio tremendo contra aquela mulher que vinha reclamar, justamente, o que lhe pertencia.

Mas eu, Madalena, era muito altiva e saberia, agora, disputar o que tão ardentemente desejava.

Sabia que jamais poderia esquecer Edmundo, assim como previa que teria de lutar fortemente para afastá-lo daquela belíssima jovem que estava ao seu lado.

Foram momentos terríveis. Edmundo continuava junto a mim, enquanto Ângela, ao seu lado, esperava pacientemente.

Nesse instante, ouvi a voz de meu pai que se aproximava juntamente com uns amigos e, ao ver-me entre eles, alegremente apresentou-os:

– Madalena, creio que já é desnecessária a minha apresentação, porém, quero fazer-te sabedora de que Edmundo é ainda teu primo, embora muito afastado; é escritor e, brevemente, será um dos maiores nomes da nossa querida França – e, amigavelmente, bateu no ombro de Edmundo; depois, voltou-se para Ângela e, fazendo-a chegar até bem junto de mim, disse:

– Minha filha, esta linda donzela é filha da nossa velha amiga Baronesa de S.. Espero que sejam grandes e sinceras amigas.

E, satisfeito, voltou-se para atender o chamado de um amigo, deixando-nos novamente sozinhos.

Senti, então, que Edmundo afastou o meu braço e que, aproximando-se de Ângela, convidou-a para dançar; com um cumprimento cortês, afastou-se deixando-me só. Em pé, no mesmo lugar, acompanhei-os. Vi quando ela sorriu satisfeita e saíram num rodopiar lento pelo salão.

Debalde tentei reprimir todo o ódio que sentia desabrochar em mim. Tão absorta, não me apercebi que minha mãe estava ao meu lado, olhando curiosa para ver se podia descobrir o que eu, tão insistentemente, observava. Foi com um estremecimento que senti sua mão pousar sobre a minha.

– Madalena, o que estás sentindo? Estás tão pálida, minha filha, dize: o que sentes?

Voltei-me assustada para ela e, prontamente, respondi:

– Nada...

Depois, mais calma, pedi:

– Minha mãe, vamos nos sentar um pouco no terraço? Sinto-me exausta e desejo descansar.

Saímos. Era uma belíssima noite de luar; no terraço florido, onde o luar resplandecia, sentamo-nos, silenciosas. Por muito tempo contemplei a Lua e depois volvi o olhar para minha mãe, sentada ao meu lado. Pela primeira vez, constatei que ela era ainda uma bela mulher... Silenciosa, olhando calmamente o céu, vi, no seu rosto, vestígios de uma imensa mágoa... Aproximei-me mais e, meigamente, perguntei-lhe:

– Minha mãe, por que sofres?

Inopinadamente, ela se voltou e fixei seu olhar no meu; depois, emocionada, vi deslizar, pelo seu rosto, lágrimas abundantes que caíam sobre seu colo... mas, sempre calada, continuou seu exame.

Tinha, minha mãe, pouco mais de quarenta anos e ainda era

formosa, apesar de já brilhar, nos seus negros cabelos, brancos fios que davam, aos mesmos, maior encanto.

Sobriamente vestida, era, entretanto, de uma elegância distinta, de um porte tão aristocrático que não podia passar despercebido. Principalmente nessa noite, em que eu despertava para a vida, em que me sentia verdadeiramente mulher, tinha também sido, para mim, uma revelação, a minha mãe... Por que achei que ela sofria?

Por que a convidei para vir comigo até o terraço e não fui procurar meu pai? Por quê?

Ficamos novamente silenciosas. Olhei para a grande alameda que havia defronte. Ao longe, o grande portão. Ricas carruagens estavam paradas, à espera dos nobres senhores. O parque todo estava iluminado por graciosas lanterninhas multicores...

Voltei a contemplar minha mãe e, bruscamente, perguntei:

– Conheces Edmundo?

Ela tornou a olhar-me com insistência e depois respondeu:

– Conheço, assim como Ângela...

Levantei-me e fiquei recostada muito tempo junto a uma coluna. Quando olhei outra vez para minha mãe, vi que ela continuava sentada no mesmo lugar olhando, impassível, para o céu estrelado.

Vagarosamente, vim para o seu lado e sentei-me silenciosa. Muito tempo ficamos caladas, até que ouvi a voz suave e pausada de minha mãe e um imperceptível tremor percorreu meu corpo quando ela perguntou-me:

– Madalena, desde quando conheces Edmundo?

Fitei o meu olhar no seu rosto expressivo e vi que ela, ao fazer-me essa pergunta, não podia encobrir um certo temor; seu olhar, que sempre era terno, nesse momento mostrou-se apreensivo. Não respondi prontamente. Só passados alguns instantes, foi que, pausadamente, disse:

– Conheço Edmundo há poucos momentos e, casualmente.

Contei, rapidamente, à minha mãe o meu encontro com Edmundo e Ângela, sem encobrir a forte impressão que ele tinha me deixado.

Ela ouviu tudo, sem deixar de olhar-me, fortemente. Quando terminei minha rápida confissão, ela continuou calada até que não podendo mais conter minha impaciência, interroguei-a ríspida:

– Por que me fizeste essas perguntas e agora ficas calada? Por quê?

– Madalena, minha filha, pela primeira vez ouso dar-te um conselho. Ouve a tua mãe enquanto é tempo: afasta-te de Edmundo, se não queres sofrer muito e muito na tua vida. És moça, rica, bela, nobre, podes, com facilidade, encontrar outro jovem que venha a satisfazer-te plenamente, pois ele, além de ser noivo de Ângela há muito tempo, não pode satisfazer todos os teus caprichos e ambições. Sei quanto és altiva e, sobretudo, orgulhosa...

Edmundo não possui nem velhos brasões de nobreza, nem fortuna, capazes de satisfazer todos os teus loucos caprichos, todos os teus sonhos de glória, enfim, Madalena, ele jamais será o homem que cederá aos teus encantos. Afasta de ti, minha filha, esse amor que, inopinadamente, desabrochou no teu coração.

Num impulso incontido, levantei-me e, em pé, gritei bem alto:

– Nunca! Nunca!... Hei de conquistar Edmundo, custe o que custar; não temerei nada, todos os obstáculos que surgirem à minha frente, eu os derrubarei com a minha força de vontade. Saberei lutar para conseguir o que desejo. Empregarei todas as armas possíveis, mas Edmundo me pertencerá.

– Não, Madalena, ele jamais te pertencerá como desejas... eu conheço Edmundo e temo por ti, minha filha.

Dei uma risada nervosa, e, mais uma vez, fitando o rosto calmo de minha mãe, tornei a dizer, orgulhosamente:

– Verás! Tenho tudo quanto preciso para conquistar o homem que escolhi...

– Sim – respondeu minha mãe – estás em melhores condições do que Ângela, que não tem os teus títulos de nobreza nem a tua fortuna, nem a tua beleza, mas tenho certeza que Edmundo não a deixará por ti...

– Veremos; agora, vou te mostrar como Edmundo vai preferir-me à Ângela.

E, deixando minha mãe sozinha no grande terraço, voltei para o salão. Ao transpor a larga porta, divisei, sentados, conversando alegremente, Edmundo e Ângela... A custo consegui conter o ódio que senti ao vê-los juntos. Parada perto da grande porta, fiquei arquitetando o meu plano.

Como poderei afastá-los?

Nesse momento, a orquestra deu início à execução de uma romântica valsa... Vi, inesperadamente, meu pai se aproximar de Edmundo e, logo mais, sair dançando com Ângela. Senti uma satisfação tão grande, que, a custo consegui conter a minha alegria: depois, simulando indiferença, aproximei-me de Edmundo, que continuava sozinho, sentado no mesmo lugar, olhando Ângela que, pelos braços de meu pai, dançava contente. Aproximei-me...

– Como? Estás novamente sozinho? Onde está tua linda noiva?

Edmundo sorriu e mostrou-me Ângela valsando com meu pai.

– Veja, foi teu pai que veio arrebatar-me a companheira querida; por isso estou só.

Empregando toda a minha astúcia de mulher apaixonada, muito timidamente, disse:

– Será que posso substituir, por alguns momentos, a tua noiva, que meu pai teve a ousadia de vir tomar?

– Sim – respondeu-me, alegremente.

– Então, vamos também dançar; adoro esta valsa.

– Vamos.

E, tomando-me pelos braços, saímos empolgados pelos acordes belíssimos da música que ele gostava tanto. Mais uma vez, senti que os seus braços apertavam-me mais do que era natural... Sentia nascer dentro de mim um amor tão violento que é impossível descrevê-lo. Precisava arrebatá-lo de Ângela... Muito delicadamente perguntei-lhe:

– Há muito que és noivo de Ângela, Edmundo?

– Sim – respondeu ele, laconicamente.

Continuamos dançando calados; depois, tornei a perguntar, desta vez com a voz trêmula:

– Gostas muito da tua noiva?

Ele afastou-me um pouco de si para melhor poder fitar-me. Corajosamente, enfrentei o seu olhar perscrutador. Senti meu coração pulsar desordenadamente e um frêmito forte percorrer todo o meu corpo, mas não afastei o meu olhar do de Edmundo.

Deixei que ele me examinasse, demoradamente; depois, senti novamente os seus braços apertando-me ainda mais com força; então, desdenhosamente, disse-lhe:

– Edmundo... Não ouviste a minha pergunta? Perguntei se gostas muito de tua linda noiva e não deste resposta à minha indiscreta pergunta... por quê?...

Senti que ele tremeu e que o seu olhar, ao fitar-me, desprendia verdadeiras faíscas.

– Por que, Madalena, desejas saber se gosto muito de minha noiva? – retrucou, ele, sarcasticamente.

– Porque estou apaixonada por ti; sou mais corajosa e mais altiva do que julgas; pensei que tu o fosses também; será que me enganei?

– Não, Madalena, não te enganaste; sou como me julgaste: forte e sincero e, em retribuição à tua lealdade, vou responder, sinceramente, à tua pergunta: Não gosto de Ângela o quanto devia e precisava gostar para torná-la minha esposa, mas, mesmo assim, casar-me-ei com ela, brevemente. Eis a minha resposta sincera à tua pergunta.

Estremeci violentamente, e ele, sentindo, aconchegou-me mais estreitamente nos seus braços. Tentei reter as lágrimas que, indiscretas, surgiram nos meus olhos, mas foi inútil; elas brotaram tão ligeiras que foi baldado o meu esforço. Edmundo, emocionado, as contemplava... e os músicos, alheios ao nosso sofrimento, continuavam a executar a linda valsa.

Inesperadamente, Edmundo parou de dançar e, arrastando-me do salão, levou-me para o mesmo terraço onde, há poucos momentos, estivera conversando com minha mãe; deixei-me levar e só pude raciocinar quando senti os seus braços cingindo a minha cintura e ouvi perto a sua voz terna dizendo-me:

– Madalena... Madalena, por que só agora é que fui encontrar-te, por quê?

Senti, ao ouvir as palavras de Edmundo, uma profunda revolta e, rapidamente, voltei a fitá-lo bem de frente. Creio que, nesse momento, o meu olhar devia refletir todo o ódio que despontava inopinadamente em mim, assim como o amor alucinante que já sentia por aquele homem que, até bem pouco, era-me completamente desconhecido.

Muito tempo ficamos defronte um ao outro, sem articularmos uma só palavra: depois, foi que, mais refeita, consegui murmurar, quase que imperceptivelmente:

– Edmundo! Conta-me por que, sabendo que não gostas de Ângela, insistes em casar com ela; por que, Edmundo? Por quê?

Edmundo, tomando-me as mãos e olhando-me, profundamente, disse:

– Madalena, vamos nos sentar um pouco, que eu te contarei o motivo. Vamos, Madalena.

Carinhosamente, deu-me o braço e nos encaminhamos para o mesmo lugar onde estivera sentada com minha mãe.

A noite continuava maravilhosa e no céu claro pelos raios prateados do luar, minúsculas estrelas, pequeninas e cintilantes, enfeitavam, ainda mais, a vastidão do firmamento. Vinha do parque imenso e dos grandes canteiros, onde as mais raras e belas flores desabrochavam imponentes e magníficas, o perfume delicado e sutil que, chegando até onde estávamos, dava-nos uma sensação deliciosa.

Do salão iluminado, chegava, também, embora muito em surdina, os acordes da linda valsa que fora, por todos, pedida para ser repetida... Sentados, olhávamos o céu sem coragem para rompermos o silêncio que pairava entre nós. Recostei minha cabeça no espaldar da cadeira e fechei os olhos cansados... parecia-me que algo tinha despedaçado meu coração, tal a sensação de dor que sentia; todo o meu ser tinha sido atingido pela mudança brusca e inesperada.

Tornei-me, em poucos instantes, uma mulher na plenitude do seu desabrochar. Deixei de ser a adolescente de pouco mais de quinze anos, para tornar-me uma mulher capaz de viver e sentir fortemente a vida, e Edmundo seria o porquê ou a força integral que iria impulsionar-me para todos os embates que teria de enfrentar, doravante.

Olhos fechados, porém, sentindo o coração bater fortemente em meu cérebro, confuso pelas múltiplas lutas que vinha enfrentando comigo mesma.

Quando abri os olhos, vi que ele também estava com a cabeça recostada e de olhos cerrados; então, muito de leve, coloquei minha mão sobre a sua.

Ele estremeceu ligeiramente e, abrindo os olhos e fitando-me, calmamente, disse:

– Madalena, queres, então, ouvir a minha narrativa?

– Sim, Edmundo; estou ansiosa para ouvir-te; vamos aproveitar estes poucos momentos em que podemos estar sozinhos... conta-me logo; estou pronta para ouvir; vamos, começa.

Edmundo sorriu e, calmamente, começou a contar-me o que tão ardentemente desejava saber.

* * *

– Foi Ângela minha companheira de infância; desde muito pequeno acostumei-me a brincar com aquela graciosa menina;

juntos, corremos pelos prados floridos e pelas margens dos regatos. Depois, ainda juntos, percorremos as longas estradas, juntos estudamos.

Morávamos perto e nossos pais eram velhos amigos e longinquamente aparentados; o pai de Ângela morreu muito moço, deixando-a ainda de poucos meses; sua mãe, muito jovem, dedicou-se exclusivamente à filha órfã.

Tinha sido seu pai, na mocidade, um boêmio, desperdiçando toda a grande fortuna que herdara, nas rodas elegantes que freqüentava e também no jogo, onde perdeu os ricos castelos e as suas vastíssimas propriedades, deixando, assim, Ângela e sua mãe completamente arruinadas.

Possuindo o pequeno castelo que até agora habitam e limitadas à pequenina renda, passaram a viver calmamente.

Meus pais, também modestos e quase pobres, mantinham, com a desolada baronesa, verdadeira amizade.

Talvez ignores que sou aparentado com tua mãe pelo lado materno, pois nossas avós eram irmãs, sendo que ambas foram grandes e talentosas artistas. Vem, pois, de minha mãe, este amor às letras e às artes que tenho bem latentes em mim.

Sempre pretendi ser escritor, encontrando em Ângela forte colaboração e inspiração para levar triunfante o meu ideal de vencer somente pelo meu esforço e tenacidade. Foi amparado por ela, que escrevi o meu primeiro livro.

Ela tem sido a fonte máxima da minha persistência; a ela tudo devo até agora... Esse é o motivo, Madalena, por que jamais deixarei de lhe ser grato.

Confesso mesmo que, sem amá-la apaixonadamente, gostava o suficiente para torná-la minha esposa e continuarmos a viver placidamente como vínhamos vivendo até então. Com os meus livros, esperava alcançar pleno êxito e, financeiramente, elevar o nosso modesto patrimônio; mas não deixava de sentir que faltava algo de estimulante em minha vida...

Teria, com Ângela, a tranqüilidade de um lar, mas... certamente teria que viver sempre sozinho.

Ouvi atentamente tudo quanto ele me contava, com a cabeça recostada no espaldar da cadeira, olhando o céu estrelado, as mãos fortemente entrelaçadas; sentia, ao ouvir as palavras daquele homem que tinha bruscamente surgido na minha vida, até então feliz, uma violenta revolta, quando ele afirmou que sabendo que Ângela não iria fazê-lo feliz como desejava, mesmo assim casaria com ela simplesmente para cumprir um tolo dever, uma banal promessa feita na infância...

Volvi rapidamente a cabeça e fitei-o prolongadamente; nesse ligeiro exame, medi o quanto seria fatal para nós dois a realização desse enlace. Teria de evitá-lo, custasse o quanto custasse.

Foi quando, procurando dar à minha voz uma entonação suave, meigamente murmurei:

– Edmundo, não cases com Ângela, eu te peço, não cases.

Senti que ele estremeceu, pois tinha as mãos presas às minhas; depois, com a voz um tanto alterada pela comoção inesperada, disse-me:

– Madalena, não posso atender-te; fiz um juramento e o cumprirei, mesmo à custa da minha felicidade.

Ao ouvi-lo afirmar que se casaria com Ângela, senti novamente brotar em mim um ódio tremendo contra aquela que vinha arrebatar-me o homem que eu escolhera; que vinha destruir todos os meus sonhos, que vinha aniquilar todas as minhas ambições.

Sabia que, sem ele, não poderia viver feliz, teria de renunciar a todas as minhas ilusões e destruir o meu ideal de triunfos, quer na sociedade, quer no setor intelectual, pois sem o estímulo desse amor, seria uma vencida.

Edmundo, vendo o meu rosto transformado e lágrimas sentidas brotarem dos meus olhos, alucinadamente gritou-me:

– Madalena!... Madalena!...

Com força, afastei as suas mãos das minhas e, soluçando, respondi:

– Edmundo, tenho medo do que possa vir a nos atingir; sei

que não teremos forças suficientes para lutarmos contra esse amor que veio nos unir tão tardiamente.

– Madalena, prometo que serei sempre teu.

***

Foi quando ouvimos, indistintamente, a voz de minha mãe.

Surpreendidos tão inesperadamente, levantamos e ficamos olhando atônitos para ela, colocada bem à nossa frente.

Durante alguns instantes, afrontamos o seu olhar de censura; depois, calmamente, ela nos disse:

– Sentemo-nos, meus filhos, para podermos conversar.

Silenciosamente, ficamos à espera de que minha mãe falasse.

Vi no seu olhar tranqüilo, uma sombra de inquietação... mais uma vez, volvi a contemplar o seu porte fidalgo e senti uma profunda piedade, pois constatei, naquela noite, que minha mãe sofria dolorosamente.

Em silêncio, ligeiramente, fiz um retrospecto de toda minha infância; revi, emocionada, episódios longínquos; senti toda a mágoa que torturava o coração de minha mãe e que só agora é que eu podia compreender. Admirei a sua abnegação e a sua sublime renúncia...

Até então, eu só via meu pai e só para ele voltava a minha atenção e o meu entusiasmo, e, assim, entregue às minhas cogitações, fiquei esperando pelas palavras de minha mãe; quando voltei a olhar para Edmundo, compreendi que ele estava também ansioso para ouvi-la.

Tudo ao nosso redor infundia-nos profunda poesia, desde a noite enluarada, até os acordes maviosos que chegavam em surdina até o terraço florido e belo.

Olhei para o grande e majestoso castelo que me serviu de berço, castelo que ocultava nos seus salões dourados e nos recantos de seus vastos parques, histórias empolgantes, vividas pelos meus antepassados e que eu tão orgulhosamente sempre relembrei como um dos seus últimos rebentos.

Todas as vezes que volvia meu olhar para o grande castelo, sentia crepitar dentro de mim um orgulho tão intenso, que fazia-me fitar, a todos, sob um prisma mesquinho, que só mesmo uma destemerosa como eu, seria capaz de imaginar...

Sempre, ao fitar o meu castelo majestoso, pensava que poderia possuir tudo no mundo com meus brasões e a minha fortuna...

Mas, infeliz de mim, pois ao desejar a primeira coisa, vi imediatamente falir todos os meus audazes cálculos...

Vi que de nada valeriam os meus brasões, nem o meu castelo fabuloso, pois sentia que era preferida por outra que nada disso possuía.

E nessa noite em que vi, contristada, desmoronar tudo quanto arquitetei, senti também surgir, bruscamente, em mim, outra mulher, agora mais audaciosa, vingativa e má.

Creio que no meu rosto se estampava tudo quanto eu imaginava, pois quando fitei minha mãe vi que ela me olhava amedrontada, assim como Edmundo.

Não abaixei a vista; pelo contrário, fitei-os com insistência para que eles também constatassem a metamorfose inesperada.

Olhei depois para o salão e, com um sorriso enigmático, disse a mim mesma: – Veremos, Ângela, quem será, na verdade, possuidora de Edmundo.

Mais calma, volvi o olhar para minha mãe e, serenamente, perguntei-lhe o que desejava nos dizer:

– Podes começar, estamos prontos para ouvir-te.

Vi o rosto calmo de minha mãe transformar-se completamente; nos seus olhos límpidos, perpassou um clarão diferente; e as suas mãos fidalgas de dedos longos, onde só um anel brilhava solitário, se comprimiram nervosas; depois, nos olhando com ternura, disse:

– Meus filhos, a minha história será rápida, um simples

retrospecto do passado distante. Julguei que nunca mais fosse necessário volver as páginas amareladas desse passado saudoso... tinha bem oculto, no âmago do meu coração, toda a saudade da minha mocidade; e só agora, que os meus cabelos estão brancos e os meus olhos cansados pelo decorrer vagaroso do tempo, conduzo-me, emocionada, pelas paragens onde vivi os meus melhores dias.

Volto a rever a minha modesta casa... os móveis antigos, os retratos imponentes da bela mulher que foi minha mãe e minha avó; não posso olvidar o grande *console;* vejo a caixa de prata e o álbum de reminiscências, cheio de histórias e lendas.

Vejo o precioso *gobelin* bordado por minha avó, cujo trabalho é perfeito. Vejo os bibelôs e depressa transporto-me para o salão de refeição onde estão arrumadas as porcelanas e a baixela cinzelada, que era o orgulho de minha avó.

Pode parecer ridícula a vós, meus filhos, esta recordação, pois, a mim, também parece; mas é tão suave esta lembrança, principalmente nesta noite enluarada, entre flores e música...

Tu, Madalena, já deves saber que Edmundo é meu parente, embora distante. Há muito tempo que não nos víamos; forçada pela mudança brusca de minha vida, afastei-me definitivamente de minha família, passando a viver noutra esfera e com o decorrer dos anos fui perdendo todos os meus entes queridos; primeiro, minha avó, depois, minha adorada mãe e assim fui sendo esquecida pelos parentes mais afastados. Pouco sabia, e procurava, mesmo, apagar toda a lembrança deles e esquecer, definitivamente, donde tinha vindo.

Noto, no teu olhar, Madalena, a curiosidade de saber como encontrei teu pai e como nos unimos pelos laços fortes do matrimônio. Crê, minha filha, que, muitas vezes, já senti vontade de contar-te como isto aconteceu, porém, eras tão jovem, que sentia ser inoportuno contar-te o meu passado,... mas, hoje, inesperadamente, vi que era chegado o momento quando vi Edmundo ao teu lado e Ângela em nossa casa.

Quando minha mãe pronunciou o nome de Ângela, senti que todo o meu ser estremeceu e, olhando para Edmundo, sorri contrafeita.

Minha mãe não demonstrou ter se apercebido disso e continuou a nos revelar a sua história que seria, pelo que entendi, a própria história de Ângela:

– Conheci meu marido muito jovem quando, em companhia de meus pais, assistia a um imponente espetáculo em Paris...

Como sabes, minha mãe foi uma famosa artista cantora, possuidora de magnífica voz e de uma atordoante beleza, predicados esses que conseguiram atrair meu pai, autêntico fidalgo, dono dos mais belos títulos da Europa.

A minha família vinha sofrendo sérios reveses financeiros que obrigaram, muitos deles, a procurar nas artes e nas letras o necessário para viver. Inteligentes, desprezaram a opinião da sociedade, casando com humildes desconhecidas.

Minha mãe tinha por meu pai, um culto de veneração, tudo abandonando para viver somente para ele...

Muito jovem e bela, tendo vivido só para sua arte, conhecida e cobiçada, teve de enfrentar terríveis lutas para manter uma vida afastada e tranqüila.

Cresci, sendo sempre adorada por meus pais, pois fui a primeira e única filha. Lembro-me da minha infância distante quando corria feliz pelos prados floridos em companhia de outras crianças, filhas de amigos e parentes de meus pais... lembro-me das manhãs claras e radiosas, quando alegres saíamos para os nossos folguedos, algumas vezes perseguindo bandos multicores de libélulas que vinham descuidadas pousar nas corolas entreabertas das flores, e doidas de contentamento ficávamos quando conseguíamos, depois de ingentes lutas, aprisionar algumas... outras vezes, procurávamos, no prado, as belas ovelhinhas e, maldosamente as subjugávamos para depois tornarem-se nossas pacientes companheiras de traquinagens.

Éramos três meninas e dois meninos, sendo, os últimos, os mais velhos...

Gerard, assim se chamava um deles, era o meu companheiro predileto. Filho de uma velha amiga de minha mãe e órfão deste tenra idade. Pobres, viviam de modestos rendimentos, pois sua família, apesar de nobre, vinha há muito tempo perdendo os vastos e ricos patrimônios, ficando a mãe de Gerard quase que completamente arruinada.

Acostumei-me a ter Gerard ao meu lado, desde muito pequena e foi com ele que comecei a brincar e, sempre juntos, fomos crescendo.

Nesse instante, ouvimos a voz de meu pai, já bem perto, surpreendido ao deparar-se com minha mãe em nossa companhia.

Passado o primeiro momento de surpresa, alegremente nos interrogou:

– Então o que foi isso? Abandonastes os convidados?

Minha mãe ergueu os seus olhos límpidos e, calmamente, respondeu:

– Sim, abandonamos os nossos convidados e procuramos este terraço para descansarmos por alguns momentos. A Lua estava tão bela que nos esquecemos de que deveríamos estar juntos dos nossos amigos. Vamos, pois, meus filhos.

E levantou-se, aceitando o braço de meu pai que, elegantemente, voltou com ela para o salão.

***

Fiquei novamente sozinha com Edmundo. Muito tempo nos conservamos calados. Ouvíamos, nitidamente, os acordes de mais uma linda melodia...

Eu tinha a garganta ressequida e sentia uma forte opressão no meu coração que pulsava desordenadamente. Foi muito violenta a metamorfose operada em mim. Deixei rapidamente de ser uma adolescente sonhadora para ser uma verdadeira mulher.

Sim, uma mulher terrivelmente amorosa e ciumenta. Em poucas horas, o amor que ele despertou em mim foi tão forte, que eu mesma me desconhecia. Queria-o loucamente e tudo faria para alcançar a realização desse sonho. Derrubaria todos os obstáculos, afastaria tudo que surgisse no meu caminho, mas Edmundo seria meu.

Creio que o meu rosto estava transformado, pois foi ele quem me tirou da muda meditação em que eu estava engolfada, pousando a sua mão forte e quente sobre as minhas, que estavam geladas.

Depois, muito junto de mim, falou baixinho:

– Madalena, o que pensas? Por que te vejo tão diferente?

Olhei insistentemente para Edmundo, procurando fixar o seu olhar, como se ele fosse um livro aberto em que eu pudesse ler e compreender o que realmente se passava com ele.

Será que ele sentia o mesmo amor que tinha despertado em mim?

Surgiu então a visão de Ângela. Senti, outra vez, o ódio brotar em meu coração.

Tinha ódio daquela mulher que estava entre mim e Edmundo, e fechando as minhas mãos fortemente, pensava: – Eu afastarei Ângela... eu afastarei Ângela...

Então, Edmundo levantou-se e falou:

– Madalena, voltemos para o salão, vamos.

Levantei-me e, sem aceitar o braço que me oferecia, nos encaminhamos apressados para o iluminado salão.

Ao transpormos a porta, Edmundo tomou-me a mão e pediu:

– Madalena, pede à tua mãe para nos contar a história interrompida; estou ansioso para ouvi-la. Avisa-me, que voltarei.

E, sem esperar a minha resposta, afastou-se.

Fiquei parada junto à grande porta, vendo os pares que alegremente dançavam, recostei a minha cabeça na grossa coluna e fechei os olhos cansados.

Quando tornei a abri-los, deparei-me com um imenso espelho, de rica moldura, refletindo a imagem de uma linda mulher. Fitei a imagem, desassombradamente, e constatei que, na realidade, a imagem refletida no grande espelho era lindíssima.

Sorri satisfeita ao fazer esse exame. Depois ergui mais a

cabeça, sacudindo os cachos graciosos do meu cabelo e sorri para constatar que era encantador também o meu sorriso.

Deixei a coluna e ereta fiquei para poder melhor ver todo o meu porte, e na minha mente confusa e atormentada pelo ciúme, procurei colocar Ângela a meu lado, para fazer o exame de nós duas.

Surgiu então Ângela a meu lado, de olhar meigo, pequenina e simples. Era impressionante a diferença, não restando a menor dúvida: Edmundo teria de preferir a mim.

Voltei a recostar-me na mesma coluna e fechei outra vez os olhos. Fiz num rápido momento, o meu plano: procurarei o mais breve possível minha mãe e pedirei que termine, para mim e Edmundo a história interrompida.

– Tenho certeza que ela não se recusará, e será para mim o primeiro pretexto para atrair Edmundo à minha casa. Será o primeiro passo para a minha grande e ambicionada conquista – pensei.

Lentamente, encaminhei-me para o salão e, ao entrar, vi minha mãe sentada, sozinha. Fui para junto dela.

Sentei-me ao seu lado e, delicadamente, perguntei:

– Onde está meu pai?

– Não sei – respondeu minha mãe.

O silêncio voltou a reinar entre nós.

Estava desabituada a conversar com ela, pois pouquíssimas vezes a procurava e, nos rápidos encontros nossos, pouco conversávamos. Agora, entretanto, tinha tanta vontade de conversar.

Olhei bem para o seu rosto impassível: como devia sofrer minha mãe.

Notei que ela seguia com persistência um par que, rápido, passava junto de nós. Olhei também com curiosidade e foi difícil descobrir, mas ao conseguir, vi que era meu pai que elegantemente dançava com uma formosíssima dama.

Não podendo resistir à curiosidade, perguntei a ela quem era a dama que no momento dançava com meu pai.

Minha mãe ficou calada. Insisti na pergunta.

– É uma velha e querida amiga dele.

E, sem olhar mais para mim, levantou-se e saiu do salão.

Já era muito tarde e os convidados, aos poucos, iam deixando a nossa casa. Ouvia, ao longe, no parque, o barulho das carruagens que saíam levando seus senhores, cansados da longa noite de prazer. Fiquei até o fim na ânsia de poder ver ainda Edmundo.

Estava ao lado de meu pai, quando ele se aproximou, acompanhado de sua noiva. Cortesmente despediu-se, o mesmo fazendo Ângela.

Vi quando eles se afastaram e, deixando então meu pai, voltei apressada para o terraço, de onde pude ver Edmundo de mãos dadas com Ângela tomar a carruagem.

A passos vagarosos, voltei. Nesse momento, os criados já estavam apagando as grandes velas dos imensos candelabros.

* * *

Fui para o meu quarto cansada e trêmula. Vagarosamente, entrei.

Era completa a escuridão, mesmo assim consegui chegar até ao divã onde deitei-me. Estava exausta. Ardiam-me as faces.

Negligentemente deitada, não sentia coragem para desfazer-me do longo vestido nem das pesadas jóias; quis chamar a criada, mas ao mesmo tempo, desisti. Precisava estar só.

Depois de prolongado descanso, foi que resolvi levantar-me para desfazer-me da complicada toalete. Fiz luz... Luz intensa que clareou o vasto dormitório.

Este era muito amplo, tendo as paredes revestidas de um tom azul-claro, sobressaindo os dourados dos móveis; grande espelho, também de dourada moldura, refletia a linda adolescente que, indecisa, estava colocada à sua frente, como que procurando ter a certeza cabal de que era, na realidade, formosíssima.

Aproximei-me do grande espelho, e quase que tocando o frio cristal fiquei muito tempo em profunda meditação. Tentava coordenar melhor as minhas idéias, porém baldado esforço, elas se emaranhavam e impotente me sentia para poder refletir melhor.

Apertava-me o vestido, pesavam-me as jóias; voltei para o divã e, lentamente, fui retirando-as; depois, abri um grande armário e retirei delicado robe.

Com dificuldade consegui desabotoar o longo vestido e atirá-lo sobre o divã. Quando liberta, senti uma sensação agradável, fui até a janela e a abri toda.

Forte rajada de vento invadiu o aposento apagando algumas velas e o quarto ficou invadido de tênue penumbra. Voltei para o divã e deitei-me. Senti a cabeça mais leve, conseguindo, então, raciocinar melhor.

Veio, novamente, bailando à minha frente, a recordação pungente de Edmundo e Ângela.

– Noivos... Será possível? – murmurei.

– Sim, é possível – conversei comigo mesma, e foi longo o nosso diálogo. Perguntei:

– Madalena, estás mesmo certa de que gostas de Edmundo?

– Sim – respondi apressada – gosto e tudo farei para conquistá-lo.

– Insensata.

– Não... Toda mulher deve lutar para conseguir o homem que escolheu.

– Sim, mas quando esse homem é livre.

– Edmundo é – gritei aflita.

– Não, Edmundo já assumiu um sagrado compromisso e precisa realizá-lo.

– Mas esse compromisso foi feito quando ele era um ingênuo menino.

– Não, Madalena; quando ele assumiu esse compromisso já estava de posse de toda a sua formação.

– Então que me importa isso, quero Edmundo e tenho certeza de que o arrebatarei de Ângela. Confio em mim... Conquistarei Edmundo... Verás...

– Mas se apesar de toda a tua força, de toda tua beleza, da tua fortuna e de teus títulos de nobreza ele ainda preferir Ângela, lembra-te disso, insensata!

Dei uma gargalhada...

– Se isso acontecer, mesmo assim, continuarei a disputar Edmundo. Ângela poderá ter o seu nome, mas o seu amor, duvido... Esse, será meu, só meu, só meu... Ângela haverá de reconhecer que perdeu a batalha.

Fiquei calada olhando, pela janela, o céu estrelado. Aproximava-se a aurora, mas no céu continuavam a brilhar centenas de estrelas.

Inesperadamente, recordei-me do velho sacerdote, confidente de minha mãe há longos anos.

Relembrei-me de suas opiniões quando meu pai ria irônico das suas afirmações da vida no céu e das torturas do inferno: – Só os bons poderão alcançar o céu, que é a moradia das almas eleitas.

Como meu pai, ri também...

Olhando o céu constelado e belo, falei alto:

– Jamais então alcançarei essa moradia, pois serei muito má para poder alcançar o amor de Edmundo; terei de fazer Ângela sofrer; mas que importa, quando eu serei feliz, muito feliz?

Surgiu hoje, para mim, o despontar positivo de nova etapa, terei de caminhar resoluta, sem voltar-me para os lados nem para trás, aconteça o que acontecer; tudo pisarei até chegar à meta desejada. Hoje mesmo começará a luta, luta tremenda em que eu irei mostrar a todos quanto vale a minha força. Pobre Ângela.

2

O bosque de Saint-Germain é testemunha de paixões

Cansada, tentei dormir, e dormi para sonhar... Esse sonho foi para mim a grande lição.

Sonhei que Edmundo tinha se casado com Ângela. Casamento simples, poucos convidados. Ao lado de meu pai e de minha mãe, assisti a todo o ato.

Tinha dentro de mim como que um vulcão prestes a explodir; as lavas incandescentes estavam para se desprender e, rolando, destruir tudo quanto encontrasse à sua frente.

Entretanto, o meu rosto estava calmo.

Ângela estava linda, linda...

Acordei assustada, porém voltei logo a dormir e o sonho continuou. Edmundo casado... A batalha começada.

Vi-me num grande castelo em Paris, rica, cortejada e famosa. Dentre os meus mais assíduos convivas, tinha Edmundo. Ângela continuava a morar com sua mãe, bem longe de Paris. Edmundo era meu.

Acordei assustada... Despontava o dia.

Pela janela aberta, via o Sol que surgia lentamente no

horizonte rubro. Nas árvores frondosas, cantavam alegres os passarinhos.

Levantei-me sentindo ainda o corpo dolorido.

Chamei a criada e depois de preparada, saí.

Desci a escadaria e, silenciosamente, fui percorrer a longa alameda...

Cheguei até o grande portão. Parei e fiquei contemplando os brasões de minha família, que orgulhosamente pairavam bem alto no imponente portão.

Contemplei a longa estrada que vinha dar ao castelo. Estrada larga, de terra vermelha, cuidadosamente conservada.

Voltei para percorrer o vasto jardim. Contemplei as lindas flores, orgulho de meu pai que as adorava. Sempre que estava no castelo, vinha ver ele mesmo o trabalho dos jardineiros. Quando pequenina, eu o acompanhava.

Enquanto ele contemplava as flores e dava ordens, eu corria veloz por entre os canteiros, às vezes perseguindo lindas borboletas ou então em companhia do meu cãozinho favorito. Irritado ficava meu pai quando pisávamos os canteiros.

Tudo isso eu recordava nessa manhã clara.

Essas reminiscências queridas foram logo olvidadas quando meu pensamento inquieto pousou na lembrança de Edmundo. Todo meu corpo estremeceu.

Voltei apressada para o castelo e logo ao entrar dei or-dem para preparar o meu cavalo, pois desejava sair para um passeio.

Minutos depois, voltei já preparada e, tomando as rédeas da mão do criado, saí pela larga estrada. A manhã estava muito clara e fresca, o céu muito azul.

Vagarosamente segui pela estrada, entregue aos meus tristes pensamentos.

Estava com quinze anos; desabrochava, para mim, nova e promissora vida. Quanto pensei e desejei que chegasse essa fase; mas ela, ao se aproximar, trouxe logo, para minha desdita, o encontro com Edmundo.

Tentei debalde convencer a mim mesma sobre a loucura desse amor, porém esforço inútil; Edmundo era a síntese suprema de toda a minha vida. Sem ele, não poderia viver. Precisava do seu amor, como o sedento precisa de cristalina água.

Tão entretida estava que não vi, ao longe, a aproximação vagarosa de um cavaleiro.

Já quase ao nos defrontar foi que ergui os olhos e, confusa, deparei-me com Edmundo à minha frente.

– Edmundo!

– Madalena!

Depois juntos, continuamos a percorrer a longa estrada.

Notei no rosto de Edmundo os sinais de uma noite de vigília. Os seus olhos estavam cansados. Talvez ele tivesse feito o mesmo exame e também notado no meu rosto os mesmos sinais. Só depois de um grande trecho percorrido, foi que ele falou:

– Madalena, vim até aqui, pois precisava conversar demoradamente contigo; preciso e quero que me ouças.

– Sim, Edmundo, estou pronta para ouvir; podes dizer o que sentes.

– Madalena, crê que não estou fingindo; senti logo ao ver-te que um forte e infeliz amor nos iria unir.

– Como, Edmundo, infeliz amor?

– Sim, Madalena, infeliz porque tenho que cumprir um sagrado dever que nos separará para sempre.

Fitei-o fortemente, depois dei uma gargalhada.

– Pois cumpre o sagrado dever e esquece-me.

– Jamais, Madalena, poderei esquecer-te.

Fiz parar o animal e ele fez o mesmo. Desci. Ao lado, frondosa árvore proporcionava uma sombra acolhedora e amena. Sentei-me negligentemente. Edmundo fez o mesmo.

Sentados, nos mantivemos calados por muito tempo. Ambos fitávamos o céu azul. Nuvens alvas corriam em sentidos diversos formando os mais belos e intrincados desenhos. Aragem fresca arrepiava os meus cabelos que, rebeldes, se desprendiam do minúsculo chapéu. Um calor forte percorria o meu corpo.

Impaciente, tirei a longa luva e atirei-a sobre a relva verde que circundava o velho e rugoso tronco.

Bandos alegres de pássaros vinham irrequietos pousar nos ramos de árvore amiga onde, talvez, oculto ninho macio e quente os iria aninhar para mais uma epopéia magnífica do amor.

Olhei para um leve galho que era sacudido pelo vento e deparei, muito juntinho, um casal de delicadas avezinhas. Que encanto, que ternura naqueles dois passarinhos entregues aos anseios do amor.

Depois um ligeiro trinado se fez ouvir, e um apressado bater de asas que se perdiam nos emaranhados dos galhos verdes, talvez à procura rápida do macio e acolhedor ninho.

– Por que só os homens dificultam com seus preconceitos e suas falsas leis o que tão fácil e espontâneo nos oferece a natureza? – perguntei alto.

Edmundo, surpreso, olhou-me aflito e tomou-me as mãos ardentes.

– Madalena... Madalena... o que sentes, por que falas alto e fazes tão ansiosa interrogação?

Voltei-me calmamente para ele e retirei mansamente a minha mão.

– Fala, Madalena, o que estás sentindo agora? Por que este olhar tão assustado?

– Edmundo, nada sinto. Somente estava olhando para um casalzinho de pássaros que, juntos naquele galho, contemplavam despreocupados e felizes a imensidão que tinham diante deles. Felizes avezinhas, como as invejo.

Outra vez Edmundo prendeu minha mão, que eu não retirei. Impressionante o silêncio que nos rodeava. Tudo nessa manhã era belo e claro.

Aproximando-se mais e tocando os meus cabelos, ele murmurou baixinho:

– Madalena, adoro-te...

Voltei-me e, num movimento brusco, tentei retirar minha mão, o que não consegui, pois ele a tinha bem apertada. Creio que o meu olhar era alucinado, pois foi Edmundo que, tentando acalmar-me, tornou a falar baixinho:

– Madalena... Madalena...

Novamente ficamos calados; tinha a cabeça dolorida, muito dolorida, queria coordenar minhas idéias e resolver o meu problema com ele.

Precisava e não devia perder essa oportunidade, mas fugiam-me as palavras. Em vão tentava, num esforço desesperado, dizer tudo quanto sentia. Inútil... estava incapaz de raciocinar, porém, quanta coisa desejava perguntar a Edmundo.

Foi com imensa dificuldade que consegui, depois de ingentes esforços, perguntar:

– Quando pretendes casar com Ângela?

Edmundo olhou-me firmemente e, depois, resoluto, respondeu:

– Dia dois de julho.

Curvei, vencida, a cabeça e não consegui conter as lágrimas que, indiscretas, surgiram nos meus olhos. Novamente, o silêncio nos envolveu. Sentia Edmundo bem junto a mim, tão junto que os nossos cabelos se misturavam. Eu estava quase deitada na relva; sentia, no meu corpo ardente, a frescura das tenras folhinhas, ainda úmidas pelo orvalho frio da noite. Tinha os olhos fechados e a mão entrelaçada com a dele.

Quando abri os olhos vi, quase encostado ao meu rosto, o de Edmundo. Rápido estremecimento percorreu meu corpo.

Sentei-me imediatamente e fixei o meu olhar no homem que eu adorava, no homem que, inesperadamente, surgiu no meu caminho. Por esse tresloucado amor, iria sacrificar tudo. Inútil seria pensar diferente. Quase gritando, perguntei:

– Edmundo... e depois de casado, como será? Dize-me: poderei contar com a certeza do teu amor que, agora, me ofereces?

– Sim, Madalena, nada nos separará. Nada... Nada... Nem os mais fortes tufões, nem as mais violentas tempestades. Juntos, alicerçados por esse desmedido amor que nos une, enfrentaremos, destemidos, todos os cataclismas. Nada, Madalena, nos separará.

– E Ângela?

Edmundo deixou pender, por uns momentos, a cabeça, mas, rapidamente, levantou-se e, com decisão absoluta, respondeu:

– Ângela terá o meu nome, terá a minha sincera amizade, terá a tranqüilidade de um lar, mas o meu amor, este, Madalena, este te pertence, é teu...

Num brusco movimento aproximei-me mais dele, encostando a minha cabeça no seu ombro e, com os olhos cheios de lágrimas, fiz, também, um juramento:

– Edmundo, nada nos separará, o nosso amor será forte, tão forte que poderá enfrentar todas as barreiras, mesmo as impossíveis; ele triunfará .

– Sim, Madalena, ele triunfará.

Levantamo-nos lentamente. No galho verde, os passarinhos voltaram, também. Escondido, bem escondido, o ninhozinho ficara à espera de nova visita. Edmundo cingiu a minha delgada cintura e, afetuosamente, sussurrou:

– Madalena, teremos também o nosso ninhozinho oculto e acolhedor.

Voltei meu rosto e sorri feliz com a promessa. Que me importava, naquele supremo momento, a felicidade de Ângela que eu arrebatava?

Alegre, o casal de passarinhos saiu pela imensidão dos campos. Na larga estrada, nem um só transeunte. Tão linda estava a manhã, tão convidativa para o amor.

Olhei para Edmundo e nos nossos olhares nos compreendemos.

* * *

Bem ao longe divisamos o bosque que eu conhecia detalhadamente. Desde criança que o percorria, sabia de todos os seus esconderijos. Muitas vezes, escondi-me dos criados que vinham à minha procura e ria a valer quando eles passavam bem pertinho de mim e não me viam. Velhíssimas árvores, seculares, algumas plantadas por meus antepassados.

Muitos quilômetros do bosque nos pertenciam; ele foi testemunha dos mais escabrosos escândalos quando, grupos de fidalgos se entretinham nas mais devassas caçadas, pretextos para as suas orgias e seus desvarios amorosos.

Muitos esconderijos foram preparados para essas oca-siões; eu mesma, quando menina, descobri um deles que me deixou maravilhada. Num recanto do bosque, onde as árvores eram mais altas e mais juntas, descobri uma furna, cujas enormes pedras sobrepostas davam entrada a um grande vão, também coberto por grandes pedras as quais deixavam um pequeno orifício donde podia se ver um pouco do azul do céu e um raio de luar. No grande vão, outras pedras atiradas a esmo proporcionavam esplêndidos divãs e toscas mesas.

Não sei dizer se foi meu pai ou meu avô que, descobrindo esse esconderijo, fez dele um magnífico recanto para as suas conquistas escandalosas onde foram miseravelmente sacrificadas ingênuas camponesas e tímidas adolescentes. Esses frios divãs de pedras foram testemunhas de loucos desvarios de meus ancestrais.

Ouvi muitas histórias contadas em surdina nos salões do castelo a respeito desse bosque; depois, casualmente, descobri o esconderijo e, curiosa, revolvi tudo, na ânsia de conhecer todos os recantos do mesmo. Era realmente encantador.

A última vez que fui ao bosque, ainda tentada pela beleza do esconderijo, para lá me dirigi. Entrei e encontrei, sobre a tosca mesa, finíssimas taças de cristal, inúmeros pratos de porcelana e restos de frutas raras e velhos vinhos. No divã de pedras, ricas almofadas de autênticas tapeçarias e valiosos veludos.

Sozinha no esconderijo, sentei-me no divã. Contemplei por muito tempo a mesa. Compreendi que duas pessoas haviam estado recentemente ali, pois tinha, à minha frente, duas taças e dois pratos. Numa das taças, ainda estava resto de velho vinho, muito conhecido da nossa farta adega. No divã, as belas almofadas estavam amassadas e uma delas caída. Num canto, um ramo de flores murchas.

Olhei para toda aquela desordem e não tive dúvida que meu pai tinha estado ali. Conhecia o seu gosto. O velho vinho, as frutas prediletas, as flores fanadas, tudo denunciava meu pai...

* * *

Em pé, junto à velha árvore, contemplava o bosque ao longe.

Sentia Edmundo apertar ainda mais a minha cintura; estranho e delicioso calor percorria o meu corpo. Meu coração pulsava rapidamente e meu rosto devia estar muito vermelho, pois sentia que ele ardia. Aconchegando-me ainda mais, ele sussurrou ao meu ouvido:

– Madalena, estás linda.

Com um sorriso, agradeci o galanteio.

Impacientes, os dois animais nos esperavam.

– Edmundo, vamos até o bosque? Será um ligeiro passeio.

– Vamos, Madalena.

Na minha mente, surgia, bailando convidativo, o tentador esconderijo. Edmundo, delicadamente, ajudou-me a montar e com requintes de fidalgo ajeitou a minha longa saia de veludo azul. Deu-me o pequenino chapéu, também de veludo, do mesmo tom onde uma esvoaçante e alva pluma dava, ao mesmo, uma graça encantadora. Depois, as luvas longas e finas e, por último, minúsculo rebenque de cabo de prata cinzelada, donde sobressaíam as flores-de-lis, emblema da minha nobreza.

Edmundo montou também e, numa ligeira corrida, nos enveredamos pelo bosque. Percorremo-lo vagarosamente. Na minha mente, sempre bailando tentador, o esconderijo e, no meu corpo, o mesmo calor...

Convidei, então, Edmundo para conhecer o recanto tentador.

Chegamos. Desci, auxiliada por ele. Caminhei resoluta na frente e Edmundo seguiu, confiante, os meus passos.

Quando nos deparamos com o vão que servia de sala, ele não pôde ocultar sua admiração e seu entusiasmo pela beleza do mesmo. Pelo orifício aberto, um raio luminoso de sol invadia o seu interior.

Tudo na mais absoluta ordem, desde as macias almofadas até os objetos que estavam sobre a mesa. Duas pedras quadradas e perfeitas serviam de cadeiras junto à mesa.

Sentei-me cansada no divã e Edmundo numa das pedras. Devagar, fui tirando as luvas e, depois, o chapéu.

Estava realmente exausta, não só devido à festa que se prolongara até tarde, como pelas emoções sofridas até o momento presente. Olhei pelo vão aberto onde, indiscreto, o Sol penetrava, e tentei, com as mãos, vedar os meus olhos. Depois, muito vagarosamente, fui aconchegando as almofadas e deitei-me.

Edmundo, calado ao meu lado. Olhei fixamente para ele e, pelas rugas do seu rosto, compreendi a luta que estava sendo travada no seu íntimo. Senti todo o perigo que estava à minha frente, mas estava firme no meu propósito. Não podia, mesmo que desejasse, afastar esse alucinante amor que sentia por Edmundo. Nada seria possível fazer para afastá-lo...

Tendo colhido de meu pai os ensinamentos que recebi e ainda dotada de forte temperamento, nada poderia demover-me, por isso nem mesmo tentei lutar. Pouco pensava no mal que iria causar à Ângela. Tudo para mim se resumia no amor que dedicava, há tão poucas horas, a Edmundo.

Deitada, indiferentemente, observava a luta travada pelo homem que eu desejava. Vendo que Emundo não erguia a cabeça, cansada e irritada pela espera, sentei-me de repente e disse com voz ríspida:

– Edmundo, voltemos; compreendo que este lugar não te agradou.

Edmundo, quase num salto, sentou-se ao meu lado e fez-me deitar novamente.

– Não, Madalena, não... fiquemos aqui.

Senti que os seus braços me apertavam fortemente; senti a sua cabeça junto à minha... senti o arfar violento do seu coração, perto, muito perto do meu.

Depois, algumas palavras sussurradas sutilmente ao meu ouvido, palavras delicadas, tão delicadas que os meus olhos foram aos poucos se fechando e a vida ficou paralisada.

Deixei de viver por uns rapidíssimos momentos, para depois sentir novamente um calor intenso invadir o meu corpo e o meu sangue quente e forte correr aos borbotões pelas minhas veias, qual o rolar de uma cachoeira nas quedas abruptas ou nos despenhadeiros insondáveis.

Todo o meu ser estremeceu.

Depois, suave langor, muito suave, ainda parecido com as águas revoltas da cachoeira, depois das altas quedas, seguindo, placidamente, inundando vales e planícies, fecundando as terras para que as colheitas pudessem ser abundantes.

Assim era o meu langor, só diferenciando das águas das cachoeiras que, fortalecendo as terras proporcionam a milhares de seres infelizes, fartas colheitas; o meu langor delicioso e suave iria fazer brotar dos olhos ternos e belos de Ângela, minha odiada rival, lágrimas sentidas, angústias, sobressaltos e dores, desprezos e humilhações.

Mas, eu, Madalena, Duquesa de X., tinha nas minhas mãos de fidalga, preso como desejava, o homem que adorava.

Edmundo, desde esse momento, me pertencia...

Podia casar com Ângela... podia... mas fortíssimos liames nos prendiam...

* * *

Deixamos o esconderijo do bosque, já bem tarde. O Sol estava abrasador e o calor era insuportável. Enveredamo-nos pelo bosque à procura da estrada. Bandos assustados de pássaros esvoaçavam à nossa frente.

Quando deparamos com a estrada e fizemos parar os cavalos, foi Edmundo que, puxando as rédeas, encostou-os ainda mais.

– Madalena...

– Edmundo...

– Temos que nos despedir, agora. Quando nos tornaremos a encontrar?

Olhei para Edmundo e, sem um só estremecimento, disse:

– No dia três de julho, à tarde, no mesmo esconderijo.

Edmundo beijou, repetidamente, a minha mão e, depois, num galope, desapareceu na volta da estrada.

Fiquei sozinha, parada por muito tempo no mesmo lugar. Só nesse momento foi que senti que todo o meu corpo doía. A vista ficou turva e foi preciso recorrer a toda a minha fortaleza para não cair.

Porém, refeita, chicoteei violentamente o cavalo que, em disparada, seguiu pela estrada, de volta ao castelo.

Quando divisei, ao longe, o soberbo castelo, meu lar, estremeci, e, ao passar pelo grande portão, ergui mais uma vez a cabeça para contemplar as flores-de-lis dos meus brasões, atestado da minha nobreza, nobreza do meu sangue real. E, ao passar pela alameda, os criados, reverentes, se curvaram.

No terraço, divisei minha mãe e o vulto negro do sacerdote, seu confessor e amigo.

Ao entregar as rédeas do animal ao criado, ouvi os latidos dos cães de caça de meu pai e logo mais ele estava à minha frente, elegantemente vestido, carabina a tiracolo, pronto para o seu esporte predileto de quando estava no castelo: a caça no bosque.

Parou e, afetuosamente, interrogou-me:

– Então, Madalena, já estás de volta do teu passeio?

– Sim, meu pai, hoje demorei-me mais...

– Onde foste, assim, sozinha?

– Fui até ao bosque; sabes que gosto muito de percorrê-lo sozinha.

Meu pai nada disse, e, com um ligeiro aceno de mão, despediu-se de minha mãe que, debruçada no terraço, ouvia nossa rápida palestra.

Depois, fustigando o cavalo, saiu em demanda do bosque com o criado que o acompanhava e os cães.

Subi devagar a longa escadaria de mármore e fui diretamente para meu quarto. Precisava de muito repouso. Chamei a criada, que me atendeu imediatamente.

Impaciente, atirei o chapéu ao longe, depois as luvas e, auxiliada pela criada, tirei o longo traje de montaria. Respirei, aliviada. Doía-me, muito, a cabeça. Soltei os cabelos que, livres dos pesados grampos, caíram placidamente sobre os meus ombros. Passei, repetidas vezes, a mão sobre os cachos dourados. Puxei um e fiquei muito tempo contemplando-o. Como eram lindos os meus cabelos; que maciez e que loiro magnífico.

Excessivamente cansada, deitei-me. Continuava a me doer todo o corpo.

Tentei dormir. Fechei os olhos mas, imediatamente, surgiu Edmundo.

Tinha, ainda, nos meus ouvidos, as sutis palavras pronunciadas por ele no mais doce transporte de amor. Como Edmundo era delicado, quanta ternura...

Sentia o calor do seu corpo ainda impregnado no meu. Debalde tentava conciliar o sono para recuperar as forças perdidas.

Inesperadamente, ouvi passos ligeiros, depois a porta do meu quarto foi aberta lentamente e o vulto de minha mãe apareceu.

Pensei que estava sonhando, pois raríssimas vezes minha mãe vinha até ao meu quarto. Não me levantei quando ela entrou; continuei deitada, olhando pela janela o céu.

Minha mãe veio para junto do divã e, sem esperar pelo convite, sentou-se ao meu lado, pousando, demoradamente, o seu olhar sobre o meu rosto. Vi que ela me examinava detalhadamente, em silêncio.

Não procurei afastar o meu olhar; pelo contrário, fixei também nos seus olhos ternos, o meu olhar arrogante.

Assim ficamos muito tempo em mútuo exame, depois a sua mão macia pousou sobre a minha. Também não a retirei. Esperei, calada.

Só passado muito tempo foi que ouvi a sua voz:

– Madalena, minha filha, o que fizeste esta manhã?

Assustada, tentei sentar-me, mas minha mãe delicadamente me fez deitar outra vez.

– Responde, minha filha, o que fizeste?

– Fiz o que costumo fazer sempre; saí para o meu passeio matinal e fui até ao bosque. Por que me perguntas isso agora?

– Porque, minha filha, temo pelo que possa te acontecer.

Ri alto.

– Ora, minha mãe, nunca tiveste estes cuidados comigo, por que só hoje ficas preocupada com os meus passeios?

– Sim, minha filha, só agora é que, realmente, preciso auxiliar-te e ainda enquanto é tempo.

– Mas, minha mãe, por que esta preocupação, quando sabes que sempre fiz esses passeios?

– Madalena, tenho vivido e sofrido muito, silenciosamente e por isso tenho observado melhor; não fogem de mim os mínimos detalhes. Sou mulher. Por que escolheste hoje o teu mais rico traje? por que aquele chapeuzinho tão gracioso com aquela pluma alva e esvoaçante? por que, logo hoje, foste tirar o rebenque de cabo de prata que pertenceu à tua avó, que nunca quiseste usar e a luva nova que estava guardada para a próxima temporada de caça? Sempre que saías pela manhã, procuravas o traje mais simples e, hoje, depois de uma noite de festa, ainda cansada, tiveste a preocupação de procurar tão aprimorado traje para um ligeiro passeio no bosque? Observei tudo isso, Madalena, quando te vi sair. Foi então que temi por ti, minha filha.

Cada palavra de minha mãe era um sobressalto para mim.

Reuni todas as minhas forças e não respondi logo às perguntas formuladas por ela.

Minha mãe apertou delicadamente a minha mão e vendo que eu não respondia, tentou se levantar.

Sentei-me bruscamente e, passando o braço sobre o seu ombro, encostei minha cabeça na sua.

Minha mãe, que nunca recebeu um só carinho meu, olhou-me surpresa.

– Madalena, minha pobre filha – disse-me num soluço.

Quando vi lágrimas nos seus belos olhos, chorei também.

Muito tempo ficamos assim as duas abraçadas. Tinha certeza de que minha mãe desconfiou de tudo, mas eu não pronunciaria, nem mesmo a ela, uma só palavra.

O meu segredo jamais seria revelado por mim. Precisava agora viver para a conservação do meu amor. Que me importava o resto?

Brevemente, iríamos a Paris, onde passaríamos longa temporada; lá, então, coordenaria melhor os meus planos para o futuro.

Minha mãe continuava abraçada a mim. Nesse momento, a criada chegou, anunciando uma visita.

Minha mãe levantou-se e, afetuosamente, deu-me um beijo. Saiu.

* * *

Ouvi, no pátio, o barulho de um carro.

Cheguei até a janela e reconheci os criados. Eram da casa de Ângela. O que viriam fazer?

Um ódio feroz apossou-se de mim.

Prendi rapidamente os meus cabelos e saí à procura de minha mãe.

Quando cheguei perto do salão, ouvi a voz de minha mãe e

os passos do criado que se afastava, reverente. Vi também na sua mão uma carta. Nervosa, encostei-me a ela.

– Que é isso? – perguntei-lhe, ríspida.

– Não sei, Madalena; vê, ainda não tive tempo de abrir.

Tomei de sua mão a carta fechada. Vi, trêmula, as armas da família de Ângela; todo o meu corpo estremeceu.

Abri bruscamente e, diante dos meus olhos desmesuradamente abertos, tinha o convite para o casamento de Edmundo, que se realizaria no dia dois de julho, conforme ele me dissera.

Tudo ao meu redor ficou escuro. Senti o meu coração deixar de pulsar. Um frio intenso apossou-se do meu corpo. Não sabia onde estava, tudo rodopiava loucamente em volta de mim.

Minha mãe, amparando-me, levou-me para o terraço inundado de luz, florido e acolhedor.

Sentamo-nos.

Sempre amparada por ela, fiquei muito tempo, muito tempo...

Quando, mais refeita, abri os olhos, encontrei pousados em mim os olhos suaves de minha bondosa mãe, mas eles não me comoveram.

Afastei-a rudemente e, quase correndo, fui para o meu quarto onde, deitada no fofo divã, chorei convulsamente.

Muitos dias passei entregue ao mais completo abandono; nada me interessava, tudo ao meu redor era triste, tudo me irritava.

Passava os dias deitada e raramente saía do meu quarto. Inúteis eram os apelos de minha mãe e de meu pai; eu não os atendia. Vendo que era debalde, deixaram-me, então, à vontade.

Quer de dia ou de noite, tinha sempre o mesmo pensamento: o casamento de Edmundo que se aproximava, rapidamente. Corriam os dias tão depressa e eu via chegar, ameaçador, o fatídico dois de julho.

No castelo eram intensos os preparativos para a próxima

partida. Iríamos, logo depois do casamento de Edmundo, passar alguns meses em Paris onde meu pai tinha, também, um suntuoso castelo.

Chegado era o momento em que eu iria ser recebida na sociedade parisiense. Indiferente ao movimento, só ouvia o barulho constante dos criados e das carruagens que partiam velozes.

Já bem próximo do dia dois foi que minha mãe procurou-me para saber qual o vestido que eu pretendia para o casamento. O meu primeiro gesto foi de indiferença, porém logo resolvi o contrário; levantei-me, rapidamente, e fui ver os meus ricos trajes. Cui-dadosamente, examinei um por um; depois, abri uma gaveta e re-tirei o meu cofre de jóias que também examinei minuciosamente.

Minha mãe não perdia um só dos meus movimentos.

Timidamente tentou dar o seu parecer, dizendo-me:

– Madalena, deves escolher um vestido mais simples, pois o casamento de Ângela vai ser muito modesto.

Olhei indiferente para ela e respondi:

– Não estou pensando em Ângela nem tão pouco no seu casamento.

– Mas, Madalena, então por que esse cuidado na escolha do vestido?

Tornei a olhar severamente para minha mãe e falei zangada:

– Penso que posso escolher o vestido que mais me agrada.

Minha mãe não disse mais uma só palavra e saiu imediatamente, deixando-me sozinha.

Olhei para o espelho; tinha o rosto muito vermelho, assim como os lábios, que estavam purpurinos. Os meus olhos azuis e profundos estavam circundados de roxeadas olheiras, sinais evidentes das minhas noites em claro e dos meus dias longos e penosos.

– Preciso reagir, preciso readquirir o frescor de minha tez

e o brilho dos meus olhos, afastar de mim essa tortura. Breve estaremos em Paris e tenho que brilhar nos grandes salões e, depois, preciso levar Edmundo para lá... preciso ser bela, preciso ser sedutora. Sairei agora mesmo para um longo passeio, preciso de sol e da aragem fresca do bosque – pensei.

Chamei a criada para me preparar e, momentos depois, descia a escadaria onde esperava-me o criado segurando as rédeas do meu cavalo favorito.

Montei e, com uma pequena chicotada, saí em demanda do bosque amigo.

Faltava exatamente uma semana para o casamento de Edmundo. Não nos tornamos a ver.

Sentia, dentro de mim, uma ansiedade louca, uma angústia indescritível... ao passar pela árvore onde encontrei Edmundo, parei e fiquei olhando para o lugar onde nos sentamos. Na copa frondosa e verde, a passarada cantava. Olhei ao longo da estrada à espera de ver surgir outra vez Edmundo, mas ele não apareceu; fustigando o animal, enveredei-me pelo bosque.

Andei muito tempo pelos atalhos sombrios, fui até à margem de um pequenino regato que corria ao longe.

Desci. Amarrei o cavalo e fui sentar-me num tronco caído junto à água que deslizava cristalina e pura.

Nesse mesmo recanto vim muitas vezes brincar quando era menina e depois, deitada, pensava nos mistérios da natureza, que já me preocupavam.

Molhei as mãos na água fria e gostosa e depois passei-as pelo meu rosto ardente. Senti suave frescor.

Agradável vento sacudia as árvores. Odor delicioso vinha das flores silvestres. Silêncio só interrompido pelo perpassar do vento e de algum animalzinho arisco.

Corria a água cristalina por entre pedras; para onde iria? Donde viera?

Sacudia com força a cabeça como para afugentar esses pensamentos.

– Terei muito tempo para estudar e desvendar esses mistérios que me seduzem – meditei.

Levantei-me e, puxando as rédeas do animal, saí vagarosamente em busca da estrada.

Não sei explicar como; quando vi, estava à entrada do esconderijo; quis recuar, mas uma saudade pungente dos momentos que passei com Edmundo me fez entrar resoluta.

Decidida, caminhei até o vão; entrei; tudo na mais absoluta ordem. Tive certeza de que mais de uma vez ele recebeu visitas; pequeninos vestígios denunciavam isso.

Sentei-me no divã e fiquei muito tempo pensativa. Aproximava-se o dia dois de julho, assim como a nossa partida para Paris. Nova vida se apresentava para mim.

Não conseguia coordenar minhas idéias; meu cérebro trabalhava incessantemente; os meus planos, constantemente mudados.

Sozinha no esconderijo, ainda meditava e tentava elaborar com mais cuidado os alicerces da minha vida futura. Casado Edmundo, eu teria de lutar tenazmente para conservar o seu amor e mantê-lo afastado de Ângela.

Primeiro, precisava que ele fosse morar em Paris; no turbilhão da grande cidade, seria mais fácil conquistá-lo.

Pretendia, logo que chegasse, abrir os salões do meu castelo para iniciar a minha vida na aristocrática sociedade. Tinha certeza do apoio integral de meu pai.

Recostei-me numa macia almofada, olhei para o vão das pedras onde uma réstia brilhante de sol penetrava. No meu cérebro bailavam as mais ousadas conjeturas. Cansada, adormeci.

Quando acordei, surpreendi-me de ainda estar no esconderijo do bosque. Saí, apressadamente.

Ao longe, meu cavalo pastava tranqüilamente junto a um tufo de verde e tenro capim. Tomei as rédeas e voltei ao castelo.

***

Ao subir os primeiros degraus da escada, encontrei-me com o velho sacerdote, que voltava das suas costumeiras visitas à minha mãe.

Parei para cumprimentá-lo.

Ele olhou-me demoradamente, como que desejando auscultar o que eu, avaramente, tinha escondido no recôndito de minha alma. Mesmo apesar da hora, convidou-me para que o acompanhasse até a alameda.

Compreendi que ele queria conversar comigo. Não vacilei. Entreguei o rebenque e o chapéu ao criado e, sorridente, disse:

– Pronto, reverendo, podemos sair e conversar como pedistes.

Já estava bem velhinho o confessor de minha mãe, a cabeça toda alva e o rosto enrugado, olhos azuis, muito azuis. Alto, apesar de agora já estar um tanto alquebrado pelos anos, devia ter sido um belo homem. Era francês e parisiense.

Apesar de sua família não possuir brasões de nobreza, era descendente de família muito abastada e de grande importância na sociedade. Muito cedo ouvi dizer que teve ele um grande desgosto e uma tremenda decepção amorosa voltando-se, então, para a vida religiosa, causando a todos muita surpresa e os mais desconcertantes comentários.

Muito culto e muito estudioso, os anos não o impediram de continuar os seus estudos, nem a vida religiosa o tornou humilde e simples. Lembro-me dele desde muito menina, quando vinha para as visitas ao castelo, sempre corretamente vestido, ereto, altivo, enfim, um fidalgo.

Minha mãe, como já expliquei, era completamente dominada por ele, mas meu pai, apesar de tratá-lo com todo o respeito e acolhedora simpatia, jamais aceitou os seus ensinamentos religiosos e, mesmo na presença dele, os contestava; batendo amigavelmente no seu ombro, rindo lhe dizia:

– Qual, meu reverendo, as vossas teorias, só mesmo para minha esposa; tenho outra concepção da vida.

Embasbacado com as palavras de meu pai, ainda tentava dizer:

– Mas, meu Duque, e Deus, onde está? Ele existe, crê...

– Sim, reverendo, acredito nessa força portentosa que, como um imã gigantesco atrai todas as forças ao centro vital e que, depois, irradia essas mesmas forças como tentáculos poderosos no espaço incomensurável, formando novos e surpreendentes mundos. Essa grande força de atração, meu reverendo, é Deus; duvidar dessa força, é absurdo.

O sacerdote curvava a cabeça e meu pai, posicionado à sua frente, no luxuoso salão, com os braços atrás, continuava dizendo:

– Sim, meu amigo, duvidar dessa força magnífica é que é errado, absurdo... absurdo dos homens que, insignificantes átomos, estão soltos em um desses mundos que é a Terra. Tão insignificantes, meu reverendo, que, desprovidos como são de órgãos capazes de lhes proporcionarem uma visão perfeita dessa força criadora, procuram negá-la e, então, loucos e insensatos, criam as múltiplas concepções ideológicas e os intrigantes dogmas, surgindo as várias e complexas liturgias e as mais tolas seitas, tudo isso no anseio de encontrar paz e refúgio para as suas atribuladas vidas. Vede, meu reverendo, os dramas, as lutas tre-mendas que existem entre os homens, causando as mais profundas divergências, nascidas, exclusivamente, do egoísmo e da injustiça e, quase sempre, tendo raízes nas seitas que abrangem todo o mundo. Esquecem os homens, nessas lutas, que só uma parcela minúscula de fé, nessa força criadora, seria o bastante para acalmar todas as dúvidas, esclarecer todos os mistérios, enfim, irmanar todos os seres debaixo do mesmo pálio de amor e justiça...

Infelizmente os homens esquecem e não procuram ver ao redor de si mesmos, todo o manancial de dádivas, ofertas gratuitas dessa força suprema. É por isso que cultuo a natureza pródiga e amiga que tudo nos dá, que tudo nos oferece, que nos proporciona os mais altos e benfazejos benefícios, nada nos exigindo, além da devolução dos despojos orgânicos para o seu eterno ressurgimento. Deveríamos, meu reverendo, em vez de ladainhas e rezas, missas e confissões, fazer um demorado exame das grandes verdades da natureza, examinando cuidadosamente todo o desabrochar prodigioso dessa mesma natureza, desde o invisível átomo até as profundezas misteriosas dos oceanos.

Se assim fizéssemos, conscienciosamente, teríamos de curvar a cabeça e reconhecermos que, na realidade, só existe de positivo, a natureza, força portentosa que rege sabiamente tudo quanto vemos. Olhai, meu reverendo, para o céu; sabeis que muitos planetas maiores que a Terra estão soltos por esse céu azul... são partículas da força vital.

Sempre com as mãos atrás, falava, entusiasmado. O velho sacerdote ouvia calado, sabia que as suas palavras não demoveriam meu pai, era melhor não discutir e quando via que ele não queria mais falar, levantava-se e, polidamente, se despedia.

***

Quando desci as escadas em companhia do sacerdote, lembrei-me dessas discussões.

Tinha as mesmas idéias de meu pai e inútil seria tentar demover-me delas.

Tinha sido uma ótima aluna. Meu pai, sabiamente, incutiu-me suas opiniões e, baseada nelas, é que iria organizar, agora, minha vida. Queria viver livremente... livremente, pois o meu tributo à natureza estava garantido.

O meu corpo, depois da trajetória, iria, como dizia meu pai, pagar à mãe natureza o seu tributo, devolvendo à terra as reservas orgânicas necessárias para que os campos estivessem sempre verdes, os prados floridos, os pomares cobertos de frutos, os rios cheios a fim de que as colheitas fossem fartas e que na terra fértil os trigais desabrochassem suas espigas douradas e pudessem proporcionar aos homens o alimento necessário à sua vida...

Chegamos juntos ao grande portão. Paramos e ficamos olhando a larga estrada. Aproximava-se a carruagem que devia levar o reverendo; foi quando olhei para ele.

Encontrei o seu olhar perscrutador fixo no meu rosto. Corajosamente, enfrentei-o.

Pareceu-me que o meu olhar era duro, tal o assombro estampado no seu rosto rugoso.

Estava com a cabeça descoberta e os cabelos brancos revoltos pelo vento. Nesse momento, achei o reverendo muito belo, apesar da idade.

Quando conheceu minha mãe, ambos eram jovens e ambos tinham tido profundas mágoas e tremendas decepções; eu tinha certeza disso.

Como seriam feitas as confissões de minha mãe a tão sedutor sacerdote? Elas, por certo, a confortavam muito, pois ano após ano, minha mãe tinha freqüentemente aquela visita amiga.

Sei também que minha mãe seguia fielmente as suas vontades.

E ele? Talvez gostasse ainda mais de poder confessar a grande amiga.

Muitas vezes, ao entrar bruscamente no pequenino salão onde ele era recebido, encontrei minha mãe chorando e o velho sacerdote de cabeça baixa, sentado a seu lado. Sabia, também, que ele me dedicava grande afeto, talvez reflexo da amizade que o prendia à minha mãe.

Pensei, logo que ele me convidou a acompanhá-lo até o portão, que já estava sabedor do meu segredo, mas, corajosamente, aceitei o convite e saímos pela alameda.

Resoluta, esperei que ele iniciasse o que pretendia dizer-me, mas para surpresa minha, o bom velhinho se conservava calado.

Juntos ao grande portão, ficamos muito tempo; depois, ele foi erguendo lentamente a cabeça e, fitando-me seriamente, disse em voz baixa e pausada:

– Madalena, creio que é desnecessário dizer que estou ciente de tudo quanto se passa contigo.

Sorri, ironicamente, e respondi:

– Sim, reverendo; para isso sois confessor de minha mãe, há longos anos. Quero, também, neste momento, ser sincera para com o bom amigo, afirmando que serão desnecessários os vossos conselhos e advertências; já resolvi como devo agir e nada, absolutamente nada, me demoverá.

Mais uma vez o velho sacerdote fitou longamente o meu rosto e pareceu que constatou que a minha resolução era definitiva, e baldado seria tentar demover-me.

Balançou a cabeça branca e, depois, colocando a mão de leve sobre o meu ombro, com ternura falou-me:

– Madalena, perdoa-me se tive a ousadia de tentar dar-te um conselho; sei que compreendes que, se assim o fiz, foi atendendo ao pedido de tua mãe que, como sabes, é sempre atendido por mim.

– Sim, meu reverendo, eu compreendo a vossa dedicação e sei que minha mãe tem encontrado nas vossas palavras o lenitivo para as suas mágoas e o conforto para, corajosamente, enfrentar o seu destino; por isso, sinceramente, agradeço. Breve estaremos em Paris onde pretendo iniciar a minha vida social. Crede, meu reverendo, que continuarei sempre vossa amiga, somente não necessitando dos vossos conselhos e das vossas indulgências. Sou, religiosamente, como meu pai; o reverendo bem sabe disso. Primeiro, quero e desejo satisfazer a mim.

Em frente ao portão, a carruagem o esperava. Impacientes, os animais batiam os pés sobre as pesadas pedras do calçamento. Junto à carruagem, o criado esperava pacientemente pelo sacerdote. A estrada muito vermelha e o sol muito ardente.

Olhei para o castelo e divisei o vulto de minha mãe debruçada no terraço.

Ao longe, o bosque muito denso e, chegando até nós, trazidos pelos ventos, os latidos dos cães de caça de meu pai, que se distanciava cada vez mais.

O sacerdote despediu-se e, tomando a carruagem, seguiu pela estrada.

Fiquei parada junto ao portão até que ela desaparecesse na curva distante. Depois, a passos vagarosos, voltei pela larga alameda que estava toda coberta por agradável sombra, projetada pelos longos galhos verdes e floridos das árvores que a circundavam.

Eram árvores seculares e magníficas. Debaixo de uma delas parei e contemplei, como costumava fazer, o imponente castelo onde eu nasci.

Encostada no grosso tronco, olhos fitos na imponente beleza do castelo, lembrei-me da minha infância e, depois, da grandeza da minha família, do orgulho dos meus antepassados e, por último, recordei velhas reminiscências contadas em segredo pelos antigos criados.

Os meus antepassados tinham vivido, sempre acobertados pelo fausto do nome ilustre, praticando os mais tremendos e impunes crimes, gozando sempre do mesmo prestígio, pois para isso, eram senhores de belíssimos brasões, encimados pelas régias flores-de-lis; assim, também eu, Madalena, último rebento dessa estirpe, saberia cobrir-me com o manto augusto do meu nome e dele tirar toda a essência necessária para que tivesse, ao meu alcance, tudo quanto almejava.

Contemplando o castelo, senti-me fortalecida para levar avante o meu plano arquitetado cuidadosamente. Tudo se resumia, para mim, na posse de Edmundo. Conquistado definitivamente, seria fácil o resto. Seria feliz, tinha certeza, e, ainda mais feliz, porque ficaria vingada de Ângela.

Ela teria o seu nome, mas, para mim, o que importava o nome de Edmundo quando eu tinha o meu muito mais ilustre? Ficasse para Ângela, mas o amor e a dedicação de Edmundo seriam unicamente meus, mesmo que para isso eu tivesse de praticar as mais torpes ações.

Deixei a sombra amena e voltei apressada para o castelo.

* * *

Dois de julho...

Acordei pela madrugada depois de uma penosa noite de insônia. Dormira poucos instantes.

Levantei-me e, abrindo a janela, respirei o ar puro. Despontava, vagarosamente, o Sol.

Do bosque distante e da planície chegava o sutil perfume das flores entreabertas. Leve manto de neblina cobria ainda tudo e já se notava o aparecimento de bandos de pássaros despertos e alegres, entoando delicados trinados.

Era uma belíssima manhã como são as manhãs de fins de primavera. Não demoraria muito, surgiriam os primeiros vestígios do inverno que se aproximava.

Tínhamos que seguir logo para assistirmos ao enlace de Ângela. Todo o meu corpo tremia ao pensar nesse momento. Teria de reunir todas as minhas forças e enfrentar, destemida, o momento difícil. Não tinha visto mais Ângela nem Edmundo.

Meu pai quisera ir antes, porém, minha mãe não concordou, achando que podíamos perfeitamente ir no dia. O casamento seria à tarde e voltaríamos à noite. Meu pai, depois de ligeira discussão, concordou.

Compreendi, perfeitamente, por que minha mãe assim agia. Coitada. Seria tolice tudo isso. Sabia que Edmundo viria encontrar-se comigo no dia seguinte, mas deixei que meus pais resolvessem como desejavam.

Já tinha escolhido o meu traje para a viagem e o que vestiria para o casamento. Tudo estava preparado.

Cansada de estar na janela e vendo a carruagem se aproximar resolvi chamar a criada e me vestir.

Não demorou muito e a criada atendeu ao meu chamado. Penteou, cuidadosamente, os meus cabelos macios e dourados; vesti o elegante vestido, coloquei com faceirice o chapéu de veludo negro, coberto por finíssima echarpe de transparente tecido. Um laço gracioso dado pela exímia criada completou a minha toalete.

Segurando as luvas compridas, desci para encontrar-me com meus pais. Feita ligeira refeição, tomamos a carruagem que tinha vindo até a escadaria para nos receber.

Mais duas carruagens nos acompanhariam: uma com a minha criada, a de minha mãe e o criado de meu pai; a outra, levaria as nossas malas. Chicoteando a magnífica parelha de fogosos cavalos, saímos pela estrada.

Ao passar pelo bosque, o meu pensamento pousou no esconderijo perdido no meio daquelas árvores altas e verdes, testemunhas silenciosas de muitas cenas. Talvez amanhã, à tarde, eu estaria outra vez em companhia de Edmundo.

A carruagem passou célere e, pela janelinha, quase encoberta pela poeira vermelha, eu vi, ainda, as árvores passarem rápidas pelos meus olhos curiosos.

Sentada entre meu pai e minha mãe, não tinha ainda pronunciado uma só palavra. Meu pai conversava animadamente, contando as últimas novidades trazidas de Paris por um de seus íntimos amigos. Ria alto ao minuciar um grande escândalo da nobilíssima sociedade em que estava envolvida, de maneira ridícula, uma das irmãs do Rei.

Minha mãe, sempre reservada, ouvia com interesse a história contada pormenorizadamente pela verve encantadora de meu pai. Olhei para ele e reconheci que os anos seriam impotentes para arrancar daquele homem o encanto nato nele. Talvez esse encanto fosse devido a seu espírito altamente privilegiado. Além disso, meu pai tinha, pelo seu físico, cuidados especialíssimos, assim como, pelos seus trajes, que eram também motivos de esmerados cuidados, ao contrário de minha mãe, que não se preocupava nem com seu físico nem com seus trajes; bastavam, para ela, as suas confissões, suas missas e as indulgências de seu velho amigo sacerdote. Presenciei demoradas discussões de meu pai com ela por esse motivo, porém, com o decorrer dos anos ele foi cedendo até chegar a se despreocupar completamente.

Ouvindo a conversa e sentindo os arrancos da carruagem, recostei minha cabeça no ombro de minha mãe, que me olhou assustada; fechei os olhos e fingi que dormia, mas o meu pensamento tiranizava-me constantemente.

Paramos diversas vezes para as mudas dos animais. Descemos, também, para o descanso. Numa dessas mudas, deparamos com uma casa muito interessante em que minha mãe fez questão de entrar. Aplaudi a idéia.

* * *

Era uma antiqüíssima construção onde foram empregados blocos de grandes pedras toscas e pesados rolos de luzidias madeiras. Enormes armários e comprida mesa, inúmeros bancos e, nas paredes, maravilhosos pratos de barro, ornamentados de lindíssimos pássaros e soberbas frutas.

Meu pai, batendo fortemente com o chicote na tosca mesa, foi imediatamente atendido por um velho que reverentemente o saudou:

– Bem-vindo sejais, senhor Duque.

Depois, olhou surpreso para mim e minha mãe. Meu pai nos apresentou:

– Pierre, eis aqui minha filha e minha esposa.

O velho, ainda nos olhando com curiosidade, aproximou-se e, fazendo uma profunda reverência, disse:

– Senhoras, bem-vindas sejais também na choupana do velho Pierre.

Simpatizei logo com o velho Pierre e pareceu-me que ele também gostou muito de mim. Com o decorrer dos anos encontrei no velho Pierre, amigo de meu pai, um fiel amigo, quer nas minhas noitadas de alegria, quer nas minhas noites de solidão quando, sozinha, vinha procurar refúgio na sua hospedaria.

Meu pai pediu vinho para nós três. Não demorou, Pierre entrou trazendo três pesadas canecas de barro vermelho e uma artística botija cheia de velhíssimo vinho.

Ao redor da tosca mesa nos sentamos para saborear o delicioso vinho que Pierre tinha escondido só para os nobres que, seduzidos pela solidão de sua rústica e poética estalagem, vinham constantemente procurá-la, proporcionando, assim, a ele, fabulosos rendimentos.

Ao lado da sala, uma escada, quase oculta, levava para o andar superior. Demonstrei vontade de ver essa parte da casa. Meu pai pareceu não gostar, mas teimei e Pierre foi buscar as chaves.

Minha mãe e meu pai preferiram não subir; assim, subi só, com Pierre. Levava ele a pesada chave e foi com um prolongado ranger que a porta foi aberta. Pierre entrou na frente e abriu uma pequenina janela. Imediatamente, jorrou, no vasto aposento, uma claridade forte vinda do Sol que, nesse meio-dia, já era intenso. Estacionada na porta, olhei maravilhada o singular aposento. Com o forro de grossos rolos de madeira, assim como as paredes, porta e janela. Do teto pendia um raro candelabro que tinha lugar para diversas velas. No assoalho, um tapete artisticamente tecido, cujas nuances berrantes emprestavam ao quarto um aspecto ainda mais encantador. Largo leito feito também de rústica madeira esculpida à mão com encaixes tão perfeitos que no momento, não podia precisar como naquela hospedaria perdida na solidão de uma estrada pudesse ter um tão magnífico móvel, coberto por uma colcha também tecida à mão e, como o tapete, de cores fortes. Uma pequena cômoda com duas gavetas tinha, em cima, uma bacia e um jarro de barro, pintados com belíssimos ramos de flores encarnadas. No alto, um espelho com moldura de madeira escura como dos outros móveis. Duas cadeiras completavam o mobiliário.

Aberta a janela, aproximei-me e, extasiada, contemplei a paisagem maravilhosa. Do outro lado da estrada descortinava-se verdejante planície onde um grupo de alvíssimas ovelhas pastavam calmamente. Debruçada à janela, olhando o horizonte longínquo, o meu pensamento pairou em Edmundo, que logo mais estaria casado com Ângela.

O silêncio desse meio-dia, na estalagem de Pierre, era, para minha alma torturada, um lenitivo inesperado. Vi as três carruagens paradas à nossa espera e os cocheiros, assim como os criados, pacientemente sentados. Tinha que descer rapidamente, pois precisávamos chegar logo para o casamento que seria ao cair da tarde. Senti um desejo louco de poder ficar sozinha naquele quarto acolhedor, entregue à minha grande mágoa, mas precisava seguir; teria de mostrar à Ângela que não a temia.

Já conhecedora desse recanto, poderia voltar, brevemente, em companhia de Edmundo. Com palavras delicadas, elogiei bastante a Pierre, a beleza de sua rústica hospedaria e ele, reverente, disse:

– Duquesa, ela vos pertence; podeis vir quando quiserdes; Pierre estará sempre às vossas ordens.

Com um sorriso, agradeci e desci rapidamente ao encontro

de meus pais que já estavam impacientes com a minha prolongada demora.

Novamente, tomamos a carruagem que, desta vez, nos levaria diretamente à casa de Ângela. Meu pai pretendia chegar às três horas dando, assim, tempo para um ligeiro repouso.

Durante o trajeto pouco conversei; somente falei para perguntar desde quando meu pai conhecia Pierre. Notei que ele não gostou da minha pergunta indiscreta, mas respondeu:

– Conheço Pierre há longos anos; foi, quando moço, criado de um amigo meu, servindo na sua casa durante muito tempo. Foi esse amigo que deu a Pierre essa casa quando ele se casou com uma das criadas da mãe dele. Pierre, inteligente, transformou a casa num pequeno ponto de muda de animais, comprou alguns vinhos velhos e fez disso um rendoso negócio.

Minha mãe, que pouco falava, disse:

– Realmente, é um negócio rendoso, pois os nobres que freqüentam a casa de Pierre devem dar fartas gorjetas em recompensa do ambiente tão propício às suas aventuras amorosas.

Meu pai olhou para minha mãe e depois para mim, sem, entretanto, pronunciar uma só palavra. Tive certeza que a ponderação de minha mãe foi verdadeira e que meu pai era um dos hóspedes assíduos do velho Pierre. Eu seria também.

***

O calor estava sufocante, a carruagem corria velozmente e nos aproximávamos da casa de Ângela, pois numa curva da estrada divisamos o pequeno castelo. Não demorou, e nossas carruagens deram entrada no bonito parque que circundava a casa de minha rival.

Mesmo da carruagem, comparei a minha majestosa residência com o pequenino e quase paupérrimo castelo da família arruinada de Ângela. Notei também que, apesar de não possuir a riqueza do meu, era muito bem tratado, principalmente o jardim onde as carruagens pararam para descermos.

Divisei, no terraço, Edmundo ao lado de Ângela e, quando desci, foi pela mão de Ângela, que meigamente me ofereceu. Ao contato de sua mão, meu corpo sentiu o perpassar de um forte arrepio.

Edmundo auxiliou minha mãe a descer e, nesse momento, a mãe de Ângela já se aproximava para receber os seus hóspedes. Os criados retiraram as malas e nós subimos a escadaria de mármore em direção ao terraço.

Ângela chegou perto de mim e, delicadamente, disse:

– Madalena, vamos; eu te levarei ao quarto; precisas repousar um pouco; por que não viestes ontem?

– Foi minha mãe que não quis – respondi logo.

– Vem... – e, passando o braço ao redor de minha cintura, levou-me ao aposento preparado para mim.

Olhei para trás e vi Edmundo conversando animadamente com meus pais.

Ângela abriu uma porta, dizendo:

– Madalena, este quarto era o meu; reservei-o para ti e espero que gostes dele.

Agradeci e fechei logo a porta, onde, encostada, examinei o quarto que pertencia à Ângela. Que diferença do meu. Simples, quase pobre; era, assim mesmo, encantador. As paredes eram cobertas de um lindo tom róseo, onde sobressaía a singeleza dos móveis. Sobre a sua pequenina cama, um retrato de Edmundo. Ao lado, em cima de uma artística mesinha, um transparente jarro de cristal ostentando magníficas rosas brancas. Abri com curiosidade um armário ansiosa de ver os vestidos de Ângela; que decepção... nada tinha dentro. Tudo fora retirado para que eu pudesse ficar à vontade.

Lembrei-me que, naturalmente, Ângela tinha, agora, no castelo, um aposento mais amplo; ela ficaria residindo com sua mãe.

Tirei o chapéu, as luvas e aproximei-me da janela, pois ouvira no pátio o barulho de outras carruagens. Realmente, já vinham chegando os convidados.

Minha criada veio trazer as minhas malas e arrumar o meu traje para o casamento. Tirei o pesado vestido de viagem e, aliviada, deitei-me na pequenina cama de Ângela.

Não sabia explicar a sensação que no momento sentia, tudo ao meu redor era confuso. Eu vibrava com a aproximação do casamento, sentia o meu sangue quente percorrer violentamente as minhas veias e um calor sufocante apoderar-se de mim; nunca algo assim me sucedera. Mas essa embriaguez teria de passar, minha voz precisava ter o mesmo timbre suave, o meu coração precisava obedecer o mesmo ritmo certo.

Como por um mágico toque de uma varinha de fada eu precisaria prender, com a magia do meu encanto, Edmundo. Seria debalde tentar afastá-lo do meu pensamento, ele era a essência preciosa da minha vida, esse amor acompanhar-me-ia até os meus últimos dias.

Naquele fim de tarde, não saí mais, não quis comer. Não podia mover-me da cama; estava ferida, tão ferida qual a avezinha que, voando livremente é atingida pela arma traiçoeira do cruel caçador e cai moribunda; nos estertores da morte fita ainda o céu azul e num esforço supremo tenta alçar vôo para a amplidão imensa do infinito.

Assim eu estava nesses derradeiros momentos que faltavam para o enlace de Edmundo, ferida mortalmente, ferida tal qual a pobre avezinha, tentando reunir minhas energias latentes para alçar vôo.

A avezinha teria morrido; mas eu reforçaria as minhas energias e conseguiria voar levando comigo, para a amplidão dos sonhos e ilusões o que eu almejava: Edmundo. Apaixonada delirantemente, era capaz de tudo e, no fogoso arrebatamento dos meus sentidos, sabia que conquistaria o meu ideal. Acabava de ter essa certeza do meu poder. Sentia que o meu sangue ainda quente corria mais livremente, minha respiração tornou-se mais calma e o ritmo impetuoso do meu coração estava agora mais certo. Mesmo assim o seu vulto ainda estava bailando diante dos meus olhos, o seu perfil belo desenhava-se como uma silhueta na parede rósea do quarto.

Perdi a noção do tempo em que estive deitada. Nem mesmo o vai-e-vem da criada me interrompeu. Só quando ouvi o grande relógio bater pausadamente cinco horas foi que estremeci e vi que se aproximava o momento fatal.

A criada já estava retirando o meu traje. Levantei-me com o corpo dolorido e cheguei à janela; a tarde estava maravilhosamente bela. Chamei-a. Minha voz me parecia estranha. Cheguei para perto do espelho e horrorizada vi que os meus olhos estavam sem brilho e minhas pálpebras arroxeadas. Onde estava a minha alegria? A alegria que tanto desejava mostrar à Ângela?

Sacudi com violência os meus cabelos dourados, aspirei com força a aragem fresca do cair da tarde e tomei bruscamente o vestido das mãos da criada que, alarmada, presenciava todos os meus movimentos.

Tinha escolhido o meu rico vestido de brocado pérola, cujo corpete ajustado modelava o meu soberbo busto; saia ampla, muito ampla com apanhados atrás; na frente, um ramo de flores pendia até à barra... Sapatos do mesmo brocado...

Para esse vestido tinha levado o meu conjunto completo de pérolas; braceletes envolviam os meus braços por sobre as mitenes de antigas rendas. Ao redor do pescoço, uma volta de magníficas pérolas, porém o mais belo era o diadema que prendia a minha cabeleira dourada...

Consultei o espelho e vi que estava encantadora. Sentia-me mesmo assim, inquieta. A minha impaciência fez com que eu fosse uma das primeiras a chegar no salão onde algumas damas conversavam.

Ao entrar, fui recebida com um oh de admiração.

– Estás linda, Madalena – disse-me uma das damas...

Sorri lisonjeada. Sentei-me junto à janela... Inesperadamente ouvi passos abafados que se aproximavam, olhei e vi se encaminhando para mim, Edmundo. Os nossos olhares se cruzaram.

Aquele que eu tinha defronte a mim era um homem cansado. O seu rosto estava pálido, o seu olhar baço. No seu semblante vi traços de titânicas lutas, sulcado por profundas rugas e a boca de lábios descorados.

Esse não era o Edmundo que eu desejava encontrar com tanta impaciência há tantos dias. Que fora feito daquele rosto expressivo onde brilhava um olhar que, para mim, tinha refulgências de um astro? Esperava ansiosa ouvir a sua voz para saber se tinha a mesma vibração dolente que embriagava os meus sentidos. Porém, ele estava calado...

Meu olhar angustiado procurava, cada vez mais aflito e cheio de decepção, aquele rosto que me era completamente estranho.

Era Edmundo que estava junto a mim no salão florido à espera da noiva para levá-la ao altar e fazer um falso juramento. Era ele, mas parecia-me outro. Podia alguém mudar tanto assim? Dor aguda atormentava-me cruelmente, sentia arder em mim uma dúvida atroz. Teria Edmundo ficado decepcionado depois do nosso encontro no esconderijo do bosque? Não. Ele com certeza estava fatigado...

Não podendo mais me dominar, muito baixinho disse-lhe:

– Edmundo, agora precisas de muita coragem... Dize-me: amanhã nos encontraremos?

Edmundo olhou-me fortemente e no seu olhar crepitaram faíscas... Aproximou-se mais e sorrindo respondeu:

– Amanhã é impossível, mas irei no outro dia.

Levantei-me e com energia respondi:

– Amanhã à tarde ou jamais...

Ouvimos vozes e, não demorou, Ângela entrou pelo braço de meu pai. O grande relógio batia as seis horas. As velas estavam sendo acesas e um jorro de luz clareou o salão onde estávamos, assim como as demais dependências...

Ao lado, a capelinha florida onde um sacerdote, modestamente paramentado, esperava os noivos.

***

Era a primeira vez que eu assistia a um casamento.

Edmundo acompanhou a mãe de Ângela. Todos se dirigiram para a capelinha; eu fiquei bem junto de meu pai e esperava, com o coração palpitante, o início da cerimônia.

Silenciosa, olhava para todas as obras de arte que tinha ao meu redor, mas pouco tempo tive para essa contemplação. Começava o ritual...

Um ódio tremendo invadiu o meu coração quando fixei o meu olhar no vulto esguio de Ângela. Reconheci que ela estava encantadora... no seu olhar profundo e triste, pousado no altar iluminado, ouvindo atenta as palavras do sacerdote que unia o seu destino ao homem que ela amava desde a infância.

A seu lado meu pai, impecável, assistia a cerimônia sem poder compreender que a sua única filha iria contribuir para o desmoronamento daquele lar que ele ajudava, no momento, a ser alicerçado.

Procurei minha mãe. Ela estava perto de Edmundo, cabeça baixa, atenta também à simbólica cerimônia.

Os poucos convidados, espalhados pela capelinha. Só eu é que não podia me manter impassível.

Aliviada fiquei quando o sacerdote terminou o ato. Vi quando Edmundo beijou prolongadamente o rosto lindo de sua jovem esposa. Meu corpo foi percorrido por um brusco arrepio e a minha vista encoberta por um ligeiro véu escuro, mas reunindo todas as minhas energias me encaminhei também para junto de Ângela.

Ela se voltou para meu lado e, com um delicioso sorriso, estreitou-me nos seus braços. Depois Edmundo, dando-lhe o braço, saiu a passos vagarosos em demanda ao salão e todos os convidados acompanharam o jovem par.

Foi muito simples a recepção e logo depois foram aos poucos se despedindo todos, ficando somente meus pais e eu.

No pequeno salão, sentada perto de uma janela, minha mãe olhava enternecida a paisagem encantadora que se descortinava diante dos seus olhos; meu pai, sempre alegre e comunicativo, andava de um lado para outro conversando com Edmundo e a mãe de Ângela.

Eu mantinha-me calada, somente admirando todos os objetos e retratos que havia no salão. Diversos desses retratos pertenciam a antepassados meus também. Apesar de não saber sequer os seus nomes, sentia pelos mesmos uma curiosidade intensa.

Lembrei-me da história começada por minha mãe na noite em que conheci Edmundo. Ela nos prometeu terminá-la, mas eu agora não desejava mais ouvi-la. Penso que Edmundo seria da minha opinião e minha mãe jamais nos falaria, tinha disso plena certeza. Para que ouvir o fim de uma história que iria nos causar aborrecimentos e que não nos desviaria da meta planejada?

Tão enlevada estava nesses pensamentos que não vi Ângela vir para o meu lado. Quando senti sua mão tocar no meu ombro, tive um sobressalto e ela sorriu meigamente, dizendo:

– Que é isso, Madalena, parece que estás cansada; por que não vais repousar um pouco antes da partida?

Agradeci, recusando o oferecimento, mas Ângela não se afastou do meu lado e tornou a perguntar:

– Por que não ficas mais uns dias aqui?

– Eu? – respondi assustada. – Não, não posso. Quero voltar hoje mesmo, pois tenho que abreviar a nossa partida para Paris.

– Como, então tu vais residir em Paris?

– Sim, é esse o meu desejo.

Meu pai aproximou-se juntamente com Edmundo e, falando alto, disse-me:

– Como é, queres mesmo seguir agora?

– Quero, meu pai, vou trocar de vestido e logo mais poderemos partir.

Edmundo não disse uma só palavra, mas senti o seu olhar interrogador fixo ao meu. Desnecessárias seriam as palavras; no seu olhar compreendi que ele faria o que eu desejasse. Vitoriosa, olhei para Ângela que correspondeu-me com um gracioso sorriso.

* * *

Ligeiramente dirigi-me para o quarto, chamando a criada que atendeu-me prontamente. Empurrei com violência a porta e abri a janela para respirar o ar puro. A tarde estava se findando, e no horizonte rubro, o Sol desaparecia preguiçosamente. Achei a tarde triste apesar de bela.

Senti vontade de repousar, mas ao mesmo tempo lembrei-me de que precisava estar no meu lar no dia seguinte. Queria testemunhar se Edmundo seria capaz de deixar Ângela e ir para os meus braços.

Voltei-me e sentei-me dando ordens para que a criada desfizesse o meu penteado. Aliviada fiquei quando senti cair sobre os meus ombros os meus cabelos libertos dos grampos fortes e dos adornos. Depois as jóias e o longo vestido. Sobre a cama, o traje de viagem e o chapéu, assim como a echarpe e as luvas.

Pedi que a criada se retirasse por alguns instantes para que eu descansasse por ligeiros momentos. A criada, atendendo às minhas determinações, saiu imediatamente.

Recostei-me e fechei os olhos; assim, transportei-me para Paris e vivi os meus primeiros instantes na turbulenta capital. Vi o meu riquíssimo salão no castelo de meu pai. Depois calculei a minha corte de galanteadores, mas nada disso me entusiasmava, só queria Edmundo... Edmundo... mas ele já pertencia a outra, abri os olhos e um forte rancor abalou toda a minha alma.

Levantei-me e fui outra vez aspirar o ar da tarde; tinha as mãos fortemente apertadas assim como os meus lábios.

Até agora ao descrever esses momentos, sinto o horror daqueles instantes em que firmei os meus diabólicos planos para roubar Edmundo de Ângela. Tinha todas as probabilidades a meu favor, nada me tolhia de executar o que tinha idealizado. Não temia nada. Não tinha nenhuma fé, era ímpia, só desejava satisfazer a mim mesma.

Ângela já tinha conquistado um grande triunfo, possuía o nome de Edmundo, mas o seu amor, este eu saberia lutar para conservá-lo. Sabia que teria de enfrentar grandes embates, mas sentia-me com coragem precisa para a luta e para alcançar a vitória.

Já estava escurecendo quando a criada entrou dizendo que meu pai desejava partir imediatamente. Levantei-me depressa e deixei que a criada me vestisse.

***

Pronta, saí para encontrar-me com meus pais. Estavam todos reunidos no salão de refeições; meu pai saboreava mais uma vez um bom licor e minha mãe conversava animadamente com a mãe de Ângela, que tinha deixado o salão logo depois que eu entrei.

Recostado à janela larga, Edmundo olhava para o jardim.

Imperturbavelmente fui até junto dele, encostei-me também à janela a pretexto de olhar o jardim e, quase como um murmúrio, disse:

– Espero-te amanhã no bosque e no mesmo lugar.

– Madalena, por que exiges amanhã, não poderei sair. Irei daqui a alguns dias, irei, eu te prometo.

Olhei para Edmundo fortemente e creio que o meu olhar estava amedrontador, pois senti que ele estremeceu ligeiramente...

– Quero amanhã ou nunca mais! Estarei à tua espera no lugar combinado – e sem olhar mais para ele, fui para junto de minha mãe, que, vendo-me aproximar, olhou-me assustada e depois para Edmundo.

Só meu pai que não se apercebeu de nada, pois a mãe de Ângela também demorou muito o olhar sobre mim. Não me atemorizei e erguendo a cabeça procurei ajeitar com mais graça o laço de minha echarpe. Meu pai se levantou e disse:

– Sinto ter que voltar tão depressa, mas essa minha tiranazinha assim o quer e eu curvo-me à sua soberana vontade...

– Vamos – e sem esperar, saí para o terraço.

Junto às escadarias, já nos esperavam as carruagens. Esperando por meus pais, fiquei sentada. Não demorou muito, ouvi vozes e logo mais estavam todos reunidos no grande terraço.

Despedimo-nos e, ao sentir Ângela me abraçar, mais intenso foi o meu ódio. Ângela e sua mãe ficaram no terraço, só Edmundo desceu. Acomodados, meu pai deu ordens para que o cocheiro seguisse.

Chicoteando os animais, a carruagem saiu em demanda à larga estrada; uma nuvem de poeira impediu que eu pudesse ver mais uma vez Edmundo.

Teríamos de viajar à noite. Meu pai não gostava muito, mas como a viagem não seria tão longa ele concordou, principalmente porque estávamos na fase de luar e seria uma viagem agradável e bela.

Durante muito tempo nos mantivemos calados. Com a cabeça recostada e os olhos fechados, propositadamente, sentindo as sacudidelas da carruagem, deixava que o meu pensamento voasse para onde quisesse.

Todo o meu ser estava encoberto por uma insensibilidade profunda. Só depois que partimos foi que consegui coordenar melhor a intensidade da luta que livremente escolhi; seria, tinha a certeza, uma batalha renhida, mas eu jamais voltaria atrás.

Tinha quinze anos e começava para mim a verdadeira vida. Não precisava pensar muito, pois possuía tudo quanto precisava para vencer a minha rival... beleza... nobreza... fortuna... mocidade. Eu era muito mais jovem. No emaranhado dos meus pensamentos, só um é que não se afastava: – conquistar para sempre o amor de Edmundo.

A mim mesma, eu fazia uma interrogação: como e por que

vim a sentir, ao fitar pela primeira vez Edmundo, esse amor alucinante que seria a razão suprema de toda a minha vida?

Era ainda muito jovem e por mais inteligente e ambiciosa que fosse, não tinha ainda a experiência que só com o decorrer dos anos é dado cultivar. Na minha concepção de adolescente, julgava que os meus predicados de beleza, nobreza e com o prestígio da minha fabulosa fortuna, teria aos meus pés, prontos para satisfazer todos os meus caprichos, uma falange de vassalos. Só com o correr avassalador do tempo pude constatar que nem tudo podemos adquirir com o dinheiro e que também com a beleza física não podemos conquistar corações. Só quando o aguilhão doloroso da dor nos fere e quando os dias radiosos da mocidade já vão distantes, é que podemos aquilatar a nulidade dessas dádivas.

Quando abri os olhos, vi que meu pai e minha mãe dormiam. Puxei a cortininha da janela e deixei que os raios prateados do luar entrassem clareando o interior da carruagem.

No céu límpido, a Lua majestosa pairava altaneira. Na estrada deserta o silêncio era profundo, só se ouvindo raramente o barulho de um pássaro noturno que cortava o espaço e ia pousar numa árvore; poucas estrelas brilhavam.

Examinei calmamente o semblante de meus pais e senti por minha mãe uma piedade sincera. No seu rosto belo onde já se viam muitas rugas e na sua cabeleira os primeiros fios brancos, reconheci que ela, assim mesmo, ainda era uma mulher encantadora. Não sei mesmo como meu pai não teve por ela grande afeto. Sentia que entre eles uma barreira os separava. Vivendo no mesmo lar, eu os sentia estranhos um para o outro; nada os unia e se não fosse ambos terem bem arraigados o sentido do dever ao nome nobre que ostentavam, há muito já estariam separados. Meu pai não sofria tanto, pois vivia engolfado na sociedade parisiense sendo que minha mãe, ao contrário, vivia mais no nosso burgo de Saint-Germain. Os meus irmãos mais velhos, também estavam sempre em Paris. Para a sua solidão, só contava mesmo com a amizade do velho sacerdote, mas agora ela também teria de ir residir em Paris, eu assim exigia.

Já bem perto da hospedaria do velho Pierre, meu pai

acordou. Tínhamos corrido muitos quilômetros e alegres ficamos quando pudemos descer um pouco.

O velho Pierre estava à nossa espera com uma farta refeição. Tínhamos ainda que viajar bastante, pois só pela manhã é que estaríamos chegando. Foi com imensa satisfação que saboreamos os deliciosos pratos preparados pelo velho amigo de meu pai. Foi-nos servido também vinho guardado somente para essas ocasiões.

Se não tivesse tanta pressa de chegar teria ido repousar no quarto acolhedor, mas precisava seguir logo, pois, à tarde, tinha que estar no bosque à espera de Edmundo. Depois de um rápido repouso, voltamos para a carruagem da qual os animais já tinham sido mudados.

A viagem continuou calmamente e foi com um suspiro de alívio que vi surgir na estrada as primeiras árvores do bosque. Vinha surgindo o Sol e as primeiras avezitas despertavam nos galhos verdes, entoando os gorjeios maviosos, numa cadência ritmada com o despontar da aurora. No campo, ainda coberto por tênue camada de orvalho, as flores entreabriam as pétalas perfumosas. No céu muito azul, nuvenzinhas brancas corriam velozmente, traçando os mais delicados filigranas.

Olhei pela janelinha, durante muito tempo, esse despertar da natureza e senti uma certa revolta pelos homens que não procuram ver nem compreender esse espetáculo grandioso que, diariamente, temos diante de nós. Entusiasta como era da natureza, que para mim era a minha religião, pois só podia aceitar a manifestação de uma Força Suprema porque tinha diante dos meus olhos paisagens como essa que estava admirando... Nada foi dado a mim que pudesse me fazer duvidar dessa verdade.

Quando a carruagem transpôs o grande portão, ao parar junto de uma árvore florida, um ramo bateu na janelinha onde eu estava debruçada. Agarrei o galho e arranquei uma flor. Com a flor bem segura sentei-me comodamente; aspirei o delicado perfume que vinha das suas pétalas macias, de um tom roxo-claro. Meu pai não perdeu um só dos meus movimentos e, entusiasmado, disse:

– Madalena, minha filha, compreendo a tua alegria, pois é a minha também; e fique certa que esse arraigado amor à natureza será para ti a trilha luminosa. Quem ama e compreende a natureza, minha filha, nunca está completamente só. A natureza, em todas as suas facetas, é como uma fada benfazeja que nos acumula sempre de dádivas generosas. É preciso somente que saibamos compreender esse régio presente.

Quer nas noites enluaradas ou nas manhãs claras, nos campos ou nas montanhas, nos oceanos ou nos regatos, nas plantas e nas flores, enfim, na natureza, temos sempre nítidas todas as manifestações das quais podemos tirar para nós os mais puros e salutares bálsamos.

Quando sentirmos em nós as torturas de uma dor ou de uma decepção, quando a nossa alma está turbada pelos grilhões da incerteza ou da dúvida, quando tudo em torno de nós é tristeza e desolação, basta então que tenhamos um só instante de reflexão e nos deixemos por alguns momentos ficar isolados no silêncio ameno de uma campina verde ou então debaixo da sombra acolhedora de uma árvore para sentirmos, imediatamente, uma calma deliciosa e um torpor agradável invadir todo nosso ser, nos dando a sensação boa de uma tranqüilidade perfeita.

Em contato com a natureza, na muda contemplação de todas as suas belezas, a nossa alma pára e descansa dos dissabores e dos desenganos.

***

Sempre compreendi esses ensinamentos de meu pai e desde menina procurei, para meu consolo, o silêncio amigo do bosque e agora, quando começo a viver e a sentir realmente a vida, já estou certa que mais profundo será o meu contato com a natureza.

Junto à escadaria de mármore os cavalos pararam ofegantes. Nós também estávamos exaustos.

Desci e procurei logo o meu quarto; precisava reunir todas as minhas energias, pois à tarde, teria de sair para o encontro marcado com Edmundo no esconderijo do bosque, que iria para sempre marcar a nova etapa de minha vida acidentada.

Passei todo o dia repousando no meu quarto silencioso, envolvido numa gostosa penumbra. Pouco dormi, pois meu cérebro trabalhava insistentemente num emaranhado de múltiplos pensamentos.

Só quando a tarde já estava quase extinta foi que levantei-me apressada. Abri a janela e fiquei por alguns instantes contemplando o cair da tarde no horizonte longínquo do dia que preguiçosamente se findava. Era uma tarde cinzenta e melancólica apesar de bela; ao longe o Sol se escondia e já estava quase todo encoberto, só deixando ver os raios rubros enfeitando o céu cinzento. Nem uma só aragem bolia com as flores e as folhas, tudo estava parado, até mesmo os pássaros, mudos e em vôos rápidos procuravam os ninhos macios e quentes.

Voltei-me e vim ficar defronte ao grande espelho que refletia a minha silhueta esbelta e delicada. Tinha os cabelos soltos sobre os ombros, caindo como um manto de ouro. Fiquei muito tempo olhando a minha própria visão, e nesse exame mais uma vez reconheci que era encantadora, podendo contar, portanto, com esse aliado valioso que é para a mulher a beleza.

Satisfeita afastei-me do espelho e abri o meu grande armário onde, em ordem, estavam arrumados todos os meus ricos trajes. Meticulosamente os examinei, depois escolhi um belo traje de montaria vindo recentemente de Paris. Era de veludo azul forte, saia muito ampla e um pequeno casaco do mesmo veludo, tendo por complemento uma fina blusa de delicado tecido muito transparente de um azul terno, sobressaindo maravilhosamente em contraste com o azul forte da saia. Sempre foi de minha predileção o tom azul em todas as suas nuances. O chapéu, também do mesmo veludo, tendo por enfeite um punhado de pequeninas plumas azul-claras. Em volta do pescoço, uma echarpe muito longa que permitia fosse dado um graciosíssimo laço ao lado do pescoço. Luvas pretas e botas também pretas.

Preparada, voltei-me para junto do espelho amigo como para pedir a sua opinião de velho conselheiro. Posicionada à sua frente, fiquei; porém, passados os primeiros momentos vi que nada estava faltando. Podia seguir o meu destino.

Desci e já perto da escada esperava-me o criado segurando

as rédeas do meu cavalo favorito. Fui até o salão reservado às armas e, de um armário, retirei o rebenque de cabo de prata. Apressada desci e montando saí a galope em direção ao bosque.

Pensei que ninguém tinha visto a minha saída, mas ao passar pelo grande portão voltei-me e divisei no terraço o vulto de minha mãe. Não me atemorizei e resoluta chicoteei o animal que, não estando acostumado a esse tratamento, raivoso, num arranco, saiu em disparada pela estrada larga. Quase não consegui dominá-lo; foi preciso que eu gritasse muito e segurasse as rédeas com todas as minhas forças. Quando consegui, já estava perto da entrada do bosque; parei ofegante e desci para refazer-me do abalo.

O cavalo, também cansado, se vendo livre do meu peso e das rédeas que o tolhiam, procurou logo um tufo de verde capim junto a uma árvore. Deixei que ele satisfizesse o apetite e encostei-me ao tronco velho e rugoso. A tarde estava finda e no céu despontava a Lua clara, inundando tudo de uma luz prateada.

Uma angústia tremenda oprimia-me o coração. Tinha dúvidas de que Edmundo viesse. Tudo na minha vida iria depender desse encontro.

Se Edmundo não viesse eu não o perdoaria jamais e procuraria vingar-me, casando-me imediatamente, mas se ele tudo deixasse e viesse para o encontro que eu desejei, então nada nos separaria. Teria coragem para enfrentar todas as lutas e todos os obstáculos que pudessem surgir. Nada atenderia, nada me comoveria... que importariam para mim os sofrimentos de Ângela e os comentários maldosos da sociedade que iria freqüentar? Seria egoísta, só procuraria conservar a minha felicidade.

O silêncio era impressionante; resolvi seguir para o esconderijo, pois não queria ser vista sozinha na estrada. Tomei as rédeas do animal e saí a passos vagarosos em direção ao oculto recanto. Chegando, prendi o cavalo numa árvore próxima e depois entrei. O esconderijo estava muito claro, pois pelas brechas abertas nas pedras, o luar atrevidamente se infiltrava. Tudo em ordem, só faltando no vaso algumas flores. Tirei o chapéu, depois a echarpe e, por último, as luvas.

Estava ainda cansada e todo o meu corpo dolorido. O meu coração pulsava descontroladamente e, debalde, tentava fazer com que ele voltasse ao ritmo certo. Sentei-me no divã de pedras e, procurando as almofadas, recostei-me comodamente. Senti um bem-estar agradabilíssimo, quando o frio da pedra penetrou na minha epiderme. Fechei os olhos e com as mãos comprimi o meu angustiado coração.

Tudo era silêncio, nem um só barulho, parecia que a natureza também estava cansada ou, então, em êxtase diante da beleza impressionante da noite enluarada.

Inesperadamente ouvi um ligeiro ruído de folhas pisadas, abri assustada os olhos e sentei-me no divã. Não demorou muito, surgiu na entrada o vulto alto de Edmundo.

Levantei-me num salto e senti que braços fortes cingiam a minha cintura. Quando ergui a cabeça, quase não pude olhar firmemente para Edmundo, pois um raio intenso vindo da Lua ofuscou-me a vista. Ouvi perto dos meus ouvidos, qual um tênue murmúrio, a voz querida chamando-me: – Madalena... Madalena...

Estávamos para sempre unidos.

3

No castelo de Paris

Dias depois do meu encontro com Edmundo no bosque, nos mudamos para Paris. Foi com viva emoção que subi as majestosas escadarias do famoso castelo dos meus antepassados. Já o conhecia, porém sempre o tinha visto com os olhos ingênuos de criança, agora eu o via bem diferente. Estava senhora absoluta dos meus sentidos, podia perfeitamente vê-lo como ele era digno de ser visto.

Ele seria agora a minha definitiva residência, o meu verdadeiro lar. Jamais o deixaria. Nele iria viver todos os dramas da minha vida; ele seria a testemunha silenciosa de todos os meus desatinos, de todas as minhas alegrias e de todos os meus desenganos.

Qual ligeira libélula, eu, na graça encantadora dos meus quase dezesseis anos, entrava em todos os salões numa ânsia desordenada de tudo ver num só momento.

Foi somente na galeria dos meus ancestrais que, cansada, sentei-me numa antiga poltrona de autêntico *gobelin* e fiz um exame de todas as telas ali cuidadosamente conservadas. Desde os primeiros rebentos da aristocrática família, verdadeiros fidalgos atestados nos semblantes nobres, quer dos guerreiros vestidos de fortes couraças com afiadas lanças ou das damas de altas cabeleiras elegantes e belíssimas jóias. O mais recente retrato era o meu.

Fora pintado meses antes. Um discutido pintor, que na época deslumbrava toda a Europa com o seu gênio impressionante, fora o escolhido por meu pai para eternizar numa tela a graciosa adolescente, último rebento da nossa nobilíssima família.

Realmente, eu fora, dentre as mulheres, o último galho da grandiosa árvore que tantos e tantos feitos gloriosos tinha proporcionado à França, páginas imortais que nem o perpassar avassalador dos séculos foi capaz de apagá-los. Eles ainda estão vivos, e nessa grandiosidade desafiam, impolutos, a destruição, vivendo gloriosos no coração agradecido dos seus filhos.

Juntos, num ângulo da galeria, estavam os retratos dos meus pais, pintados por ocasião do seu enlace. Telas idênticas a essas eu não poderia doar à galeria dos meus antepassados.

Muito tempo fiquei repousando no agradável e silencioso recanto, até que, refeita, o deixei indo para o meu aposento. Tinha sido especialmente decorado para mim, como surpresa de meu pai. Quando abri a grande porta foi com uma entusiasta aclamação que antevi o rico dormitório que seria para sempre meu.

Sabia meu pai da minha predileção pelo tom azul, por isso decorou todo o meu dormitório com a minha cor favorita. As paredes revestidas de acetinado papel em cujo fundo azul tinha desenhado graciosos ramalhetes de mimosas florzinhas amarradas por artísticos laços brancos. Protegendo o leito de fina madeira, talhada magistralmente, caía o dossel de gorgorão azul, prendendo os apanhados elegantes um grosso cordão de seda azul mais forte.

Na larga janela que dava para o bem cuidado parque, uma leve cortina azul esmaecido impedia que a claridade o invadisse livremente. No toucador, uma variedade de frascos de cristal lapidado, num tom azul cobalto e filetes de ouro, guardavam os mais variados e raros perfumes. Perto de uma cômoda cadeira, uma mesinha tendo por enfeite um vaso também de cristal, ornamentado de magníficas rosas brancas. Tomando toda a parede lateral, o meu armário da mesma madeira do leito e com os mesmos adornos talhados. Cobrindo o assoalho, um imenso tapete persa, obra perfeita não só nos matizes sabiamente escolhidos, como as nuances perfeitas e combinadas.

Abri uma porta ao lado e deparei-me com um pequenino salão, também decorado com o mais requintado gosto. Na janela, uma cortina idêntica à do quarto. Abri outra porta e, surpreendida, verifiquei que a mesma dava para o parque, facilitando assim as minhas saídas sem que as mesmas fossem vistas, como também facilitaria que eu recebesse no meu aposento as visitas que desejasse sem que elas precisassem passar por outras dependências do castelo.

Mais uma vez senti orgulho de meu pai; minha mãe jamais seria capaz de idealizar isso. Enfim, nada faltava, podia agora iniciar livremente a minha vida e moldá-la conforme os meus desejos.

Nesse mesmo dia da nossa chegada, combinei com meu pai a nossa próxima recepção; estava ansiosa para conhecer a sociedade nobre, assim como Paris. Meu pai, velho freqüentador da corte e dos aristocráticos salões, não encontrou a menor dificuldade em satisfazer o meu pedido. Levantando-se da cadeira onde repousava, veio para junto de mim e, colocando a mão sobre os meus ombros, foi logo dizendo:

– Procura ver com antecedência o teu traje; quero que na nossa primeira recepção estejas encantadora.

Sorri contente. Só minha mãe é que se mantinha calada, de cabeça baixa, alheia à nossa conversação. Meu pai, acostumado com essa atitude dela, não se preocupou, mas eu fiquei apreensiva ao fixar o rosto triste e o olhar calmo e sereno de minha bondosa mãe.

Levantei-me, cheguei perto dela, a envolvi nos meus braços e carinhosamente beijei os seus cabelos grisalhos. Foi então que meu pai, admirado, nos olhou demoradamente e, sem dizer uma só palavra, nos deixou sozinhas no vasto salão. Sentei-me ao lado de minha mãe e delicadamente lhe perguntei:

– Por que te vejo tão triste e tão abatida? Não estás satisfeita com a nossa resolução de fixarmos residência aqui?

Minha mãe ergueu a cabeça e sorriu meigamente, dizendo:

– Estás equivocada Madalena, não estou triste porque vim residir em Paris; a minha tristeza tem outro motivo.

– Outro motivo? – respondi surpresa.

– Sim, minha filha, tenho outro sério motivo.

– E qual é esse motivo tão sério, que te deixa assim triste e abatida?

– Penso em ti, minha filha.

Sem poder conter-me, dou uma gargalhada.

– Ora minha querida mãe, julguei que o motivo fosse outro.

– Não, Madalena, é somente isso; tenho medo do que possa acontecer e sinto-me impotente para evitá-lo.

– Mas, minha mãe, deixa esse temor e fica certa que nada me poderá acontecer.

Minha mãe sacudiu a cabeça, incrédula, e tornou a dizer:

– Minha filha, tenho experiência da vida, tenho sofrido e tenho recalcado todas as minhas emoções; e nesses longos anos de renúncias tenho aprendido muito. Ainda é tempo, minha filha, de tomares outro rumo, de procurares outra estrada que não te leve ao sofrimento e ao desespero. Não queiras, Madalena, infligir aos outros o que não queres passar; só assim, minha filha, encontrarás tranqüilidade, de outro modo serás sempre sofredora.

Irritada com as palavras delicadas de minha mãe, levantei-me bruscamente e saí, deixando-a sozinha. Fui para o meu quarto e fechei violentamente a porta.

Deitei-me procurando descansar, mas as palavras de minha mãe torturavam-me. Sabia que ela se referia a Edmundo, porém eu sentia-me sem forças para raciocinar todas as vezes que pensava nele; era uma vencida... Nada seria capaz de afastar-me dessa rota traçada impiedosamente pelo meu destino... Nada...

Sentia uma saudade dolorida dele e uma angústia oprimia-me o coração, impedindo que encontrasse a menor atração em qualquer divertimento ou qualquer coisa. Tudo para mim estava envolto num véu de tristeza. Somente ele teria o mágico poder de fazer clarear a minha vida e dar-me forças para viver. O seu amor era para mim como os raios claros e brilhantes do Sol que aquece a Terra e lhe dá o calor miraculoso para a sua vitalidade eterna. Sem os raios rubros do Sol, a Terra seria uma desolação... Assim o meu coração, sem o amor de Edmundo, era frio e insensível.

Debalde tentar... Inútil o sofrer de minha bondosa mãe; eu seguiria de qualquer forma o trajeto traçado.

***

Já estávamos em Paris, há muitos dias, e se aproximava a noite de nossa recepção.

Não tinha a menor notícia de Edmundo, não nos tínhamos visto desde o encontro no bosque, no dia seguinte ao seu casamento...

Sentia uma dúvida atroz e um ciúme violento. Inutilmente tentava esquecer, mas não podia. Nervosa, percorria os salões ou então saía e ia sentar-me no terraço; e quando mais pungente era a saudade, descia e ia procurar, algumas vezes, as sombras frondosas das altas árvores do parque, ou então ia para junto dos canteiros floridos. Nesses momentos de solidão eu sentia falta do bosque amigo ou da campina verde, ou do regato cujas águas límpidas, refletindo o azul do céu, davam-me a sensação de tranqüilidade e de repouso que eu tanto necessitava.

Gostava do parque do meu castelo, mas ele era um tanto artificial na harmonia dos seus desenhos e na simetria dos seus canteiros. Parecia-me que até os pássaros não trinavam com tanta alegria, como no bosque natural, com as suas árvores e arbustos, trepadeiras e flores agrestes nascidas ao impulso da natureza, que desconhece simetria, mas sendo Divina criadora, tudo harmoniza com garbo, perfeição e beleza.

Sentia saudade desse contato e compreendia que só ele me podia consolar.

Foi pela manhã de um dia magnífico, véspera da nossa

recepção, depois de uma noite de insônia, torturada pelas dúvidas e pela angústia, que desci para o parque em busca de refúgio e lenitivo para a minha alma desolada. Como costumava fazer, fui sentar-me junto a uma velha árvore onde, pela manhã, bandos alegres de pássaros faziam pousada e, em desafios, entoavam os mais puros trinados. Sentada, ouvia extasiada a passarada, alheia ao movimento da rua, engolfada somente nas minhas tristezas.

Tinha enviado a Edmundo um convite para a recepção, e nessa manhã pensava nisso, temerosa de que ele viesse em companhia de Ângela. Se isso acontecesse, seria o desmoronar de tudo quanto tinha arquitetado durante esses dias.

Tinha a cabeça pendida e os olhos fechados, ouvindo somente os pássaros quando, inesperadamente, foi interrompido o silêncio com o barulho estridente de uma carruagem que parava junto ao majestoso portão. Surpresa, levanto-me rápida e ao olhar para a rua vejo descer da carruagem, Edmundo. Meu coração deixou de pulsar e a minha vista foi encoberta por um véu escuro. Reuni todas as minhas energias e fui ao seu encontro, depois dei ordens para que a carruagem fosse recolhida e retiradas as malas. Mãos dadas, nos encaminhamos para o castelo.

No terraço, minha mãe apareceu e veio também, alegre, receber Edmundo. Foi a sua primeira pergunta:

– Por que Ângela não veio?

Edmundo imediatamente respondeu:

– Porque não quis.

Minha mãe nada mais perguntou, assim como meu pai, que chegou instantes depois.

Passamos o dia todo conversando e, à tarde, saímos para um rápido passeio. Durante o trajeto encontramos muitos amigos, e muito olhares maliciosos já nos foram dirigidos, mas estávamos tão engolfados na nossa felicidade que, indiferentes, não nos apercebemos disso.

No dia seguinte seria a recepção.

* * *

Foi um dia de intenso labor. Só vi Edmundo durante as refeições, em companhia de meus pais. Tinha também o meu problema, que era a escolha do meu traje. Estive muito tempo indecisa defronte do grande armário examinando tudo quanto possuía e, apesar de ser um riquíssimo guarda-roupa, achei que ele não continha o que desejava.

Foi depois de muita indecisão que resolvi escolher um vaporoso vestido de rendas e gases com artísticos ramos de flores esparsos sobre a longa saia, o corpete justo e um grande decote sobressaindo a perfeição dos meus ombros e a alvura da minha pele. Depois voltei-me para o cofre de jóias e, sentada com ele ao colo, estive também indecisa sobre qual dos adereços ficaria melhor para esse traje; enfim resolvi que devia ostentar o adereço de rubis, jóia famosa da minha família. Um leque de rendas pretas, preso na cintura por uma fina correntinha de ouro, terminava a toalete escolhida.

Feito isso deitei-me para o repouso preciso e, só com o cair da tarde, levantei-me e chamei a criada.

Antes de iniciar a minha toalete, desci para um rápido exame nos salões. Primeiro o vestíbulo, que dava para o imponente salão de recepção, regiamente ornamentado e iluminado por grandes candelabros de cristal, onde podiam ser colocadas centenas de velas, cuja luz, refletida nos imensos espelhos, davam ao mesmo um aspecto raro e belo; depois passei para o salão onde, em largas mesas, estavam arrumados os finos bolos e os mais ricos e variados licores e vinhos; passei para outras dependências e em tudo constatei uma ordem absoluta e uma ornamentação digna de ser vista e admirada.

Contente, voltei ao meu quarto e iniciei a minha toalete, que seria demorada. Um hábil e famoso cabeleireiro tinha sido chamado para pentear-me.

Sentada defronte ao espelho com o meu cabelo sedoso e dourado, deixava que o cabeleireiro o penteasse como a moda exigia. Estava um tanto nervosa, pois era a primeira recepção que oferecia na minha nova residência, e reconhecia que ainda não estava bem senhora dos requintes da nobre sociedade. Mas, olhando para o meu vulto refletido no espelho, constatava que nada devia temer.

Sentia-me feliz com a presença de Edmundo, já pensava na sua volta para junto de Ângela; precisava tratar logo de fazer com que ele viesse mais assiduamente a Paris e depois, quem sabe, vir residir definitivamente aqui. Ângela sempre pairava entre nós. Fechava com força as mãos e, para mim mesma, dizia: – Terei Edmundo só para mim, custe o que custar; ainda estou no começo da luta, mas sinto que a vitória não será difícil.

Quando o cabeleireiro deu por terminada sua tarefa, chamei a criada que, imediatamente, tratou de me apresentar o vestido. Sempre procurando o espelho, vi que tinha sido feliz a minha escolha e quando a criada prendeu o colar de rubis, não pôde deixar de exclamar: – Senhora, estás linda.

Os reflexos rubros dos rubis sobre a minha tez, de uma brancura perfeita, dava mesmo um tom magnífico.

Por último, a criada prendeu a correntinha do leque na minha cintura esbelta, terminando assim a toalete. Pronta, ainda olhei para o espelho amigo e depois, sem vacilar, desci para o salão.

No vestíbulo, meus pais elegantemente vestidos, esperavam pelos convidados que seriam recebidos pelo mordomo e encaminhados para junto dos senhoriais donos do famoso castelo.

Junto à porta do salão encontrei Edmundo, também elegante, à minha espera; Encaminhamo-nos para o terraço onde, debruçados, olhávamos as carruagens que entravam no grande parque.

Passados alguns momentos ouvimos os acordes da orquestra que dava por começado o imponente baile.

– Madalena, vamos dançar?

– Vamos...

Sem nos perturbarmos, entramos no salão e, emocionada, senti o braço de Edmundo cingir a minha cintura. Vi que todos os olhares convergiam para nós e que as damas cochichavam umas com as outras, naturalmente tentando descobrir alguma novidade, pois ele ainda não estava célebre, sendo pouco conhecido mesmo nos meios intelectuais.

Partiria dessa recepção o começo da sua ascensão, amparado no prestígio do meu nome ilustre e da minha cobiçada formosura.

Os cavalheiros, também um tanto decepcionados, pois dado às suas amplas experiências, viram nitidamente que tinham diante de Edmundo um temível rival, por isso mesmo estavam curiosos para serem apresentados ao novo companheiro. Tudo isso eu compreendi num relance e, sem me perturbar, em todos demorava o meu olhar forte e soberano.

Quando a orquestra parou, fui assediada por uma verdadeira falange de jovens ansiosos de conseguirem a promessa de uma contradança.

Indiferente fiz algumas promessas e, sem dar atenção, saí pelo braço de Edmundo.

Quando voltei vi que meu pai também estava sendo assediado por numerosas perguntas as quais ele ia delicadamente respondendo. Todas giravam em torno do meu nome e de Edmundo. A curiosidade era geral.

Desde essa noite seríamos sempre observados e todos os nossos gestos e atitudes seriam motivos para os mais absurdos comentários na frívola sociedade parisiense daquela época.

Edmundo só dançou comigo, porém eu fui forçada a dançar com outros cavalheiros; nesses momentos ele ia para o terraço e ao longe, ao fitá-lo, via que ele estava preocupado, pois rugas indiscretas o denunciavam.

– Será que Edmundo está pensando em Ângela? Ângela... – meditava.

Ao lembrar-me dela, novamente senti um ódio latente, sempre despertado quando meu pensamento forçava-me recordá-la.

Depois de uma noitada alegre e divertida, já ao romper da

aurora, foram os convidados se retirando. Eu estava cansadíssima e foi com satisfação que vi o último conviva se retirar.

No salão deserto só ficaram meu pai e Edmundo, ainda conversando animadamente. Eu e minha mãe tínhamos nos retirado.

* * *

Passei uma noite agitada, com sonhos lúgubres, e ainda pela manhã, ao acordar, sentia o meu corpo dolorido e os olhos cansados.

Preparei-me apressadamente e desci. No salão, surpreendida, encontrei minha mãe conversando animadamente com Edmundo. Consegui ainda ouvir distintamente minha mãe pronunciar o nome de Ângela.

Quando me aproximei olhei severamente para ambos que, imediatamente, abaixaram as cabeças. Com rudeza chamei o criado e mandei preparar a carruagem.

– O que é isso, Madalena, já queres sair tão cedo? – perguntou minha mãe.

– Quero! – respondi rispidamente e saí em direção ao terraço.

Edmundo acompanhou-me. Não demorou muito a carruagem estava à minha espera junto à escada. Desci sem dirigir uma só palavra a ele, que desceu também e sentou-se na carruagem a meu lado.

Dei ordem para que o cocheiro me levasse até o bosque; tinha os olhos cansados e as faces ardentes.

Uma angústia oprimia-me o coração, tudo ao meu redor me entediava. Desde o instante em que surpreendi minha mãe conversando a sós com Edmundo, todo o meu ser foi sacudido por um violento tremor, e ao ouvir então ela pronunciar o nome odiado de minha rival, senti uma cólera tão grande que não posso ainda agora descrevê-la. Odiei também minha mãe que se punha constantemente como uma barreira entre mim e ele. Tantas vezes já lhe tinha dito que seria inútil tentar afastá-lo da minha vida. Toda a oposição dela seria baldada e faria com que o meu ódio fosse alimentado e aumentado.

Sentados um ao lado do outro na carruagem, sem pronunciarmos uma só palavra, percorremos um longo trajeto.

Foi Edmundo quem falou primeiro:

– Madalena, por que estás, assim, tão zangada? O que foi que aconteceu? – perguntou ele, delicadamente.

Firmei o meu olhar no rosto dele e demorei para dar resposta à sua pergunta.

– Sim, Edmundo, estou irritada; por mais de uma vez já pedi à minha mãe para que não se interponha entre nós, mas ela insiste em defender Ângela.

– Madalena, procura compreender a atitude de tua mãe; ela simplesmente teme pelo nosso futuro.

– Nosso futuro? – respondi com ironia.

– Sim, nosso futuro, Madalena. Ela tenta evitar, ainda enquanto é tempo, que Ângela venha a descobrir tudo e se torne uma sofredora como ela tem sido, e baseando na sua própria existência é que ela teme pelo nosso futuro e pelo de Ângela.

Bruscamente dei ordem para que o cocheiro parasse. Desci rapidamente e Edmundo, sem hesitar, acompanhou-me.

Estávamos numa grande praça ornamentada de muitas árvores e de muitos bancos; num deles sentei-me. Edmundo ainda tentou impedir, dizendo que a minha extravagância poderia ser muito comentada; não era acertado uma nobre como eu estar sentada num tosco banco, numa praça pública, como uma plebéia qualquer.

Indiferente ao seu apelo, continuei sentada olhando os transeuntes que passavam sem se aperceberem do meu desespero e da minha dor. Eu estava realmente desesperada, pois compreendia que ele voltaria logo para junto de sua esposa e isso para mim era uma tortura indescritível.

Vendo que a minha resolução não se modificava, Edmundo sentou-se também. Ao longe, a carruagem nos esperava.

– Madalena... – torno a ouvir a voz de Edmundo.

Virei-me para o seu lado e sorri, pois constatei no timbre de sua voz uma doçura tão intensa que não pude resistir, apesar de sentir que entre nós pairava ameaçadora uma sombra, sombra imperceptível, mas que sempre estava presente, nos isolando completamente um do outro.

Quem nos visse sentados naquele banco numa praça pública não poderia se aperceber do drama íntimo e das coisas secretas que se passavam. Exteriormente nada ainda nos traía, mas sentimos que breve seria difícil, muito difícil ocultarmos a verdade. As interrogações surgiriam, assim como as perguntas indiscretas.

Isso por mais que eu tentasse esquecer, me assustava. Sozinha, sem ter a quem me dirigir nas horas de angústia, acumulava tudo em mim mesma e silenciosamente.

Fui desde menina de natureza desconfiada e não tinha amigas. Vivi constantemente no meu burgo e, sem essa camaradagem natural de todas as crianças e donzelas, só encontrava afinidade com meu pai e sempre foram as suas palestras o meu maior encanto.

Por isso, talvez, ao encontrar Edmundo foi que concentrei nele todo o meu afeto e entusiasmo; e, sendo muito jovem, não temia e estava pronta para enfrentar o perigo. Era, na realidade, a primeira vez na minha vida que eu encontrava o verdadeiro sofrimento.

No momento que estava conversando, sentada no banco de uma praça pública como uma obscura plebéia, sentia que todos os meus sentidos estavam completamente trancados, não ouvia nada, nem mesmo a passagem barulhenta de algumas carruagens ou de transeuntes apressados; tinha as mãos gélidas, olhei para ele e seu olhar era tão interrogador e sua fronte sombria que eu me emocionei.

– Oh! Edmundo, não compreendes como eu sofro? que essa situação me leva ao desespero?

– Sim, Madalena, eu compreendo e sei que esse amor nos será sempre cruel e, por mais tentemos repeli-lo, nada conseguiremos; portanto, tenhamos forças e não deixemos que ninguém penetre no nosso segredo.

– Acreditas, realmente, que sejamos bastante fortes para enfrentarmos, toda a nossa vida, essa tortura?

A explosão violenta que eu exprimia foi perfeitamente compreendida por ele que, carinhosamente, tomando-me as mãos, disse:

– Madalena, eu te ajudarei...

– Sim, Edmundo, é confiando na tua ajuda que eu terei coragem para enfrentar a luta que se inicia, terei forças para traçar a reta que devemos trilhar; mas, para isso, só preciso de um amparo que será o teu amor. Quero somente ter a certeza de que ele é meu, unicamente meu.

Mais uma vez senti os seus braços fortes cingirem a minha cintura, e a sua voz cálida murmurar bem junto ao meu coração as palavras:

– Eu te adoro, Madalena.

– Edmundo – respondi com meiguice – fica certo que eu serei a escada da tua ascensão na vida intelectual e para isso, querido, dar-te-ei tudo para que possamos ser felizes e despreocupados, sem nos amedrontarmos com o fantasma que tenta nos afastar.

Foi nesse instante, nessa clara manhã, sentada num banco duma praça pública, que verdadeiramente compreendi quanto o amava, pois todas as células do meu corpo pareciam-me que foram tocadas de cálido frescor, e a respiração ritmada do meu coração dava-me a impressão que aspirava uma aragem amena. Aquela opressão que vinha me torturando, há longo tempo, desaparecera e um bem-estar delicioso invadiu a minha alma. De repente, tudo isso se apoderou do meu ser, fazendo-me nesse momento supremo, a mulher verdadeiramente audaciosa e dissimulada que fui.

Desde essa manhã, fui senhora absoluta dos meus sentidos,

fazendo com que os homens me obedecessem como vassalos fiéis e destemidos, sempre prontos a seguir a linha única traçada e apontada por mim. Principalmente o sentido da liberdade foi o que mais positivou em mim e não tive um só instante de recuo; caminhei impávida, alheia aos comentários e às censuras. Tudo quanto sabiam a meu respeito e de Edmundo, eu encarava com desdém. Aprendi com uma rapidez espantosa a dissimular todos os meus gestos.

Eu, que até poucas horas antes ainda era uma jovem quase tímida, tornei-me inesperadamente uma mulher de personalidade marcante. Daí em diante, os sucessos meus cresceram e a minha audácia, pouco a pouco, foi tomando vulto e o meu nome cobrindo-se de celebridade.

Voltamos para o meu palácio, e, à tarde, Edmundo também voltou para junto de Ângela depois de ter-me feito o juramento que breve estaria novamente ao meu lado.

* * *

Foi na sua curta ausência que eu comecei a traçar os planos para o nosso futuro. Primeiro procurei conhecer mais de perto a nobre sociedade a fim de poder auscultar livremente os seus comentários e de conhecer melhor os seus freqüentadores.

Já estava senhora de muita coisa e de muitos segredos e escândalos que foram fáceis descobrir, amparada na minha exuberante beleza e mocidade. Inteligente, aprendi em pouco tempo o necessário para saber me defender das intrigas.

Nessa fase da minha vida foi que mais agradeci ao meu pai os seus ensinamentos; e, todas as vezes que pensava nele, evocando as suas palavras, sentia os meus olhos umedecidos.

Tornei-me também uma estudiosa e foi, com rara avidez, que procurei nos armários de meu pai os seus livros preciosos. Até tarde da noite e, muitas vezes, até ao amanhecer, eu estava debruçada sobre os livros, sôfrega e suspensa diante do que vinha conhecendo.

Sempre que encontrava nos livros afirmações idênticas às

opiniões de meu pai, sentia-me verdadeiramente comovida e a minha confiança e admiração mais aumentava por ele...

* * *

Um mês depois da nossa primeira recepção, minha mãe adoeceu repentinamente. Chamados os mais abalizados médicos, foram eles todos da mesma opinião: ela jamais se levantaria.

Meu pai foi muito dedicado com a velha companheira; passava horas sentado ao seu lado, mudo, de cabeça baixa, e muitas vezes o surpreendi beijando os cabelos grisalhos de minha mãe. Eu também procurei ser para ela afetuosa nesses seus últimos dias.

Foi numa tarde cinzenta e fria que, sentando-me ao seu lado e pegando as suas mãos frias, encostando a minha cabeça na sua, disse-lhe baixinho:

– Minha mãe, perdoa-me, só agora é que estou sentindo quanto te quero.

Ela olhou-me firmemente e, sorrindo, disse:

– Minha filha, nunca duvidei do teu afeto e sempre compreendi o teu temperamento; se alguma vez te magoei, foi somente tentando evitar que fosses infeliz.

– Mas minha mãe, eu sou muito feliz...

Mais uma vez ela sorriu e quase com ironia falou:

– Não, minha filha, não julgo que sejas feliz, pois toda felicidade alicerçada na infelicidade de outros não pode trazer a tranqüilidade e a paz que nos proporcionam a verdadeira felicidade. E a tua fugaz felicidade está, minha filha, sendo firmada no desmo-ronamento de um lar e nas lágrimas de uma indefesa mulher.

Quis ainda responder rispidamente, mas olhando para o seu rosto lívido e seus olhos já quase sem brilho, recuei amedrontada e nada disse, abaixando submissa a cabeça.

Senti muito de leve a sua mão acariciar os meus cabelos. Em silêncio nos mantivemos muito tempo até que ouvimos o barulho de passos ligeiros que se aproximavam e, logo mais, surgia na porta o vulto do velho sacerdote que vinha mais uma vez fazer companhia à sua querida amiga de tantos anos.

O sacerdote sentou-se do outro lado do leito e, pegando a sua mão, perguntou com voz comovida:

– Josefine, como passas?

Minha mãe abriu os olhos e pousou-os no rosto rugoso do velho sacerdote e depois, com um tênue murmúrio, disse:

– André, estou me sentindo perfeitamente bem e não me amedronta o fim...

Duas lágrimas cristalinas rolaram dos olhos do sacerdote e caíram nas mãos gélidas de minha mãe.

Nesse momento supremo, descobri o segredo de ambos. Foram naquelas duas únicas lágrimas vertidas dos olhos daquele homem que eu alcancei a verdade e a renúncia daqueles dois seres sublimes e, num impulso, tomei a mão do velho amigo e juntando com as mãos de minha mãe, disse reverente:

– Perdão... só agora, nesse instante é que eu vos estou compreendendo.

Ambos sorriram para mim e eu os deixei sozinhos.

Minha mãe poucos dias depois nos deixou; morreu suavemente, tendo ao seu redor eu, meu pai, meus dois irmãos e o seu grande e leal amigo.

Foi com verdadeira emoção que ouvi as palavras do padre André, e vi como as suas mãos tremiam segurando o livro de oração, depois quando se curvou para juntar as mãos frias daquela que tinha sido o seu único e verdadeiro amor.

Olhando para ele, que mais parecia uma sombra ao nosso lado, volvi para os dias distantes de minha infância quando via o seu vulto negro subindo as escadarias do nosso palácio para ir levar à minha mãe o consolo da sua amizade. Nessa época eu não o compreendia e sentia por ele uma grande aversão. Só agora é que eu estou compreendendo o quanto ele fez minha mãe feliz.

Nesse momento sentia-me completamente atordoada e, pela primeira e última vez, tive um gesto de humildade aproximando-me dele e deixando que minha cabeça pendesse no seu ombro. Tive então certeza que ele seria, em qualquer época de minha vida, um leal amigo, talvez ainda em homenagem à memória de minha mãe.

Comoveu-me a sua bondade e as suas palavras, ditas muito baixinhas, tiveram para mim um mágico encanto, pois há certas palavras que só são pronunciadas uma única vez, mas que ficam para sempre inesquecíveis.

Foram depois dos conselhos de minha mãe, as poucas palavras que tiveram o poder de realmente me sensibilizar.

Nesse momento senti todo o meu erro a seu respeito, elaborado na minha inexperiência e na minha juventude, em relação a esse homem extraordinário, que viveu longos anos a nosso lado entrincheirado detrás de uma fria aparência.

Quero crer que ele também sentiu a mesma emoção pois que, subitamente, segurou a minha mão que tremia e com ela esteve muito tempo presa à sua. Em seguida saiu apressado do aposento, nos deixando sozinhos. Não tive coragem para acompanhá-lo.

Foi esta a minha primeira decepção; estava com dezesseis anos quando perdi minha mãe, e meu pai estava também muito doente, precisando de muitos cuidados para poder prolongar a sua vida. Meus irmãos, boêmios, viviam constantemente afastados do nosso lar.

No dia seguinte, se realizou o sepultamento de minha mãe. Tive para acompanhá-la inúmeros amigos, inclusive Edmundo, que veio a chamado meu e de meu pai.

***

Senti-me bastante forte e enérgica quando me vi sozinha no

vazio e rico castelo. Edmundo passou em nossa companhia alguns dias e quando ele partiu foi que então senti todo o horror da minha situação, pois sozinha com meu pai doente, tive que renunciar a todos os prazeres, dedicando-me a ele durante esses primeiros meses.

Foi nessa época que me voltei inteiramente aos estudos, preenchendo assim as minhas horas; lia tudo e sentia que em volta de mim ampliava-se também meu horizonte, pois ia, aos poucos, encontrando motivos de rara beleza nas páginas imortais dos grandes livros.

Apaixonei-me pela leitura e, no ardente impulso dos meus sentidos, acabava de me convencer que ainda era muito ignorante. Quantas vezes, ao terminar a leitura de um livro, sentia que o meu sangue corria com mais ardor e a minha respiração era mais acelerada; e vinha-me logo a ansiedade de ler outras páginas e assim, no silêncio, ia aos poucos lendo livros e mais livros, e tirando deles a essência preciosa.

Passados quase dois meses, meu pai estava completamente restabelecido e reiniciou a sua vida mundana; foi então que me senti mais abandonada. Buscava constantemente o consolo nos meus estudos, mas passados outros meses senti que isso não me bastava.

Edmundo vinha sempre me visitar e durante essas visitas conversávamos muito e saíamos pouco, pois desejávamos ficar mais ocultos.

Ele havia lançado mais um livro, que foi recebido pela crítica com muita benevolência. Tinha passado o período do meu luto e pude oferecer uma recepção em sua homenagem, recepção esta que contou com os vultos mais destacados da intelectualidade e da nobreza.

Lembro-me de que ele ainda ficou uns dias em nossa companhia; e, numa tarde em que ele demorou mais para chegar, fiquei muito irritada e impaciente, até que ouvi os seus passos apressados dirigindo-se ao meu gabinete.

Sentamo-nos em frente um do outro, mudos até que as palavras brotaram claramente. Ele falou primeiro:

– Madalena, tenho que partir o mais breve possível, pois Ângela já está desconfiada do que se passa entre nós.

Ao ouvir Edmundo pronunciar o nome dessa mulher que eu odiava, senti um tremor tão violento sacudir o meu corpo e um calor sufocante oprimir minha respiração.

Creio que o meu rosto ficou transformado, pois ele, alarmado, tomou as minhas mãos e, aflito, perguntou:

– Madalena, o que estás sentindo? Responda...

Eu continuava calada, sem pronunciar uma só sílaba; depois, muito lentamente, fui readquirindo a calma e pude então falar. Mesmo assim a minha voz estava trêmula...

– Edmundo, é preciso que tenhamos uma explicação mais clara para podermos, de uma vez, resolver a nossa situação.

– Mas Madalena, o que desejas?

– Desejo que escolhas qual das duas preferes: Eu ou Ângela.

***

Inútil seria tentar descrever com clareza e sinceridade o que se passou comigo e Edmundo naquele silencioso gabinete sem testemunhas...

Foram palavras tão marcantes que ficaram para sempre gravadas no âmago do meu coração; palavras que, anos depois, quando ainda eram por mim lembradas, tinham a magia de poder transportar-me para o mundo ilusório dos sonhos e das quimeras; tinham o condão de fazer com que a minha alma, dolorida e exausta, vivesse rapidíssimos instantes de ternura e meu coração pulsasse lentamente numa tranqüila quietude, numa doce e encantadora felicidade.

Sim, porque naquele instante, eu fui a escolhida... Eu fui a preferida de Edmundo...

Ainda agora, ao ditar estas páginas, revejo o mesmo gabinete, no mesmo palácio, e parece-me que ainda ouço a voz quente de Edmundo, quase ajoelhado aos meus pés; revejo a grande janela e, emoldurando-a, o azul límpido do incomparável céu da França.

Curvei a cabeça por alguns momentos e, ao levantá-la, acariciei os seus cabelos e foi com surpresa que vi alguns fios prateados misturados nos negros cabelos daquele que eu adorava.

Nervosa, fitei com persistência o seu rosto e, só então, notei que rugas, talvez as primeiras, começavam a sulcar o seu rosto expressivo...

Rugas... Rugas... Vestígios latentes das lutas travadas por aquele homem forte que um grande e desmedido amor fazia dele um ser indefeso nas mãos cruéis de uma sedutora e inescrupulosa mulher.

Reconheci sempre, nos meus ligeiros exames de consciência, a crueldade dos meus atos, mas que fazer se me julgava impotente para afastá-lo?

Paixão amorosa... sentimento arrebatador e tirano que algema consciências e tortura corações... para enfrentá-la é preciso muita fé, muita bondade, muita pureza e acima de tudo isso, crença sincera em Deus, o que me faltava...

Não tinha fé... era incrédula, profundamente incrédula...

Não era boa, pois nada me comovia; nem o sofrimento dos outros, nem a pobreza, nem as lágrimas dos que sofriam.

Era imensamente rica, nunca soube o que era faltar para mim o que desejava, tinha tudo... tudo... por isso não podia avaliar o sofrimento alheio, não podia compreendê-lo...

Não acreditava em Deus, ria sarcástica quando pronunciava essa palavra que eu considerava utopia... Jamais naquela vida poderia aceitar a existência de Deus...

Edmundo não fazia um só gesto para afastar as minhas mãos que acariciavam os seus cabelos, parecia que ele estava preso ao meu lado por uma força magnética; levantei o seu rosto para melhor poder fitá-lo. Ele não afastou o olhar do meu... o seu rosto estava de tal forma sem expressão que eu fiquei assustada diante de tanta impassividade.

Compreendi que ele ainda estava lutando desesperadamente consigo mesmo; sim, porque dessa luta iria se firmar para sempre a nossa união.

***

Dois anos se tinham passado desde que minha mãe nos deixou e, nesse período de tempo, as minhas relações com Edmundo vinham se estreitando cada vez mais. Eu tinha certeza dos comentários feitos a nosso respeito na sociedade, pois nada fazíamos para ocultar o nosso segredo.

Meu pai, já cansado, nada observava; os meus irmãos eram indiferentes e quase estranhos para mim. Era natural que Ângela também soubesse do que se passava. As viagens de Edmundo agora eram freqüentes... Nunca trazia a esposa; ela continuava obscura no afastado burgo. Edmundo confessou-me mais de uma vez que ela agora nada mais era para ele do que uma boa e sincera amiga...

Baseada nisso, propus que ele deveria deixar definitivamente o burgo e vir residir em Paris, com maior probabilidade de vencer, principalmente no meio intelectual onde já era bastante conhecido e admirado.

Sim, porque Edmundo, amparado na minha ambição e no meu amor, e inspirado na minha beleza e nas minhas audaciosas idéias, tinha lançado diversos livros que tiveram uma aceitação animadora; porque baseados nos meus princípios, tão de acordo com as normas da sociedade em que vivíamos, eles foram adquiridos com rapidez.

Tendo feito a promessa que viria residir agora em Paris, eu estava no apogeu não só do amor, como de tudo que tinha desejado...

***

Certo dia, em meu castelo, impaciente com a imobilidade de

Edmundo, que se mostrava muito cansado e pensativo, levantei-me e aproximei-me da janela; olhei para o parque ao lado e das árvores frondosas e verdes chegavam os trinados dos pássaros.

Voltei-me para ele e, sorrindo, propus:

– Vamos até a hospedaria do nosso amigo Pierre? Lá, passaremos uma noite tranqüila longe deste turbilhão que nos enerva... Vamos? Lá, na solidão acolhedora, poderemos descansar. Pierre nos proporcionará uma refeição gostosa e os seus vinhos são deliciosos... No quarto vasto e silencioso, poderemos esquecer todos e tudo. Vamos logo, Edmundo.

Saí apressada para pedir a carruagem que nos levaria mais uma vez à estalagem de Pierre, onde iríamos passar a noite em busca de tranqüilidade para as nossas consciências turvadas. Não demorou, a carruagem estava junto à escadaria de mármore.

Desci acompanhada de Edmundo, e rapidamente dei ordens ao cocheiro. Obediente, ele fustigou os animais que, velozes, saíram em demanda à estrada larga que nos levaria para o recanto desejado.

Saímos de Paris ao cair da tarde, uma tarde serena e fresca. Suave aragem embalava as árvores... sentia frescura no meu rosto.

Afastei uns cachos dos meus cabelos acetinados que, rebeldes, saíam do pequenino chapéu e vinham cair sobre a minha testa. Ordenei ao cocheiro que diminuísse a marcha da carruagem para melhor poder sentir a frescura da tarde que morria lentamente.

Afastei a delicada cortininha da pequena janela da carruagem para que a aragem entrasse livremente no seu interior. Acomodei-me melhor nas fofas almofadas ao lado de Edmundo que, de olhos fechados, indiferente à beleza da tarde, seguia-me para mais um dos meus caprichos.

Voltei a pousar o meu olhar no seu rosto. Não podia, e muitas vezes pensei longamente nisso, compreender o poder de sedução que ele tinha para mim.

Olhando para o seu rosto, com algumas rugas, e para os seus

cabelos, que já começavam a embranquecer prematuramente; para as suas mãos grandes de dedos longos e grossos; para o seu corpo meio curvado, talvez devido à altura, eu mesmo me surpreendia. Fazia a comparação clara e precisa, revia outros homens; outros que talvez fossem não só mais belos do que ele, como mais ricos e nobres; que não tinham os vínculos sagrados que Edmundo tinha, que seriam para mim o mesmo joguete nas minhas mãos hábeis de mulher encantadora.

Mas, por que eu não os desejava? É o que muitas vezes perguntei a mim mesma; seria um capricho meu? Não.

Seria vaidade de poder arrebatar de outra o marido amado? Também não.

O que eu senti sempre por Edmundo, foi um desses raros sentimentos que, embora visto por um prisma de censura e crueldade, era para mim sincero e puro.

Eu gostava de Edmundo e por ele a tudo renunciei; pois assim como ele renunciou à Ângela para viver a meu lado, eu também por ele tudo sacrifiquei. Poderia ter casado magnificamente, ter um lar rico e nobre, ser digna e admirada, mas renunciei, renunciei porque o adorava. Esse amor era puro, muito puro mesmo, tendo aparência pecaminosa.

Só agora, passados muitos anos, liberta da prisão da matéria, passada no cadinho do sofrimento, redimida pela for-ça da provação é que compreendo o que naquela etapa da mi-nha vida era para mim incompreensível. Edmundo tinha sido sempre uma criatura querida em minhas vidas anteriores.

***

Já quase perto da hospedaria de Pierre foi que Edmundo abriu os olhos e esboçou um sorriso.

Tomando-me as mãos e acariciando-as de leve, disse:

– Perdoa-me, Madalena, estava tão necessitado desse repouso; porém, agora estou descansado o feliz por estar ao teu lado. Estamos perto, não é, querida?

– Sim, Edmundo, logo chegaremos. Pierre vai ficar surpreso, mas como está sempre prevenido, não lhe causaremos transtorno.

– Estou com fome, manda que o cocheiro siga mais depressa.

Imediatamente dei ordens ao cocheiro para que apressasse os animais. Com algumas fortes chicotadas, os animais dispararam numa corrida veloz pela estrada larga. Pela janelinha as árvores passavam rápidas não dando tempo para que pudéssemos vê-las melhor.

Já estava quase escuro quando a carruagem parou junto à hospedaria de Pierre. Ao ouvir o barulho da mesma, Pierre correu para a porta, certo de que era um dos seus velhos conhecidos.

Mas ao deparar comigo e Edmundo, ainda sentados na carruagem, deixou passar um oh de admiração, e, enrolando o avental cerimoniosamente, aproximou-se da carruagem e, reverente, nos cumprimentou:

– Senhora Duquesa, sede bem-vinda! – e depois, para Edmundo, externou uma saudação cortês.

Logo o criado estava junto à carruagem para abrir a porta. Desci logo depois de Edmundo. Pierre foi na frente, apressado, para dar as ordens necessárias.

No salão, iluminado por diversas velas, sentei-me à espera da preparação de meu aposento. Já era bem conhecida de todos da casa, pois muitas vezes tinha ido até lá com Edmundo e, co-mo recompensava regiamente quem me servia nessas ocasiões, todos se apressavam para que eu tudo tivesse rapidamente.

Quando Pierre desceu para avisar-me que o aposento estava preparado, eu lhe disse que talvez, desta vez, fosse demorar-me mais um pouco.

– Senhora Duquesa, a casa vos pertence, podeis aqui permanecer quanto tempo quiserdes, temos imensa satisfação em servir-vos.

– Prepara uma boa refeição e não esqueças dos vinhos que Edmundo prefere.

Levantei-me e calmamente subi as toscas escadas.

Empurrei a pesada porta e entrei; a larga janela estava aberta e o aposento muito agradável, devido à frescura da noite.

Não tinha levado criada: gostava nessas ocasiões de estar só com Edmundo. Sentei-me numa cadeira perto da janela e aos poucos fui tirando o chapéu e as luvas. Descansei mais alguns instantes e depois fui retirar da minha pequena mala o que necessitava. Liberta do pesado traje de viagem e com um leve roupão de fino tecido, deitei-me.

Não demorou muito, ouvi passos no longo corredor e depois do ranger da pesada porta, na penumbra vi Edmundo, que entrava com cuidado, pensando que eu estava dormindo.

Muito devagar se aproximou do grande leito e se curvando, beijou-me nos cabelos que, em duas grandes tranças, estavam caídos sobre os meus ombros.

Abri os olhos e, sorrindo feliz, disse:

– Edmundo querido... muito querido...

***

Enquanto eu e Edmundo passávamos horas inesquecíveis na acolhedora casa do bondoso Pierre, alheios a tudo, só vivendo para o nosso amor, bem diferente era o que se passava com Ângela no burgo distante.

Muito cedo ela compreendeu que o esposo não lhe pertencia como ela pensava, mas vivendo como vivia, afastada do mundo, pura e ingênua, pensava que tudo era simplesmente devido ao temperamento um tanto esquisito do seu marido.

Foram precisos muitos meses de sucessivas ausências para que ela começasse a compreender que existia outra mulher se antepondo à sua felicidade. Começou a ter medo da indelével sombra que ela via muito tênue a seu lado, mas que lhe dava arrepios e profundos sobressaltos.

Mais de uma vez tentou uma explicação com Edmundo que sutilmente, com evasivas, nada lhe confessou. Porém, ela sentia a sombra caminhando a seu lado. Tentava afastá-la, tentava não temê-la, mas debalde; tão junto ela estava, que impossível não percebê-la.

Depois de alguns meses, Ângela começou a sentir uma curiosidade atroz de conhecer quem era a mulher que o afastava dela e de seu lar. Quantas vezes, na ausência do esposo, sozinha, com o coração magoado e a alma dilacerada, no quarto grande e vazio, fazia a interrogação aflita: – Quem será? Quem será?...

Devia ser em Paris, pois as suas freqüentes viagens tudo positivava. De temperamento calmo, delicada e sensível, Ângela sofria atrozmente...

Entregue à sua grande dor, saía sozinha pelos prados e ia procurar refúgio no mesmo recanto onde, na sua infância e depois já quando mocinha, percorria com Edmundo. Sentada numa pedra, onde costumava descansar, olhando para o céu azul e para o campo verde, sentia um certo alívio para as suas dores.

Ângela era profundamente boa, piedosa e crente; na sua alma pura não existiam vestígios do mal. Foi talvez essa amálgama de virtudes que fez dela uma forte mulher na adversidade. Sobrou à Ângela, o que a mim faltou: fé... fé...

Contou-me Edmundo, certa vez, que ao voltar de Paris, já quase noite, deparou-se com Ângela sentada na pedra, alheia à hora, mergulhada talvez no emaranhado das suas idéias.

Ele se aproximou e sua esposa não o pressentiu. De olhos fitos na imensidão do céu, trajando um branco e modesto vestido, mais parecia um fantasma de uma lenda. Fiquei revoltada quando ele me fez essa descrição.

Depois que ela, pela primeira vez, tentou interrogá-lo sobre as suas viagens a Paris, e Edmundo tentou iludi-la com palavras mentirosas, ela nunca mais proferiu uma palavra sobre isso.

Continuou a viver em silêncio, certa de que tinha perdido para sempre o seu companheiro. As poucas vezes que Edmundo a convidou para ir a Paris em sua companhia, ela delicadamente recusou. Quando foi necessária a sua ida à Capital, o fez em companhia de sua mãe ou então sozinha.

Recusou sempre ser vista com seu esposo; até mesmo no burgo, declinava de sua companhia. Viveu até o fim silenciosamente. Jamais leu os livros de Edmundo e, quando ele lhe fazia perguntas a esse respeito, ela simplesmente dizia que não tinha tempo para ler, outros afazeres mais imperiosos a impossibilitavam. Edmundo bem compreendia e depois não lhe perguntou mais nada a esse respeito.

Numa das suas poucas viagens a Paris, em casa de uma velha amiga de sua mãe, foi que ouviu pela primeira vez um ligeiro comentário a meu respeito. Não teve mais dúvida, tudo se clareou, tudo se fez limpo à sua frente. Recordou antigas reminiscências desde o seu casamento até ao último lançamento do livro dele, no qual era clara a minha inspiração no mesmo, mas mesmo nessa ocasião teve a fortaleza de não deixar aparecer uma só mágoa, uma só crueldade do marido, disfarçando com firmeza seu doloroso drama.

Na companhia de sua velha mãe, deixou que o tempo corresse normalmente. Soube encontrar na solidão de si mesma o lenitivo para o seu infortúnio.

Não se surpreendeu quando Edmundo lhe participou que, devido aos seus múltiplos negócios na Capital, era necessário para lá se transportar. Atenciosamente, dissimulando uma falsa polidez, a convidou para acompanhá-lo.

Ângela, depois de fitá-lo prolongadamente, recusou dizendo ser impossível devido a sua velha mãe, já enferma, necessitar de mais tranqüilidade, o que seria impossível na turbulenta Capital.

– Podes ir, Edmundo, e quando quiseres vir até aqui, o meu lar será também teu.

Edmundo, indiferente, partiu para vir residir conforme eu

desejava, perto de mim. Ângela continuou sozinha e, sozinha, permaneceu sempre.

* * *

Na hospedaria de Pierre passamos diversos dias, esquecidos dos nossos deveres e das nossas grandes responsabilidades.

Foi pela manhã de um claro dia que, aflita, disse a Edmundo:

– Precisamos voltar. Calculo a preocupação de meu pai, pois saí sem lhe dizer para onde ia.

– Realmente, Madalena, precisamos voltar o mais depressa possível.

Desci ligeira à procura do cocheiro. No salão encontrei Pierre e pedi-lhe que fosse ultimar a minha partida imediata.

Voltei ao aposento onde Edmundo já estava também em preparativos.

Depois de uma boa refeição deixamos a estalagem de Pierre onde passamos, mais uma vez, dias inesquecíveis...

Chegamos cansados e foi com surpresa que vi, no grande terraço, meus dois irmãos. Sem poder esconder a minha grande aflição ao vê-los, apertei as mãos de Edmundo e disse-lhe:

– Creio que algo de extraordinário está se passando em minha casa. Olha meus irmãos que raramente aqui vêm... Olha, Edmundo, olha....

Quase correndo, subi a longa escadaria e, ofegante, cheguei onde eles se encontravam e fui logo perguntando:

– O que aconteceu na minha ausência, o que foi?

Eles me olharam com ar de grande censura e, depois de um rápido cumprimento a Edmundo, disseram-me juntos:

– Nosso pai está desenganado.

Ao ouvir a triste notícia, cambaleei como uma ébria, encostando-me às paredes. Depois subi para os aposentos do meu querido pai.

Vagarosamente empurrei a porta e entrei. O vasto aposento estava mergulhado numa semi-escuridão, pois a janela fechada impossibilitava a luz do dia. Cheguei-me para junto do grande leito. Afastei as cortinas e deparei com meu pai de olhos fechados.

Uma palidez marmórea encobria a sua face. As mãos fidalgas, de dedos longos, estavam sobrepostas sobre seu peito. Arfava dificilmente; a sua respiração era entrecortada por ligeiros soluços.

Sentei-me na borda do leito e, pousando minha mão sobre seus cabelos, o chamei baixinho:

– Meu pai... meu querido pai...

Ele foi aos poucos abrindo os olhos e, ao encontrar-me sentada a seu lado, sorriu tristemente; depois tornou a fechar os olhos. Fiquei muito tempo sentada à espera que ele falasse, mas vendo que ele não fazia um só movimento, tive medo de despertá-lo; levantei-me e fui sentar-me numa cadeira um pouco afastada de seu leito.

Tudo a meu lado rodava. Um medo terrível apoderou-se de mim. Senti que meu pai estava moribundo, breve ele também me deixaria. Lágrimas brotaram dos meus olhos ao pensar que ficaria sem o seu apoio valiosíssimo. Ele era o meu forte esteio. Amparada na sua presença, enfrentava destemida todas as lutas.

Tinha certeza de que ele era estimado e por ele eu ainda era respeitada, mas desaparecido, o que seria de mim? Rica, riquíssima, mas isso não era o bastante: ficaria só. Teria Edmundo, mas compreendia que tinha que curvar-me diante dessa verdade dolorosa. Era preciso dissimular a nossa ilegal união. Os meus irmãos, já sabedores do que se passava, tratavam Edmundo quase como um inimigo, e desaparecido meu velho pai, eles me abandonariam por completo. Eram também riquíssimos e sempre viveram afastados do nosso convívio. Sim, teria de ficar sozinha no imenso castelo. Ele era meu.

Tão aprofundada estava nos meus pensamentos que não vi Edmundo entrar e se aproximar do leito onde estava meu pai; depois veio para perto da minha cadeira. Nesse instante meus irmãos entraram também e foram para junto do nosso venerando pai.

Acerquei-me do leito; com a cortina afastada, todos nós fitávamos com reverente piedade aquele que tinha sido nosso melhor amigo.

Edmundo veio também para perto. Todos em silêncio fitavam o enfermo, nenhum tinha coragem para despertá-lo.

Inesperadamente, meu pai abriu os olhos e aflito, chamou-me:

– Madalena... Madalena, onde estás, minha filha?

– Aqui a teu lado, meu querido pai.

Soluçando, ajoelhei-me, recostando a cabeça junto à sua. Ele, lentamente, acariciava minha cabeça; depois, sorrindo, e ainda com toda a sua verve, disse:

– Meus filhos, tenho de pagar o meu tributo à natureza; tenho de dar a ela a minha partícula para o seu eterno florir. Vinde para perto; quero, ao morrer, que o meu corpo seja transportado para o meu burgo de Saint-Germain, e lá seja sepultado como foram os meus antepassados. Quero a ele doar o meu corpo, quero que a minha partícula de seiva seja para ele e que possa assim contribuir para que seus prados sejam mais verdes e as suas flores mais perfumosas.

E ainda com um sorriso nos lábios fechou os olhos e nada mais disse. Calados, continuávamos juntos a seu leito, olhando aquele rosto que até há poucos dias, era alegre e expressivo.

* * *

Meu pai adoecera repentinamente durante minha ausência. Ao voltar à nossa casa, sentiu uma ligeira indisposição e recolhendo-se aos seus aposentos, deitou e não pôde mais se levantar.

Traiçoeira moléstia vinha, há muito tempo, o aniquilando sutilmente. Não foi para ele nenhuma surpresa, era bastante inteligente para compreender perfeitamente o seu estado, mas dotado de invulgar força de vontade, impávido, enfrentou o mal terrível. Foi um forte até o fim.

Compreendi nitidamente que meu pai teria poucas horas de vida. Saí devagar e fui dar ordens para que um criado fosse buscar o velho sacerdote, nosso grande e sincero amigo. Queria que ele assistisse os últimos momentos de meu pai, não como sacerdote, mas como amigo que sempre foi.

Do imenso terraço, vi quando a carruagem saiu velozmente. Senti uma profunda dor e, nos meus olhos cansados, lágrimas brotavam sem que eu pudesse impedi-las.

Sentei-me numa cadeira, e apertando fortemente as mãos frias, recostei minha cabeça e sozinha dei expansão à minha mágoa.

Depois, mais aliviada, abri os olhos e fitei o céu que estava, nessa hora, de uma impressionante beleza. Não podia deixar de fazer esse exame, tal a impressão que o mesmo me causara; talvez, devido à minha angústia e ao meu desespero, tenha encontrado naquele momento uma beleza tão diferente no céu, tão forte, que não podia deixar de perguntar a mim mesma:

– Mas será que o céu é só mesmo o éter que meu pai diz, ou então a moradia das almas eleitas, segundo o nosso velho amigo sacerdote?...

Um mal-estar inexplicável torturava-me. Poucas vezes, raríssimas mesmo, eu tinha esses devaneios; vivia alheia a todos os sofrimentos, pois até então nada me tinha sido negado, nada... possuía tudo.

Nunca procurei ajudar a quem quer que fosse; ignorava que, não muito longe do meu rico e majestoso palácio, viviam seres famintos e crianças andrajosas. Ignorava que, no meu próprio burgo, os meus vassalos também sofriam; e que, dos seus trabalhos estafantes, mais da metade vinha parar nas minhas mãos para sustentar o meu luxo e aumentar o meu orgulho. Mesmo dentro do meu palácio eu olvidava que os meus criados eram tratados com desprezo e, constantemente, humilhados por mim.

Nesse ligeiro exame que eu fazia, fitando o céu e tendo a alma torturada com a perda não muito longe de meu pai, sentia que precisava ser melhor, precisava ser mais bondosa.

Ouvi o barulho da carruagem que se aproximava.

Levantei-me depressa e desci os degraus de mármore da grande escada para ir ao encontro do amigo dos meus pais. Auxiliei o velho sacerdote a descer. Notei que ele estava mais alquebrado e que o seu rosto estava totalmente sulcado de profundas rugas. Os cabelos muito brancos, emolduravam a sua bela cabeça: pálido, de uma palidez amarelada que dá ao mesmo um aspecto de velho marfim. Suas mãos de dedos longos, quase que ocultas pelas compridas mangas do negro hábito, segurava o antigo livro que eu sabia tinha sido um presente de minha mãe.

Vi comovida que o mesmo já estava bem estragado, pois era na realidade muito antigo. Desde mocinha via-o sempre nas suas mãos.

Carinhosamente me abraçou e assim subimos para os aposentos de meu pai. Entramos com cuidado; sentados perto do leito, Edmundo e os meus dois irmãos. Meu pai continuava com os olhos fechados; nos aproximamos. Sentei-me e baixinho o chamei; inútil, ele continuava impassível. Tornei a chamá-lo bem junto dele. Todos nós esperávamos, com ansiedade, que ele nos olhasse novamente.

Depois de dolorosa espera, ele aos poucos foi abrindo os olhos e nos vendo todos ao redor de seu leito, sorriu e notando o velho sacerdote também junto dele, ergueu as mãos e apertou fortemente a do velho amigo.

Notamos que ele não podia mais falar; inútil o esforço nosso, era chegado o momento fatal.

Procurei, alucinada, as mãos de Edmundo, tentando sufocar a minha dor.

O sacerdote ajoelhou-se e, abrindo o velho livro, começou a rezar muito baixinho. Nenhum de nós imitou seu gesto de piedade. Continuamos, todos os quatro, de pé.

Não foi dolorosa a agonia de meu pai; ele nos deixou muito calmamente e quando vimos que não respirava mais, notamos também que ainda pairava nos seus lábios o mesmo sorriso triste.

Abaixei-me e com o rosto coberto de lágrimas, beijei com respeito os seus cabelos. Meus irmãos e Edmundo fizeram o mesmo. Foi o sacerdote que, ainda piedosamente, juntou as suas mãos sobre o peito num derradeiro gesto de verdadeira amizade por aquele que tinha sido, durante tantos anos, seu companheiro leal.

Comunicada a sua morte, o nosso castelo foi invadido por um grande número de amigos e admiradores. Era meu pai realmente estimado na sociedade.

O seu sepultamento foi pomposo e, obedecendo a sua última vontade, foi sepultado no nosso burgo de Saint-Germain; foi doar, segundo ele acreditava, a sua minúscula parcela à terra querida para que os seus prados fossem mais verdes e as suas flores mais perfumosas.

Estava ao lado dos seus antepassados gloriosos e, breve, o seu nome ali também estaria gravado em letras grandes no bronze imortal, que nem mesmo o perpassar avassalador do tempo seria capaz de apagar. Ali ele descansaria ao lado de minha querida mãe. Estavam juntos para sempre.

E eu estava também senhora absoluta do burgo e do castelo dos meus ancestrais. Com a morte de meu pai, o grande castelo se tornou muito sombrio ou, melhor, lúgubre, com as janelas e portas fechadas; a criadagem andando cuidadosamente pelos vastos salões e longos corredores, abafando os passos sobre os espessos tapetes, mais pareciam fantasmas do que seres reais. Trajados de luto e silenciosos, atendiam as minhas ordens prontamente.

Meus irmãos retiraram-se logo após o sepultamento de meu pai. Fiquei só com Edmundo.

***

Procurei para o nosso refúgio, uma pequena sala ao lado do quarto de dormir de meu pai.

Era um salão claro cujas paredes eram revestidas de acetinado papel verde claro, salpicado de graciosos punhados de rubras rosas, soltas à vontade; leves borboletas de asas esguias se misturavam com as rosas. Móveis artísticos de um dourado velho, dispostos com aprimorado gosto enfeitavam também a bela sala. Das paredes pendiam diversas telas de grandes pintores modernos, trabalhos esses adquiridos por meu pai por preços fabulosos.

Em todo o meu castelo se encontravam verdadeiras jóias de arte, principalmente pintura que era o que meu pai mais admirava. Sempre que adquiria um quadro célebre, ficava tão empolgado pela aquisição que vinha buscar minha mãe e eu; depois, colocando-se na frente da sua conquista, tentava nos explicar com palavras do mais vivo entusiasmo o motivo que inspirara o pintor.

Lembro-me quando ele comprou um famoso quadro de um velho belchior; compra essa casual, disse-nos ele, ao entrar por mera curiosidade numa casa, seduzido por belos bibelôs de marfim esculpido. Realmente os marfins eram encantadores. Adquiridos, continuou a examinar tudo quanto estava ao seu redor; bem escondido, entre muitos lampiões e candelabros, o quadro precioso. Afastados os objetos, tomou com as mãos trêmulas o achado inesperado. Não era grande o quadro, com moldura simples, mas estava bem escondida a assinatura rara, que só ela valia altíssimo preço. Sem discutir, pagou o que foi pedido.

Com sofreguidão tomou a carruagem, que o esperava à porta, e mandou que voltasse rapidamente para casa. Eu estava no terraço quando vi meu pai, com o embrulho nas mãos, subir ligeiro a grande escadaria. Corri ao seu encontro.

– Madalena, vem depressa, vem... adquiri hoje uma preciosidade inesperada para a minha coleção.

Acompanhei-o, seguindo seus passos largos. Entramos na mesma sala onde, depois de sua morte, procurava refúgio em companhia de Edmundo. Meu pai a chamava de “minha sala das rosas rubras”... era uma das suas flores preferidas. Ele colocou o embrulho sobre o velho console dourado, com cuidado retirou o invólucro que o cobria e diante dos meus olhos atônitos surgiu uma das madonas de Rafael. Impossível descrever a beleza do referido quadro. Meu pai, gesticulando, disse:

– Minha filha, onde este gênio encontrou inspiração para esta tela? Mesmo que o modelo fosse perfeito, só um gênio poderia, com paupérrimos tubos de tintas imperfeitas, fixar numa tela tanta beleza de cores, harmonia de contornos e efeitos de luz; é divino, minha filha, é divino...

***

Muitos anos depois, quando me desprendi da pesada matéria e galguei o Espaço Infinito, penetrando na verdadeira Vida Espiritual, foi que compreendi a fonte de inspiração dos raros gênios que volvem à Terra e aí deixam imorredouras passagens de sua vida.

Daqui é que eles recebem, nos momentos de meditação, a inspiração e depois procuram, ainda com imperfeição, fixar o que viram rapidamente durante os fugazes momentos em que lhes foi permitido antever vultos graciosos, clarões maravilhosos, harmonia de vozes, música suave, tudo tão belo que eles, então, sôfregos e alguns alucinados, desesperadamente procuram gravar, amedrontados, antes que lhes fuja a visão inesperada.

***

Edmundo estava morando bem perto do meu palácio, podendo assim estar sempre ao meu lado: ele era tudo para mim, nele concretizei todo o meu ideal.

Desde que meu pai morreu, procurei organizar a minha vida nos moldes que desejava. Não me atemorizavam os comentários maldosos da sociedade; passava indiferente sobre todos os preconceitos, zombava das críticas feitas a meu respeito. Era por demais independente para sentir qualquer vislumbre de temor. Imensamente rica e nobre, não precisava nada temer, tinha o meu futuro assegurado e, agora, mais do que nunca pretendia tirar da vida a essência para a minha desmedida ambição e o meu tresloucado amor por Edmundo.

Ele estava para sempre afastado de Ângela. A sua vida estava vinculada à minha por elos tão fortes que nada poderia destruí-los. Cabia sabermos aproveitá-la fartamente. Exigia que Edmundo vivesse somente para mim; tinha ciúmes até dos seus livros, ou melhor, das horas que ele passava sozinho no seu gabinete entregue ao seu labor estafante de escritor.

Pedi muitas vezes que ele diminuísse esses trabalhos e, para afastá-lo, pretextava, algumas ocasiões, imaginárias doenças ou então organizava passeios prolongados, ora na velha casa de Pierre ou então no meu burgo de Saint-Germain. Edmundo pacientemente deixava-se levar pelas minhas mãos e pelos meus carinhos.

Ele estava escrevendo mais um livro que pretendia breve lançar, precisando assim trabalhar assiduamente. Passava horas seguidas fechado no gabinete que tinha pertencido a meu pai e que, desde a sua morte, eu designara para ele. Tudo continuava no mesmo lugar: os mesmos móveis, as mesmas tapeçarias, as mesmas telas... Quando entrava lá para fazer companhia a Edmundo, sentia uma sensação estranha, como se um frio intenso percorresse o meu corpo. Sentia arrepios fortes sobre a minha epiderme e mais de uma vez tive medo. Levantava-me apressada e ia para bem junto dele. Ele então erguia a cabeça ao sentir os meus braços apertando-o fortemente.

– Que é isso, Madalena? Que olhar espantado! O que estás sentindo, medo?

– Medo.

– Mas, do que, minha querida? – dizia ele delicadamente.

– Não sei, mas estou com medo...

Muitas vezes senti isso.

Recordo-me de uma tarde, quando desanimada de esperar por Edmundo, resolvi ir buscá-lo no gabinete. Entrei bem devagar. Da janela aberta completamente, vinha uma aragem trazendo o sutil perfume das flores do jardim bem próximo. Estávamos em plena primavera. O jardim do palácio, cuidadosamente tratado por hábeis jardineiros, estava belíssimo; principalmente as roseiras de meu pai pelas quais eu tinha verdadeira idolatria, pois sabia perfeitamente como ele as admirava. Para elas tinha um jardineiro reservado. Bem perto do seu gabinete de trabalho, junto à janela, um imenso canteiro ostentava magníficas roseiras, cujo perfume invadia o ambiente, trazido quase sempre pelo vento...

Da porta semi-aberta, vi Edmundo de cabeça baixa escrevendo rapidamente... Recostei minha cabeça na porta para analisá-lo como costumava fazer. Quantas vezes fiz esse exame... Não sei enumerá-las. Perguntava a mim mesmo, o que tinha Edmundo para que tivesse por ele esse desmedido e alucinante amor... amor que me fazia olvidar todos os meus deveres, que me fazia forte para enfrentar todos os obstáculos e derrubar todas as barreiras que surgiam à minha frente. Mais de uma vez constatei que Edmundo não era bonito e cheguei mesmo, em certas ocasiões, a achá-lo feio, porém não podia viver sem ele.

Edmundo continuava a escrever sem se aperceber da minha presença. Estava terminando uma longa página de papel, onde eu podia ver a sua letra pequenina e leve; ao lado, outras páginas atiradas negligentemente. Vi quando ele terminou e, demonstrando cansaço, segurou a cabeça com as duas mãos, depois pousou o olhar na janela aberta à sua frente. O olhar de Edmundo, nesse momento de devaneio, era completamente diferente... Tinha uma expressão estranha, como até então nunca tinha visto.

Apertava fortemente as mãos e tive certeza de que ele, baixinho, pronunciou um nome. Senti dentro de mim uma sensação de medo, de dúvida e de ódio, pois pensei imediatamente que o nome pronunciado tinha sido o de Ângela... Nunca deixei de sentir ciúmes apesar das demonstrações de afeto que tinha recebido dele. Jamais esse nome tinha sido pronunciado por nós, desde o momento em que ele a deixou definitivamente para vir morar em Paris, satisfazendo, assim, o meu capricho de mulher. Mas mesmo assim eu ainda a temia, temia porque ela nunca fez alarde do seu sofrer, nunca pronunciou uma só palavra de revolta. Sempre afastada, vivia modestamente, soube renunciar com altruísmo, e isso causava a Edmundo um certo respeito e um certo vexame.

Não podendo mais me conter, entrei bruscamente. Edmundo, assustado, voltou-se para meu lado. Trêmula, sem poder dizer uma só palavra, fiquei em pé segurando com força o espaldar da cadeira. A minha respiração era ofegante, sentia o meu coração bater apressadamente; olhei para um espelho que estava ao lado e vi que uma palidez intensa cobria o meu rosto.

Foi Edmundo que, aflito, perguntou:

Madalena, o que aconteceu? Por que estás tão assustada, o que foi?

Eram sempre essas as suas palavras quando me via assim. Sabia que eu tinha medo, algumas vezes, quando entrava no gabinete de meu pai.

– Senta te aqui, minha querida, deixa esse temor infundado; não posso crer que, forte como és, possas te deixar levar por esse tolo temor. Este gabinete devia ter o teu lugar preferido, aqui deverias vir sempre, pois neste recanto foi que teu pai passou talvez as suas melhores horas; e agora, eu também aqui venho e aqui passo horas de calma, alheio a tudo, vivendo o meu presente feliz, muito feliz, Madalena... e, se algum dia eu partir para não mais voltar, tenho certeza de que será aqui o teu cantinho predileto. As minhas recordações se unirão às de teu pai e te-rás, minha querida, a certeza de que nós não te deixamos sozinha.

– Por que, Edmundo, dizes isso?

Estremeci violentamente e, levantando-me, apertei-o junto ao meu coração, muito junto como se estivesse prestes a per-dê-lo...

– Vamos, Madalena, vamos sair um pouco, vamos até o jardim; estás muito nervosa e precisas aspirar um pouco de ar puro. Vamos... – e tomando as minhas mãos, saímos do gabinete.

***

Devagar encaminhamo-nos para o jardim que, como já me referi, estava belíssimo. Sentamos num pequenino banco que estava debaixo de um arbusto florido; no chão, flores murchas cobriam a terra vermelha.

Nervosa, calcava com os meus pés, finamente calçados, as pétalas mirradas das flores que, horas antes, ainda enfeitavam a árvore que nos proporcionava sombra acolhedora.

Calada, pensava no desabrochar dessas delicadas flores de matizes perfeitos e de aromas sutis. Sempre fiz para mim mesma essas interrogações. Seduzia-me o mistério impenetrável da natureza.

Como podia surgir da terra bruta, a água cristalina dos regatos, que deslizam mansamente pelos prados e pelas colinas verdejantes?... Ou então, os rios imensos, os cachoeiras majestosas, cujas quedas abruptas nos oferecem quadros surpreendentes de beleza?

Como podiam surgir as plantas, desde a pequenina flor oculta e modesta até as árvores altas e imponentes das sombrias florestas?

Como surgiram os animais, desde os ferozes habitantes das densas selvas, os répteis repugnantes e traiçoeiros até as aves tenras, como os esguios beija-flores, até o condor valente que cruza os céus com destemor?

Como surgiu o homem? Como?...

Olhei para Edmundo, ao meu lado, com a cabeça recostada no tronco da árvore, olhos fechados, alheio à minha dúvida e ao meu exame.

Sim, tornei a perguntar a mim mesma: – Como surgiu o homem?

Volvi a milênios passados e revi os primitivos habitantes da Terra, vivendo nas cavernas, semi-despidos, selvagens, vagando incertos pelos desertos ou pelas montanhas, sem lei e sem rumo.

Depois tornei a fitar Edmundo, elegante, fidalgo, culto. Não tinha dúvida, tudo era bem visível, como dizia meu pai. Tudo devemos à Natureza, essa força propulsora que lentamente faz as transformações claras e prodigiosas.

Continuei a pisar as flores murchas fazendo as minhas divagações, recapitulando velhas reminiscências.

Ainda era bem jovem, vinte e cinco anos. Há dez anos, que tinha unido meu destino ao de Edmundo. Tinha perdido meus pais; restava-me somente ele.

Volvi meu pensamento à minha infância não muito distante, revi os lugares onde costumava brincar no meu burgo querido, o bosque verde, o regato onde ia me sentar e fazer as mesmas interrogações que hoje estou fazendo, ao contemplar as pétalas murchas das flores caídas da grande árvore.

Lembrei-me das palavras do velho sacerdote quando das visitas feitas à minha mãe:

– Céu... Céu... – dizia ele, com sua voz compassada de timbre muito suave – o Céu, minha filha, é a moradia das almas boas, das almas eleitas de Deus.

Parecia-me ouvir a minha gargalhada alta e as minhas palavras irreverentes:

– Deus... ora, não acredito nisso, não... nada disso existe... nada.

Debalde o bom amigo tentava ainda, num esforço, chamar-me ao seu lado para uma explicação mais demorada; debalde, eu recusava sempre.

Sentia dentro de mim uma angústia inexplicável, não sabia o que pensar, parecia-me que não muito distante algo esperava-me, algo de fatídico. Sentia medo, mas medo de quê? Não sabia...

Edmundo dormia calmamente; olhei para o seu rosto expressivo onde um rastilho de luz, vindo do Sol, dava uma expressão ainda mais estranha. Nesse momento, não sei como, voltou-me a idéia de que poderia perdê-lo.

Sufoquei um grito... Perder Edmundo?... Não, não... se isso acontecesse eu me tornaria uma mulher má... muito má, nada mais seria capaz de me fazer voltar a ser o que fui, teria ódio de tudo e de todos.

Como passaria os meus dias? Nem sei mesmo com poderia passá-los; só ao pensar nessa possibilidade, tudo girou ao meu redor, tudo escureceu e o meu coração batia lentamente... Meditei:

– Preciso cumular Edmundo de todo o carinho, preciso proporcionar-lhe o máximo de conforto e de distrações, afastá-lo do trabalho que o cansa e absorve, horas e horas. Ele precisa de um ambiente mais alegre, de companheiros para se distrair e não trabalhar como vem trabalhando ultimamente. Sou riquíssima e tudo farei para que ele viva calmamente. Tenho de mudar a rotina da nossa vida. Preciso afastá-lo de Paris e do ciclo estafante de trabalho em que consiste a vida de um escritor.

Organizarei algumas festas no meu burgo... algumas caçadas no bosque, e assim passaremos meses mais tranqüilos, convidarei alguns amigos seus; sim, é isso que vou fazer e fazer breve, preciso também de repouso. Dez anos que vivemos somente nesta asfixiante sociedade, suportando essas enfadonhas festas, ouvindo esses comentários maldosos; estamos exaustos.

Precisamos mesmo do nosso burgo, aspirar o ar puro dos seus campos, galopar pelas suas estradas largas, sentir o Sol ardente que inunda as suas terras fecundas. Lá encontraremos paz. Sim, iremos breve, necessito rever o que me pertence, ver pessoalmente o que meu pai legou-me com tanto amor... Sim, quando se achava enfadado da sociedade corrompida de Paris, ele procurava o velho burgo e lá encontrava a tranqüilidade precisa. Seguirei mais uma vez o seu exemplo.

Tão entretida estava que não vi quando Edmundo despertou. Voltei assustada ao sentir a sua mão pousar sobre a minha.

– Então, Madalena, estás melhor?

– Sim.

Ele sorriu e, apertando com força a minha mão, tornou a dizer:

– Vamos acabar com isso, querida; estás nervosa e precisas de distração.

Ao ouvir as suas palavras, quase não contive a minha satisfação, pois elas vinham juntamente quando eu as dese-java.

Tens razão, sinto-me nervosa e preciso sair de Paris. Esta atmosfera carregada faz-me mal, preciso de ar puro e de tranqüilidade, o que não tenho aqui.

– Mas, Madalena, sair agora de Paris é impossível.

– Impossível, por quê?

– Bem sabes que tenho compromissos firmados e que não posso fugir deles.

– Ora, Edmundo, esses compromissos deles me encarrego; não tens, absolutamente, necessidade de te escravizar trabalhando como vens fazendo assiduamente, horas seguidas. Assim como eu, precisas de repouso.

Deixa esses compromissos e vamos para o meu burgo; lá passaremos alguns meses, poderemos organizar algumas reuniões e algumas caçadas de que tanto gostas. Está resolvido, iremos brevemente para o burgo de Saint-Germain. Estamos na primavera, os seus prados estão verdes e os jardins floridos; juntos cavalgaremos pelo bosque, visitando os recantos conhecidos, ainda cheios de recordações agradáveis. O meu burgo é belo e tenho a certeza de que lá poderemos viver felizes.

Senti que Edmundo concordava plenamente comigo. Ele estava cansado e não podia ocultar-me que tinha uma grande preocupação que o torturava. Tinha ao meu lado, tudo quanto desejava; mas tinha também, assim como eu, sobre as nossas consciências, uma nódoa tão marcante que, por mais que desejássemos, não podíamos limpá-la. Essa nódoa era o sofrimento resignado de Ângela.

Infeliz daquele que tem "manchas" na sua consciência; elas são como brasas que queimam e, mesmo com aparências de extintas, cobertas por uma camada de cinzas brancas, não deixam de, por baixo, estarem ardendo e torturando.

A tarde ia, aos poucos, se findando; e o Sol rubro se escondia por trás das montanhas, deixando que a noite se aproximasse lentamente. No céu, um punhado de estrelas já o enfeitavam quando nos levantamos.

Antes de entrarmos demos uma volta pelo grande jardim; depois, com passos lentos, subimos a longa escadaria de mármore.

***

No salão, os criados já acendiam os candelabros de muitas velas; acesas, iam aos poucos inundando o ambiente, até então imerso na penumbra, de uma luz amarelada que dava ao mesmo um aspecto encantador.

Procurei uma cadeira junto a um console e sentei-me, enquanto Edmundo foi para o seu aposento.

Precisava coordenar tudo para a nossa próxima partida. Teria de deixar o meu castelo entregue à criadagem em que eu tinha absoluta confiança, mas, mesmo assim, não deixava de me preocupar um pouco. Era o meu castelo um dos mais ricos de Paris. Os seus salões encerravam uma verdadeira e fabulosa fortuna.

Tudo me pertencia exclusivamente, mas, apesar de tanta riqueza e de tanta nobreza, eu não era feliz com desejava ser; vivia sobressaltada, principalmente agora, com essa inquietação e esse temor de vir a perder Edmundo.

Sobre o console, um retrato de minha mãe quando ainda jovem; pousei demoradamente o meu olhar sobre o seu rosto expressivo e notei quanto era triste o seu olhar. Tinha minha mãe, nesse retrato, os cabelos penteados, muito altos, e entrelaçados com delicado fio de pérolas; sobre o colo decotado, um magnífico colar também de pérolas. Como achei minha mãe encantadora, nesse momento.

Sabia que ela sofrera muito, que meu pai fora um boêmio incorrigível, que muitas mágoas lhe causou; mas, sabia também, minha mãe teve até o seu último alento o consolo de uma amizade leal, a assistência devotada de um amigo sincero que a acompanhou durante toda a sua vida, com devotamento. Assim, deduzia que mamãe havia sido mais feliz do que eu, pois Edmundo, apesar de suas demonstrações de amor e devotamento, era casado e existia outra mulher que tinha mais direito do que eu, uma sombra negra ao nosso lado, empanando constantemente a nossa tranqüilidade. Sombra essa que, apesar de sutil e insignificante, eu não podia, com toda a minha riqueza e com todo o prestígio dos meus brasões, afastar do meu lado.

Ouvi passos ao meu redor e, logo, a voz quente de Edmundo, chamando-me:

– Madalena, vem...

Levantei-me e fui ao seu encontro.

– Então, já resolveste quando iremos para Saint-Germain?

– Quando quiseres.

– Então irei ultimar os meus compromissos para podermos seguir o mais depressa possível. Agora estás contente?

– Sim, estou muito contente.

E juntos, de braços dados, saímos do salão iluminado e nos encaminhamos para outra sala onde os criados já nos esperavam para servir o jantar.

4

Premonições

Seguimos para o burgo de Saint-Germain, onde pretendíamos passar uma longa temporada, levando diversos criados do castelo assim como mais duas carruagens.

Saímos de Paris muito cedo para podermos aproveitar melhor a manhã, que estava deliciosa. Íamos na frente, seguidos pelas duas carruagens que transportavam a criadagem e a minha bagagem, que era enorme.

Sentada bem junto de Edmundo, aspirava com força a aragem fresca, sentia o ventinho gostoso que vinha bater no meu rosto, desfazendo o meu cabelo. Respirei aliviada quando deixei para trás as derradeiras casas e entramos na larga estrada.

Edmundo ia silencioso e eu não quis interrompê-lo. Encostei minha cabeça sobre os seus ombros e fechei os olhos.

Tentei dormir, mas impossível; o meu cérebro exausto ainda trabalhava e sentia a minha cabeça pesada. Até então não tinha desaparecido a angústia que vinha, há muito tempo, torturando-me atrozmente.

Esperançosa estava de que, chegando no meu burgo, tudo isso desapareceria, voltando-me novamente à tranqüilidade desejada. Só ali é que poderia operar-se essa milagrosa transformação. Sentia que, percorrendo as estradas livremente, ouvindo os trinados dos pássaros, bebendo a água pura dos seus regatos voltaria a tranqüilidade perdida.

E assim, nesse esperançoso devaneio, seguia sem quase sentir o trepidar da carruagem sobre as pedras do caminho. Pela janelinha via passar, com delicados quadros, a paisagem bela.

Edmundo dormia calmamente a meu lado, sem sentir esse trepidar incomodativo da carruagem. Volvi o olhar para o seu rosto, que nessa manhã estava muito pálido, e ao redor dos seus olhos uma sombra azulada denunciava seu cansaço. Passei de leve a mão sobre os seus cabelos revoltos pelo vento impertinente; alguns fios brancos surgiam indiscretos. Sentia o arfar ritmado do seu coração. Como adorava Edmundo...

Era um amor tão forte, tão violento que eu mesma, muitas vezes, me atemorizava. Ele era para mim a força de todo o meu viver. Só por ele é que ainda conseguia dominar o meu temperamento audacioso, subjugar todos os meus ímpetos, enfim dominar a mim mesma.

Edmundo era bom, muito bom. A única mancha que tinha a toldar a sua consciência era o abandono de Ângela e a sua vida unida à minha, mas eu fui a grande causadora; a mim somente cabia a maior parcela. Fui a tentação, e soube ser realmente uma tentação.

Edmundo, bom como era, deixou-se facilmente envolver na teia ardilosamente preparada por mim; mas era ainda ele que continha os meus ímpetos, era ele que, com suas palavras ponderadas, fazia-me quase sempre raciocinar melhor, evitando que eu praticasse verdadeiros desatinos.

Quantas vezes ele discordou das minhas opiniões e, quantas vezes, ele se entrepôs entre mim e pobres criados que vinham protestar por violências praticadas sob o meu teto e que eu, sem refletir, os repelia com desdém. Quantas vezes foi Edmundo o portador de queixas dos meus vassalos do burgo. Ele era sim o meu guardião amigo, mas, se algum dia viesse a perder esse amigo, temia por mim mesma.

Já estávamos perto do burgo e a carruagem, diminuindo a

velocidade, entrou a percorrer a bem tratada e larga estrada que dava para o castelo. Numa volta vimos as primeiras árvores do bosque e ao longe surgiam os contornos majestosos da minha rica residência. Ordenei ao cocheiro que diminuísse ainda mais a velocidade da carruagem. Obedecendo, freou os animais, que começaram a andar lentamente.

Já se podia ver nitidamente o palácio, assim como o seu senhorial portão. Edmundo, espreguiçando-se, endireitou-se para poder também apreciar a entrada magnífica da nossa "casa".

No grande portão, a carruagem teve de demorar uns instantes até que o porteiro viesse abri-lo. Aproveitei esses momentos para fazer um exame rápido do mesmo. Tinha meu pai cuidados extremos com a entrada do palácio e esse portão sempre recebeu dele o maior zelo. Contava-me ele que o ferro com que fora feito tinha sido preparado nas forjas de um dos nossos antepassados que, nas horas de ócio, aproveitava para fazer nas suas oficinas de ferreiro verdadeiras peças de arte. E foi assim que fez o portão que, ainda passados tantos anos, ornamentava o nosso palácio.

Olhei para os bojudos lampiões sustentados pelas colunatas e, pairando bem alto, os nossos brasões circundados pelas soberbas flores-de-lis. Sacudi a cabeça com desdém, como que desafiando tudo e todos, só ao olhar para aquele brasão que marcava a minha soberania naquele burgo distante.

Aberto o portão, a carruagem entrou no parque. Sombra agradável, vinda das seculares árvores, cobria o caminho até a majestosa escadaria de mármore.

Ouvindo o barulho da carruagem, a criadagem apressada veio receber a sua nobre senhora. Quase sem olhá-los, desci amparada por Edmundo, que delicadamente os cumprimentou. Subi apressada os longos degraus; estava cansada da viagem e saudosa da minha tranqüila residência.

Demorei-me rápidos momentos no terraço e depois entrei para o grande salão, cujas janelas estavam abertas para o parque; depois encaminhei-me para os meus aposentos e, da janela, vi Edmundo conversando alegre com um dos criados que tinha vindo respeitosamente cumprimentá-lo. Ouvi também o latir dos cães, despertos pelo barulho da carruagem.

* * *

Já estávamos no burgo há muitos dias, e apesar do sossego que tínhamos, continuava a sentir a mesma inquietação. Debalde procurava sair com Edmundo à procura de distração.

Íamos, muitas vezes, percorrer a estrada pela manhã, vagarosamente, de mãos dadas e despreocupadamente, levando em nossa companhia diversos cães que corriam alegremente, à nossa frente, latindo forte. Tinha no meu castelo diversas raças de cães, pois meu pai gostava muito, principalmente dos cães para as suas caçadas, que eram famosas.

Andávamos grandes distâncias e voltávamos cansados, precisando depois de longo repouso. Outras vezes preferíamos sair à tarde.

Certa manhã acordei sentindo-me fortemente nervosa; tinha passado toda a noite, sonhando um sonho confuso onde se misturavam as silhuetas de Ângela, de minha mãe, de meu pai e de diversos desconhecidos, todos com semblantes preocupados. Estavam reunidos num recanto do bosque. Lembrava-me perfeitamente que eles, em dado momento, corriam para um certo ponto e, aos gritos alarmantes, faziam um círculo em volta de uma coisa que não me foi possível ver.

Ao acordar tinha ainda fixo na minha retina o olhar alucinado de Ângela, depois o de minha mãe que, suavemente, tinha abraçado Ângela. Sentia ainda o tremor que percorreu o meu corpo ao vislumbrar o estranho grupo.

Fiquei muito tempo sentada olhando para Edmundo, que dormia tranqüilamente; no seu rosto, já um tanto fanado, eu ainda descobri algo de belo que tinha sido o seu poder de sedução. Até mesmo dormindo ele tinha, pairando nos lábios, o seu sorriso encantador. Quanto mais olhava para ele mais sentia a angústia que vinha me torturando atrozmente e, agora, esse sonho enigmático. O que seria que Ângela, minha mãe e meu pai estavam vendo e que me foi vedado?

Recordava-me perfeitamente do trecho do bosque. Era um dos atalhos onde meu pai costumava ficar de atalaia, à espera da caça ambicionada. Mais de uma vez lhe fiz companhia nesse mesmo local quando, com os nossos hóspedes, caçávamos no bosque.

Sentada, ainda me lembrava da última caçada que meu pai organizou. Diversos amigos tinham vindo de Paris especialmente convidados para essa caçada. O nosso castelo estava repleto, todas as suas dependências tinham sido ocupadas, pois não só os amigos de meu pai tinham atendido ao convite, assim como amigos e parentes de minha mãe e meus também. Quer pela manhã, ou à tarde, formavam-se diversos grupos para os pas-seios organizados.

Saíamos todos montados em fogosos cavalos; à frente iam as moças elegantemente vestidas, ostentando mimosos chapéus onde as mais delicadas plumas davam ao mesmo uma graça delicada; outras traziam finíssimas echarpes de cores claras que se harmonizavam maravilhosamente com as suas cútis. Longas saias caíam em dobras até cobrirem os pés calçados de botas altas. Compridas luvas e pequeninos rebenques. Para os cavalheiros, calções curtos, botas abotoadas até muito alto, sóbrios casacos e pequenos chapéus. Alguns traziam alvas camisas que sobressaíam admiravelmente com a cor escura dos casacos. E, assim, os bandos alegres, em loucas disparadas, se enveredavam pelo denso bosque seguidos da malta de cães, habilmente amestrados para esses divertimentos.

Essa foi a última caçada que meu pai organizou e que me deixou para sempre uma dolorida saudade. Depois que tínhamos chegado ao burgo pensei, juntamente com Edmundo, que devíamos, assim como fazia meu pai, organizar também uma caçada dando motivo para que reuníssemos os nossos amigos.

Ele logo não concordou; achava que devíamos ficar mais tempo sozinhos na tranqüilidade boa da nossa casa, depois, então, sim, poderíamos pensar nessas reuniões. Mas, eu discordei. Talvez me fizesse bem o contato com pessoas alegres; talvez isso me auxiliasse, contribuindo para afastar um pouco o temor que vinha me martirizando há tanto tempo.

O meu temperamento era alegre, e se não dava expansão ao mesmo, era devido à minha situação ilícita com Edmundo. Sabia que a sociedade fingia ignorar porque eu era Duquesa e fabulosamente rica, mas não deixavam, mesmo assim, de comentar e comentar com maldade essa união.

Edmundo, que não sabia contrariar-me, aquiesceu ao meu pedido, deixando somente para mim a incumbência de tudo organizar e de fazer os convites. Prometi que deixaria passar ainda alguns dias para, depois então, tratar do programa para o início das reuniões que eu pretendia dar no meu castelo.

* * *

Estávamos sentados no claro terraço todo banhado de luz vinda do Sol, que tinha despontado indiscretamente de trás das montanhas verde-escuro e se infiltrado por entre os ramos das floridas trepadeiras que engrinaldavam as artísticas colunas.

Bandos festivos de pássaros pousavam nos galhos, que eram balançados pela aragem fresca, e em trinados suaves gozavam também da deliciosa manhã.

De onde estávamos sentados podíamos ver, perfeitamente, o grande e bem tratado jardim, assim como os jardineiros na sua faina cotidiana. Eram velhos e hábeis servidores preparados por meu pai para esse delicado mister. Enlevada com a beleza das várias flores, via também com que cuidado um dos jardineiros colhia, em um grande cesto, as flores que iriam ornamentar o meu palácio.

Fazia questão, sempre que quando aí estava, que todos os dias fossem colocados nos inúmeros jarros muitas e variadas flores. Eu mesma vinha enfeitá-los. Cuidadosamente selecionava as flores.

Era para mim um prazer e uma inefável alegria quando tinha nas minhas mãos uma rosa muito alva ou uma outra flor... Com que interesse admirava o acetinado das suas pétalas ou o perfume sutil, que eu aspirava demoradamente.

Eram lindíssimas as rosas cultivadas pelo meu saudoso pai.

Sentada ao lado de Edmundo, nessa radiosa manhã primaveril, observando o trabalho dos jardineiros, recordava-me também de meu pai que, como agora estávamos desfrutando da tranqüilidade do burgo, vinha todas as manhãs cuidar das suas rosas, acompanhado de seus cães, amigos inseparáveis.

Edmundo, sentado ao meu lado, estava calado, olhando, também com interesse, os jardineiros. Ele era estimadíssimo no nosso burgo; em cada servidor tinha um amigo leal.

Olhei bem para Edmundo e notei que o seu olhar estava fixo nesse momento não no jardim, mas muito além; talvez estivesse pousado no ponto onde Ângela residia...

Fazia muito tempo que Edmundo não via a sua esposa; eu o tinha acorrentado ao meu lado; todos os seus passos eram por mim vigiados com o máximo cuidado, mas mesmo assim era torturada pelo ciúme... Só em pensar que Ângela estava agora perto de nós, fazia com que eu sentisse verdadeiro pavor com a possibilidade de Edmundo manifestar vontade de revê-la.

Estava assim pensando quando vi Edmundo, inesperadamente, levantar-se, sem dirigir-me uma só palavra, descer apressado as escadas e chamar um dos criados, dando uma ordem rápida; voltando em seguida para junto de minha cadeira, e pousando a mão sobre o meu ombro, falou delicada-mente:

– Madalena, vou sair, estou sentindo necessidade de aspirar um pouco o ar dos campos.

Assustada, ergui o rosto para ele, e deparei-me então com o olhar firme de Edmundo. Ainda quis pedir para acompanhá-lo, mas ele, ligeiro, afastou-se.

Fiquei presa à cadeira, sem forças para segui-lo; era a primeira vez, desde que estávamos no castelo, que ele tinha manifestado vontade de sair só. Para onde pretendia ir Edmundo? Para onde?

Vi quando ele voltou e, muito depressa, depositou na minha mão um beijo inexpressivo. Quase correndo desceu as escadas e, num salto, montou o cavalo que, numa veloz carreira, tomou a grande e larga estrada.

Sentada donde estava, vi a poeira levantada até nos confins do começo da curva. Tive ímpetos de segui-lo, mas não seria mais possível alcançá-lo. Para onde teria ido meu Edmundo?

* * *

Edmundo, talvez por uma intuição vinda do Alto, teve naquela manhã vontade de rever a sua abandonada esposa, intuição que ele mesmo não podia e não sabia explicar.

Ângela estava esquecida, eu o tinha dominado totalmente. Nunca mais ela procurou ter notícias do esposo; vivia tranqüila na sua modesta casa.

Foi tão profundo o golpe que Edmundo lhe causou que ela ficou para sempre insensível a qualquer recordação dele. Procurou mesmo olvidá-lo, não querendo saber nada a seu respeito; até com sua mãe ela não pronunciava o nome de Edmundo.

Procurou viver sozinha, entregue a suavizar os sofrimentos dos outros; era no seu burgo o anjo tutelar dos que sofriam. Saía pelas estradas, enveredava pelos atalhos até às paupérrimas choupanas dos pobres levando o consolo da sua presença, o bálsamo consolador dos seus conselhos, as dádivas angariadas por ela para serem distribuídas, enfim, sentando-se nos leitos dos doentes e, com a suavidade das suas palavras, infundia naqueles seres desafortunados momentos de alegria e de compreensão.

Era a fada mensageira das boas novas; sempre que batia numa porta era recebida com afeto; bastava só a sua presença para transmitir alegria. Era queridíssima de todos, percorria as estradas sem medo.

Vista de longe, o seu vulto esguio, quase sempre vestida de branco e tendo nos braços uma pequenina cesta, todos se descobriam respeitosamente, quando ela passava. Ângela, apesar dos sofrimentos, era ainda lindíssima, de uma beleza suave, de um olhar brilhante ensombrado por longas pestanas.

Na mesma manhã em que Edmundo, inesperadamente, saiu sozinho, lá no burgo distante também Ângela preparava-se para mais uma das suas costumeiras visitas. Vestida, desceu;

tomou a pequenina cesta, pôs um grande chapéu para resguardá-la do Sol, despediu-se de sua mãe e tomou então a direção da estrada.

Caminhava devagar, cabeça baixa, alheia à beleza da manhã. Nem mesmo o trinado dos pássaros a entusiasmava. No seu cérebro cruzavam as mais desconcertantes idéias.

Desde muitos dias que, mesmo tentando esquecer, recordava-se de Edmundo e, no recôndito de sua alma sofredora, reconhecia que ele ainda vivia. Sim, vivia apesar de todos os seus erros e de todas as suas ingratidões.

Ângela tinha caminhado um longo percurso quando sentiu-se muito cansada; faltava ainda muito para chegar à choupana, onde pretendia visitar uma velhinha enferma e para ela levar algum alimento. Sentou-se na margem da estrada, debaixo de uma sombra, depôs a seu lado a cesta, retirou o grande chapéu e aliviada, respirou.

O silêncio na estrada era completo. Nessa hora matinal todos estavam entregues aos seus trabalhos, ninguém viria interromper o seu descanso. Ângela olhou para todos os lados; sempre a mesma paisagem, porém bela. À sua frente, a campina muito verde a se perder de vista; algumas árvores isoladas, cujas copas frondosas ofereciam abrigo a muitos pássaros.

Da estrada larga, partiam muitas encruzilhadas que davam para diversas choupanas dos campônios da redondeza.

Gente humilde e pobre que vivia do trabalho estafante dos campos. Para a choupana desses campônios, que Ângela dirigia-se, diariamente, levando a sua assistência amiga; e era também na acolhedora amizade dessa gente simples que ela encontrava alegria e paz para o seu Espírito sofredor.

Quantas vezes ela saía com o seu coração torturado pela angústia e ia para junto de seus amigos, certa de que lá encontraria a amizade sincera. Todos tinham veneração por ela. Todos sabiam do seu drama. Todos detestavam Edmundo. Apesar de Ângela nunca pronunciar o nome de seu esposo, todos sabiam que ela sofria atrozmente.

Estava sentada, quando olhando para o fim da estrada viu uma nuvem densa de poeira. Alguém se aproximava. Quem seria? Ângela, curiosa, olhava insistentemente; depois, surgiu o vulto de um cavalheiro. Não tinha mais dúvida, o cavalheiro se dirigia à sua casa. Mas quem seria?

Ela não se levantou, continuando sentada à espera. Qual não foi sua surpresa, quando reconheceu que era Edmundo. Foi também para ele uma surpresa inesperada o encontro com Ângela. Pensava encontrá-la na sua casa e que devia ser muito difícil conseguir falar com ela.

Aproximando, desceu rápido do cavalo. Ela não fez um só movimento; o esperou como estava.

Edmundo, trêmulo, ficou muito tempo a seu lado sem pronunciar uma só palavra; olhava para ela firmemente e nesse rápido instante a comparou com Madalena. Que diferença entre as duas. Ângela trazia estampado em seu rosto bonito e no seu olhar terno uma suavidade impressionante. Tudo nela era simples. Foi ela quem falou primeiro:

– Edmundo, que prazer em tornar a ver-te, senta-te a meu lado.

Depois de uma certa relutância, ele aceitou o convite; sentou-se ao lado de Ângela, mas não podia falar; uma emoção estranha o tolhia. Sentia-se envergonhado diante daquela terna mulher que ele desprezara cruelmente; na sua consciência reconhecia quanto tinha sido injusto e covarde.

Apesar de Madalena dedicar-lhe muito amor, no seu íntimo não pudera jamais esquecer Ângela, e agora, sentado perto dela, sozinhos na estrada silenciosa, volvia à sua infância distante e revia essa mesma estrada, essa mesma campina verde onde ele e ela correram juntos... Foi nessa mesma estrada, sentados debaixo de uma sombra acolhedora, que ele, já adolescente, fez-lhe as primeiras juras de amor...

Foi ainda nessa estrada que eles, noivos, percorreram muitas vezes de mãos dadas, felizes, muito felizes, até que encontrou Madalena e, desde então, a sua vida foi totalmente modificada. Edmundo mesmo não sabia explicar por que veio procurá-la.

Estava indiferente, conversando com Madalena, quando sentiu uma vontade inesperada de rever sua esposa, parecia que uma força desconhecida o empurrava para perto dela. Sem poder dominar-se, pela primeira vez saiu sem dizer à Madalena para onde ia. Já bem perto da casa de Ângela, ainda atordoado, perguntava a si mesmo: – Mas o que vou fazer em casa de Ângela? O que vou fazer?

***

Ângela olhava para seu esposo e, penalizada, via que Edmundo estava diferente. Já não era mais aquele homem forte, de olhar arrogante, de sorriso irônico; os seus cabelos negros estavam agora misturados com inúmeros fios prateados e no seu rosto rugas profundas o sulcavam... Comovida, constatava essa dolorosa metamorfose. Não sabia nada a respeito deles, pois em qualquer ocasião que ela ouvisse pronunciar o nome dele, delicadamente retirava-se. Não queria saber como ele vivia.

Ângela era essencialmente boa; no seu coração puro não abrigava nenhum rancor. Procurava perdoar e esquecer.

Esquecer, indo em socorro dos desprotegidos, amparando-os com amor, mitigando as suas dores e esclarecendo as suas dúvidas. Para todos tinha ela uma palavra amiga, um conselho sensato. E assim, auscultando as dores alheias, encontrou o bálsamo para as suas próprias desditas.

Até mesmo passados alguns anos depois que Edmundo a abandonou, ela ainda recordava-se dele com ternura, mas recalcava essas recordações, não deixando transparecer nem mesmo para a sua querida mãe.

Hauriu do seu sofrimento um manancial de ensinamentos, compreendeu que todos, ricos e pobres, nobres e plebeus, tinham o seu drama sofredor. Todos sofriam e, comparando esses sofrimentos, constatou que o seu era diminuto. Sim, porque o seu sofrimento vinha somente do desprezo de Edmundo, mas vivia tranqüila no seu lar, unida à sua mãe querida, que dedicava-lhe todo afeto, acompanhava-a solícita em todas as horas e vivia exclusivamente para ela. Tinha o respeito e a veneração de todos que a conheciam. Jamais recebera uma censura, era mesmo apontada como exemplo pelos antigos moradores da região. Se não possuía a riqueza fabulosa de Madalena, possuía, entretanto, o bastante para viver decentemente, pois não era vaidosa; sempre foi muito modesta e simples.

Depois de um prolongado silêncio, Edmundo, baixinho, disse:

– Ângela, sei que essa minha vinda aqui causa-te grande surpresa, mas crê que também a mim essa resolução causou-me estranheza; não sei explicar o que me empurrou para que eu viesse até aqui.

Confesso-te que, há muitos dias, venho sentindo uma opressão angustiosa, parece-me que algo está para acontecer, algo terrível que me deixa nervoso e impaciente; não sei, Ângela, o que será.

Estou no burgo de Saint-Germain há muitas semanas. Vim para repousar, para ver se encontrava na quietude dos campos a tranqüilidade que necessito, mas inutilmente pois, a cada dia que passa, maior é a minha angústia. Debalde tenta Madalena distrair-me. Não sei porque, mas tenho medo...

Ângela olhava aflita para ele e as suas palavras ligeiras e nervosas iam diretas ao seu coração. Uma piedade imensa invadiu todo o seu íntimo. Sim, piedade por aquele homem que, tão covardemente, a desprezou para seguir outra mulher; mas, agora, era esse mesmo homem que aí estava ao seu lado, com humildade, fazendo-lhe a mais sincera confissão.

Olhando para Edmundo, ela reviu o seu passado distante, quando ainda muito jovem, quando na sua vida ainda não tinha sido ferida pelos espinhos das desilusões, quando tudo era-lhe belo e promissor.

Numa avalanche impetuosa, o seu pensamento deslizava célere pelo passado longínquo, e Ângela ia revendo os episódios mais queridos; era como se, à sua frente, estivesse folheando um velho álbum, cujas páginas amareladas pelo tempo encerrassem uma história encantadora ou então comovente.

Via Edmundo adolescente, depois já seu noivo e, por último, seu esposo... depois as primeiras suspeitas, o primeiro abandono, para depois a separação final.

Revia também o vulto de Madalena; recordava do seu casamento, quando ela, em companhia de seus pais, assistiu impassível todo o ato. Num estremecimento, lembrou-se de que Edmundo, no dia seguinte, saiu para só voltar muito tempo depois. Só passados muitos anos foi que pôde compreender para onde tinha ido o seu esposo.

Estavam calados sem poderem pronunciar uma só sílaba. Na estrada, agora fortemente ensolarada, o silêncio era o mesmo. Sentados, alheios a tudo, ambos reviam o passado.

Foi depois de muito tempo que Edmundo falou:

– Ângela, torno a repetir que aqui vim movido por uma força desconhecida, força essa que me obrigou a vir rever-te e pedir perdão por tudo que causei.

Parece-me que estou para fazer uma longa viagem e que, talvez, não me seja possível voltar; é essa a sensação que tenho.

Vou partir sem saber para onde e quero que, se não tornar a ver-te, me perdoes e fiques sabendo que, apesar do meu procedimento vil, sempre tive guardada bem no fundo do meu coração uma terna e sincera afeição por ti.

Confesso-te também que nunca soube explicar a mim mesmo o que sentia por Madalena; parece-me que nos conhecemos há muitos anos, que as nossas vidas já estiveram entrelaçadas por fortes laços. Não podia desvencilhar-me dessas correntes que traziam-me preso a ela; desde o instante em que a vi, compreendi que estava perdido. O amor que sinto por Madalena é algo que não sei definir, algo de impetuoso; é como a labareda que arde ou como o frio que gela.

Não me olhes assim, Ângela... crê que estou fazendo a mais santa das confissões. Crê que, muitas vezes, senti medo de Madalena, tive ímpetos de afastá-la rudemente do meu caminho e, correndo, voltar para o teu lado; mas ela sempre exerceu sobre mim um poder tremendo, um domínio completo.

À proporção que Edmundo ia lhe contando o que sentia, ela, muito delicadamente, foi pousando a sua mão muito branca sobre a dele.

Ao sentir o contato leve da mão de Ângela, estremeceu violentamente. Ela, amedrontada, retirou a mão e levantou-se bruscamente; Edmundo fez o mesmo, depois vagarosamente saíram pela estrada.

– Para onde irás? – perguntou-lhe Edmundo.

– Visitarei velhos amigos.

– Longe daqui?

– Não.

– Posso acompanhar-te, até lá?

– Pode.

– Irei junto, deixar-te-ei lá e voltarei imediatamente.

Caminhando juntos, calados, ambos recordavam outra vez o passado; recordavam e não podiam deixar de sentir saudades daqueles tempos ditosos.

– Mas, por que recordar o passado quando tudo está perdido? Jamais poderei unir minha vida à de Edmundo, jamais... – pensava Ângela. Edmundo também pensava do mesmo modo e dizia para consigo mesmo: – Para que recordar quando não posso mais volver e adquirir o que perdi? Para que recordar, para quê?

Tinham deixado a larga estrada e tomado a pequena vereda que os levaria à casa dos protegidos de Ângela. Mais uns passos e a modesta moradia apareceu.

Chegaram. Ela recostou-se ao lado da casa, Edmundo ficou à sua frente. Muito tempo olhou fixamente para Ângela, como querendo gravar na sua retina a imagem querida, aquela doce visão de mulher vestida de branco, tendo no braço rústica cesta de palha e, emoldurando a sua cabeça, um grande chapéu.

Queria gravar aquele olhar suave, cheio de bondade, pousado no seu. Não foi preciso que Ângela pronunciasse uma só palavra para que Edmundo compreendesse que ela o havia perdoado; no seu olhar, ela tudo havia expressado.

Tendo deixado Ângela, ele, cabisbaixo, voltou e a passos lentos, muito lentos, chegou ao local onde esteve conversando com sua esposa; sentou-se e ficou olhando para todos os lados. Ninguém passava pela estrada. Edmundo sentiu um bem-estar agradável com aquele silêncio pesado; tudo estava parado, nem a mais leve aragem bolia com as árvores, o sol muito quente cobria toda a campina, nem mesmo os pássaros cantavam.

Esse silêncio foi para a sua alma inquieta um bálsamo reconfortante. Ao seu lado, pacientemente, o cavalo comia a tenra verdura. Muito distante, ele podia ver a casa de Ângela: muito branca, quase que oculta pelas árvores. Sentiu uma vontade imensa de poder ir até lá, de poder tornar a ver o seu quarto grande e calmo, mobiliado simplesmente, mas com apurado gosto, de tornar a ver a capelinha onde se uniu com ela. Olhos muito abertos, fitou insistentemente a velha mansão. Foi com desmedido esforço que conseguiu dominar o ímpeto de ir até ao seu antigo lar. Teve vontade de rever também a mãe de Ângela e a ela também pedir perdão, porém não era possível satisfazer essa vontade, tinha quase que certeza de que não seria recebido.

Resolveu voltar, pois já era muito tarde; tinha saído cedo e com toda razão Madalena deveria estar inquieta com a sua prolongada ausência.

De um salto, levantou-se e, montando agilmente, saiu a galope pela estrada.

***

Em louca disparada, Edmundo seguia quase alheio a tudo. O seu pensamento confuso se emaranhava cada vez mais.

Perto do castelo ergueu os olhos e viu outro cavaleiro que, em grande galope, vinha ao seu encontro. Não teve dúvidas, era Madalena que, alarmada com a sua ausência, vinha ao seu encontro.

Quando os cavalos se encontraram ele pode ver pelo olhar

vibrante de Madalena que ela estava deveras irritada. Ele bem conhecia esses momentos de sua amada, sabia que era impetuosa e ciumenta. Mais de uma vez ela deu-lhe mostras de quanto era capaz, quando movida pelo ciúme ou pelo despeito. Compreendeu que Madalena suspeitou que ele fora rever Ângela.

Ao se defrontarem, rispidamente ela o foi interrogando:

– Para onde foste tão cedo e por que demoraste tanto a voltar? Será que tiveste a ousadia de ir rever aquela que desprezo e odeio?

Todas essas perguntas saíram aos borbotões sem que Madalena pudesse retê-las, tal a cólera que sentia, mas ele, impassível, ouvia sem demonstrar sequer com um só movimento de impaciência e essa impassibilidade mais a irritava.

Num ímpeto, puxou com violência as rédeas do animal; foi então que Edmundo, olhando insistentemente para ela, respondeu:

– Serei, por acaso, um teu escravo para que todos os meus atos sejam fiscalizados? Será que não tenho o direito de ir para onde quero? Serei como uma criancinha governada por severa governanta?

Jamais, durante esses longos anos que tinham vivido juntos, Edmundo pronunciara frases tão rígidas. Madalena, atônita, olhava para ele. Viu decepcionada quando Edmundo, sem olhá-la, fustigando o animal, dirigiu-se ao castelo.

Ela ficou muito tempo presa ao lugar onde estava; todo o seu ser era sacudido por violentos tremores. Segurava com as mãos crispadas as rédeas.

Quem pudesse observar o seu rosto de contornos perfeitos, o seu olhar sedutor, ficaria alarmado com a súbita transformação. Não parecia a mesma mulher. O seu rosto tomou nova expressão, assim como o seu olhar. Era terrível a cólera que nesse momento sentia; um ódio feroz a dominou.

– Preciso afastar Ângela, definitivamente, do meu caminho. Tenho que voltar a Paris, o mais breve possível, e lá, então, arquitetarei minuciosamente o meu plano – meditou.

Tenho servidores leais que executarão toda e qualquer ordem dada por mim. Tenho fortuna e nobreza e, acobertada por esse manto poderoso, nada me será difícil. Ângela desaparecerá do meu caminho para sempre.

Se já não tivesse feito os convites para a caçada, hoje mesmo voltaria, quer Edmundo gostasse ou não; mas preciso receber os convidados e também refazer a confiança de Edmundo. Quero que ele nada suspeite do que pretendo fazer. Agirei sutilmente.

Edmundo não compreende o poder e a força de uma mulher que, como eu, ama desesperadamente. Ângela é o único obstáculo que aparece à minha frente para que Edmundo não seja exclusivamente meu, mas esse obstáculo brevemente desaparecerá.

E, rápida, voltou para o castelo. Quando chegou, notou que ele não a esperava no terraço; deixou o animal e, quase correndo, subiu a escadaria de mármore. No salão, não estava.

Correndo, foi para o seu dormitório; com força empurrou a porta e, surpresa, deparou-se com Edmundo ainda com o mesmo traje, deitado de olhos fechados. Foi para o seu lado e sentando-se, baixinho o chamou:

– Edmundo... Edmundo...

Ele abriu os olhos e a fitou indiferente. Madalena, desesperada, tomou-lhes as mãos e, soluçando, implorou:

– Perdoa-me... esqueçamos tudo, as minhas palavras hostis e os meus gestos irrefletidos. Vamos, Edmundo, já é tarde; prepara-te para a refeição que já está muito atrasada. Vou me vestir e nos veremos logo mais.

E resoluta saiu, deixando-o novamente sozinho.

Era realmente muito tarde, ele saíra cedo e, depois de todas as emoções sofridas, sentia-se deveras exausto, precisava repousar calmamente. Levantou-se devagar para ultimar a sua toalete e ir para o salão, onde Madalena o esperaria para a refeição.

5

A caçada

Alguns dias se passaram depois do incidente da estrada e Edmundo continuava melancólico e apreensivo. Mais de uma vez pude observar o seu olhar parado e a expressão de tristeza estampada no seu rosto, porém voltou a tratar-me com delicadeza e afeto.

Aproximava-se o dia da caçada; brevemente o nosso palácio estaria repleto de hóspedes, amigos meus e de Edmundo; nobres e intelectuais viriam para a caça, que nas nossas terras eram famosas. Desde o tempo de meu pai que essas caçadas eram esperadas com ansiedade.

Eu tinha ido rever pessoalmente as armas no grande salão destinado a elas; meu pai tinha cuidados especiais pela sua coleção de armas e pelos seus magníficos cães caçadores. Eu cuidava deles também com desvelado amor. A tudo quanto tinha pertencido a meu pai, eu continuava a dedicar os mesmos sentimentos que ele tinha.

Muito pequenina ainda, meu pai já levava-me a caçar com ele; foi também muito jovem que aprendi a manejar as armas.

Quando meu pai organizava uma caçada eu exultava de contentamento; minha mãe jamais tomou parte nesses divertimentos e chegava mesmo a detestá-los. Nunca entusiasmou-se quando, triunfantes, chegávamos com a ambicionada caça. Recusava mesmo ir vê-la. Dizia a meu pai que não podia compreender esse esporte, horrorizava-se com a morte de indefesos animaizinhos; só os compreendia correndo livremente pelos bosques e campos.

– Não sei como minha filha, tão adepta da liberdade, tem coragem para sacrificar esses pobres animais e essas belas aves – dizia.

– Ora, minha mãe, nós não vamos aprisioná-los...

– Pior, Madalena, muito pior, vão matá-los traiçoeiramente; jamais compartilharei disso, detesto caçadas e nunca tomarei parte.

Realmente minha mãe nunca tomou parte nessas caçadas organizadas com tanto entusiasmo por meu pai, e agora, ao organizar mais uma, sozinha na sala de armas, recordava o vulto de meu pai nessa mesma sala e com essas mesmas armas, cuidadosamente examinando-as para entregar aos seus amigos que, já prontos, as esperavam ansiosos para iniciarem o tão desejado divertimento.

Com que alegria parti, muitas vezes, ao lado de meu pai que, além de ser um hábil caçador, era também exímio cavaleiro. Ao seu lado eu cavalgava em demanda da caça; orientada por ele, abati diversos animais, que foram presas ardentemente desejadas por outros caçadores mais experimentados. Sempre que ia à caça, a sorte me favorecia; jamais deixei de trazer um troféu.

Assim como minha mãe, Edmundo também, ultimamente, não era entusiasta do esporte que eu e meu pai adorávamos. Ele ia, mas sem aquele entusiasmo do bom caçador; não fazia questão de abater uma só caça, e, muitas vezes, deixou que escapasse propositadamente o animal que lhe era facílimo de matar. Quando eu o consultava para a organização de uma dessas caçadas, ele fugia sempre de dar a sua opinião, deixando que eu, sozinha, revisse tudo e fizesse os convites.

Enquanto eu, com o auxílio dos criados, selecionava os cães e as montarias, ele indiferente ficava, ou no terraço, ou então ia para o seu aposento, fugindo sempre de dar parecer. Isso me irritava um pouco, mas quando percebi que ele realmente não gostava, satisfazia-me somente com a sua companhia durante as mesmas; então esta, que estava prestes a se realizar, foi a que mais lhe desagradou.

* * *

Não podia compreender por que Edmundo estava tão nervoso e tão diferente.

Foi com displicência que recebeu os primeiros convidados, aliás meus amigos; mas quando os seus amigos foram também se aproximando, ele os recebeu ainda com maior indiferentismo. Esse comportamento seu foi tão marcante, que todos os convidados notaram e comentaram.

Tive que dar algumas explicações para disfarçar a sua atitude; expliquei que ele estava exausto devido ao muito trabalho que tivera nesses últimos meses, principalmente com o seu livro recente, que lhe roubou muitas noites de sono e, em muitos dias, ele teve que passar fechado no seu gabinete. Foi justamente para que ele pudesse repousar que viemos para o burgo e onde pretendíamos demorar mais tempo do que costumávamos fazer. Com essas explicações a curiosidade dos nossos convidados foi aos poucos diminuindo.

Chegou a manhã desejada. Tudo estava preparado para a nossa partida nas primeiras horas da madrugada. Tínhamos de sair muito cedo para ocuparmos as nossas posições nos diversos pontos do bosque.

Quando desci julguei que seria a primeira; queria ainda fazer uma ligeira revisão em tudo: os farnéis, as armas, os cães que, impacientes, ladravam no pátio e, enfim, as montarias. Mas, ao descer divisei Edmundo no jardim; andava devagar, com a cabeça baixa e as mãos para trás. Alarmada, fui ao seu encontro.

Nesse instante ele tinha se recostado no tronco de uma grande árvore e estava olhando firmemente o céu que, nesse despontar da aurora, estava impressionantemente belo. Tão absorto estava que não se apercebeu da minha presença. Só quando eu o chamei alto foi que ele se voltou para mim; o seu rosto estava diferente, assim como o seu olhar; e quando ele o pousou em mim, senti um estremecimento diferente. Tive medo, mas controlando-me, perguntei:

– Edmundo, por que levantaste tão cedo, por quê?

– Porque queria despedir-me destes lugares, de que tanto gosto.

– Despedir? Mas nós não vamos partir hoje, ainda pretendemos demorar muitos dias aqui.

Ele olhou-me novamente e, com um estranho sorriso, disse:

– Sim, Madalena, ficaremos ainda alguns dias, mas não sei por que sinto uma sensação diferente, principalmente hoje. Foi movido por uma força que desconheço, que vim até aqui como para uma despedida; senti que precisava rever estes lugares; não sei, Madalena, por quê!

– Edmundo – disse-lhe com um alegre sorriso – naturalmente não dormiste bem à noite e nada pior do que uma insônia; ela nos faz ver fantasmas tremendos. Vamos, deixa disso, os nossos convidados já estão descendo, precisamos atendê-los.

Já ouvíamos as risadas alegres das damas, as vozes altas dos cavalheiros e os latidos estridentes dos cães, ansiosos para serem soltos e, velozes, partirem em busca da caça, mas Edmundo continuava no mesmo lugar, alheio ao meu chamado.

Foi preciso que eu o puxasse com violência:

– Vamos, precisamos ir logo.

Ele ainda quis ficar, chegou mesmo a pedir-me:

– Madalena, vai com os convidados, eu ficarei.

– O quê? – perguntei com rispidez. – Ficar? Nunca... quero que vás... – e sem mais olhar para ele, saí apressada ao encontro dos nossos convidados.

Sequer me voltei para trás.

Depois que tínhamos nos afastado do portão e galgado a estrada, foi que me voltei e pude ainda ver Edmundo montando, auxiliado por seu criado. Foi o último a deixar o castelo.

Todos já estavam cientes das suas posições, pois todos eram velhos conhecidos do bosque e as suas posições eram quase sempre as mesmas. Por isso não nos preocupávamos uns com os outros. Edmundo sabia bem onde devia ficar à espera da caça. Alegremente penetramos no bosque e cada qual tomou a vereda onde devia ficar de atalaia.

A manhã estava clara e fresca, tudo sorria nesse despontar maravilhoso. O céu muito azul e, no horizonte, já surgiam os primeiros clarões avermelhados do Sol que logo mais haveria de brilhar, clareando um novo dia.

Quando passei pelo esconderijo, tive vontade de descer para ir ver aquele recanto de tão gratas reminiscências, mas impossível, pois ouvia ao longe a trombeta pedindo que todos estivessem atentos nos seus postos. Apressada, dirigi-me ao lugar onde deveria ficar à espreita da caça cobiçada. Era um pequeno trilho que dava para uma moita de verdes arbustos.

Cautelosamente, com a arma engatilhada e pronta, fiquei silenciosa e atenta a qualquer barulho por mais insignificante que fosse; olhava para todos os lados para não perder um só movimento. Qualquer ruído que ouvisse sobre as folhas secas, apertava decidida a arma, esperançosa de ver à minha frente o animal que seria sacrificado.

No bosque só se ouvia o barulho da própria natureza, parecia que aí não estava um punhado de homens e mulheres fortemente armados, prontos para liquidarem aqueles inofensivos animaizinhos, belos e fortes, que habitavam despreocupados aquele mundo de verduras.

E por que os homens queriam sacrificá-los? Por quê?

Por mera vaidade, por um capricho de ricos e desocupados.

Eu mesma me surpreendi quando esses pensamentos vieram à minha mente. Por que tinha recordado minha mãe, quando organizei essa caçada? Eu gostava desse esporte, por que então recordar as palavras daquela que o detestara, e mesmo agora, quando ansiosa desejava abater um animal?

Por mais que me esforçasse para esquecer, não conseguia; depois, aquela tristeza de Edmundo e o seu pedido para não tomar parte na caçada: – Vai, Madalena, eu ficarei... eu ficarei... – e ainda na vereda silenciosa eu ouvia a voz dele. Era tão diferente o seu timbre... era triste, assim como o seu olhar.

Nesse momento, tive arrependimento de não ter atendido o seu pedido; e, no meu íntimo, algo anunciou-me que eu tinha errado e que por esse meu erro iria sofrer terrível golpe. Quis ainda deixar o meu posto e correr para junto de Edmundo, sabia bem onde ele estava parado; ficava à minha frente.

Ia sair quando ouvi barulho de folhas secas e de um animal que se aproximava; ergui a arma, mas o barulho se fez ouvir noutra direção, porém ainda podia ser atingido por mim; era só disparar a arma o mais depressa possível porque, mesmo que não alcançasse o animal, o meu companheiro que estava nas proximidades o atingiria fatalmente.

Não relutei e com firmeza detonei a minha arma. O tiro reboou no bosque. Os cães ladraram ao longe. Logo em seguida outro tiro; não tinha mais dúvida, o animal tinha sido atingido.

Alegremente deixei o meu posto e corri para o do meu companheiro; quando me aproximei, vi que ele tinha corrido para a frente; apressada o segui e qual não foi a minha surpresa quando o ouvi dar um grito de horror. Parei sôfrega, o meu coração pulsou desordenadamente dentro de meu peito. Aquele grito de horror foi para mim como que um alerta terrível. Não seria a morte de um animal, que o faria gritar com tanto horror, pelo contrário, seria uma exclamação de alegria, seria uma vitória para ele. Por que então aquele estranho grito?

Queria correr, mas sentia-me presa no solo, tudo ao meu redor escureceu, tudo parou subitamente.

Depois ouvi nitidamente o seu apelo:

– Madalena... Madalena...

Ele sabia que eu estava perto; era um velho amigo de Edmundo, um renomado escritor; sempre fez parte do nosso círculo de amizade e sempre compartilhou das nossas caçadas. Tinha por Edmundo verdadeira admiração.

Ouvi novamente ele gritar por mim, precisava ir ao seu encontro, mas ainda continuava presa do mesmo terror. Foi grande o esforço que fiz para conseguir me afastar donde estava.

Nesse momento ouvi mais vozes, eram outros companheiros que, alertados, com os dois tiros e, depois, com os gritos vindos da mesma direção, correram certos de encontrarem a caça ferida ou morta.

Quando me aproximei deparei com quase todos os convidados formando um círculo. Imediatamente surgiu à minha frente o sonho que tivera; era o mesmo lugar, tinha certeza, o mesmo círculo e a mesma expressão de dor, faltando somente ver meu pai, minha mãe e Ângela para que o quadro estivesse perfeitamente idêntico.

Foi então que dei um grito forte e agudo que repercutiu dolorosamente no bosque; deparei-me com Edmundo caído e com o peito varado por uma bala. A camisa muito alva estava toda vermelha pelo sangue que ainda jorrava. Ajoelhei-me e, tomando a sua cabeça, apertei-a junto ao meu coração. Senti que a minha blusa fora molhada pelo sangue de Edmundo, passei a mão sobre os seus cabelos e depois sobre a ferida aberta no seu peito. Quando olhei, vi que a minha mão estava também vermelha do sangue, daquele que era a minha vida, o meu amor...

Alucinada, olhava para todos, queria gritar, queria chorar, mas a minha voz estava presa, as lágrimas não vinham aos meus olhos; ergui a vista para o céu e tive a impressão nítida de que ele estava escuro, muito escuro, como prenúncio de um grande temporal; olhei para as árvores e elas estavam paradas como espectros; as aves não cantavam, tudo escureceu, tudo...

Parece que fiquei muito tempo na mesma posição, assim

como os nossos amigos que estavam também tomados de verdadeiro pânico.

Vi emocionada quando o cão que pertencia a Edmundo aproximou-se e, muito perto do seu dono, uivou lugubremente.

Sentei-me sobre as folhas secas e coloquei, com cuidado, a cabeça inerte de Edmundo no meu colo. Ele já estava morto. O tiro tinha atingido certeiro o seu coração. Ele morrera imediatamente.

Em seu rosto, que ainda não estava com a rigidez dos cadáveres, podia-se ver o mesmo sorriso, o sorriso irônico que eu tanto gostava. Até a morte ele a recebeu com o mesmo desdém.

Foi depois de muito tempo que o amigo de Edmundo, que estava perto da minha posição, aproximou-se e, colocando as mãos sobre os meus ombros, titubeando, falou:

– Madalena, foi a fatalidade... precisas ter paciência para enfrentar o teu infortúnio. Precisamos voltar...

Amigas minhas me cercaram e com palavras repassadas de piedade pediram-me para que eu entregasse o corpo de Edmundo e, com elas, retornasse ao castelo. Com um gesto de desespero, gritei amedrontada, apertando com mais força, junto a mim o seu corpo. Só depois de muita luta foi que conseguiram afastar-me daquele lugar fatídico. Como uma sonâmbula me deixei levar.

Não sabia mais onde estava, nem para onde me levavam; muitas horas depois foi que, aos poucos, fui recuperando a minha lucidez e pude então ver que estava nos meus aposentos, ainda cercada das minhas amigas e de minha criada.

Num ímpeto levantei-me e, afastando todos do meu redor, saí correndo. Todos me acompanharam. Desci as escadas ainda correndo, abri com força a porta do salão e me deparei com o esquife, onde repousava para sempre o meu Edmundo.

No umbral da porta fiquei estacionada como que acorrentada por pesadíssimas algemas; queria me aproximar, mas debalde o esforço; estava paralisada no mesmo lugar. Dentro de mim sentia uma dor aguda e o despedaçar de todas as fibras de meu coração.

Tudo desmoronava, tudo... era o fim de uma etapa do meu destino. Como poderia ressuscitar depois, é o que aturdida não pude precisar, só o tempo é que iria demonstrar.

Olhei para todos aqueles rostos fixos em mim e senti por todos um ódio feroz... Todos ali estavam à minha frente como haviam saído horas antes, fortes e bem dispostos... todos... só Edmundo foi o sacrificado.

Odiei a todos desde aquele instante... e com um ricto profundo no meu rosto, jurei que saberia vingar. Vingar seria o meu lema... vingar... Não teria mais Edmundo para impedir que eu agisse como queria. Vingança... Vingança...

* * *

Edmundo foi sepultado no burgo ao lado dos meus antepassados.

Uma simples laje e uma pequenina placa com letras de bronze; podia-se ler um só nome: Edmundo.

O seu sepultamento foi muito concorrido; de Paris, inúmeros amigos vieram prestar-lhe as derradeiras homenagens.

Todos os nossos convidados ficaram ainda uns dias fazendo-me companhia.

Ângela não veio, nem me mandou uma só palavra; assim como sua mãe e seus parentes.

Uma semana depois os amigos foram se despedindo; eu fiquei sozinha com os criados. Debalde amigas convidaram-me para acompanhá-las, porém eu a todas recusei, precisava demorar-me mais uns dias no meu castelo.

Foi com satisfação que recebi inesperadamente a visita do velho sacerdote que, sabendo tardiamente do que me acontecera, veio logo ao meu encontro. Fazia muito tempo que não nos visitava.

Levei-o ao terraço, o mesmo terraço onde ele costumava conversar com minha mãe. Sentamos defronte um ao outro.

Em silêncio ficamos alguns minutos, depois ele, curvando-se para mais perto de mim, perguntou:

– Como passas, minha filha?

Ao ouvir as palavras carinhosas do velho sacerdote, uma emoção imensa invadiu-me e as lágrimas, que até então não surgiam nos meus olhos cansados, brotaram, caindo umas após outras sobre o meu rosto.

Essas lágrimas puras foram as últimas que sinceramente derramei. Elas foram como um bálsamo caído na ferida aberta que eu tinha; depois essa ferida foi aos poucos desaparecendo para só ficar a cicatriz, fazendo-me lembrar eternamente de Edmundo.

Inutilmente o meu amigo tentou consolar-me, pedindo:

– Madalena, olha para o Alto, minha filha, e acredita que existe um Deus misericordioso, que os seus desígnios, apesar de difíceis de serem compreendidos, são justos... muito justos...

Ouvi silenciosa as palavras do sacerdote. Ele durante muito tempo não me interrompeu; depois tornei a ouvir as suas palavras murmuradas bem baixinho:

– Ficaria tão alegre, filha, se conseguisse que acreditasses somente nisso... Deus existe... fala, minha querida filha. Crês que Deus existe?

– Meu amigo, sempre moldei minha vida e meus atos numa norma traçada e obedecida fielmente por mim, e não será agora quando fui ferida, que irei fugir dela, aceitando uma doutrina que sempre julguei errada e inútil.

Sim, meu bom amigo, pois das múltiplas concepções dos intrincados dogmas das várias e complexas liturgias concebidas pelo homem, no decorrer de muitos séculos de anseios e dúvidas, para encontrarem paz às suas almas insatisfeitas e para as atribulações de suas vidas repletas de dolorosos e pungentes dramas, de lutas tremendas entre si, divergências profundas nascidas do egoísmo e da injustiça, criaram então diversas seitas que abrangem o mundo, esquecendo que *"Deus"* é somente força que, como um imã possante, atrai todos os fluidos ao centro vital e que depois irradia essa mesma força como tentáculos gigantescos, atirados a esmo na imensidão do infinito; e desses tentáculos, vindos da grande força criadora, é que, na concepção errônea dos homens e nas falsas religiões por eles criadas, inventaram essa divindade chamada Deus.

Nessa divindade é que não creio, meu bom e querido amigo; creio sim na força criadora que sempre está distribuindo os seus fluidos, criando novos e maravilhosos mundos, novos planetas e novos satélites.

Duvidar dessa força portentosa é que é erro dos homens, insignificantes átomos soltos nessa imensidão desconhecida chamada Terra, pobres pigmeus desprovidos de órgãos que lhes facilitem anteverem outros focos, negando assim essa maravilhosa força, para, mais simplesmente, aceitarem com facilidade a farsa, sabiamente criada pelos astutos membros das várias crenças, de um Deus ora bom, ora vingativo, mau e cruel...

Não, meu amigo, não creio nisso e não será agora que estou sofrendo, estou revoltada, que irei acreditar; torno a repetir: jamais. Átomo que sou dessa força, voltarei para novamente contribuir para o seu eterno rejuvenescimento.

Ao ouvir as minhas palavras, o velho sacerdote sacudiu a branca cabeça compreendendo a inutilidade dos seus esforços; tal como meu pai, jamais aceitaria os seus conselhos; eu marcharia até o meu fim pensando assim.

– Compreendei, meu padre, que eu perdi o meu único amigo... a minha dor é tão grande e tão profunda... – debalde tentava chorar, mas as lágrimas rebeldes não brotavam para aliviar o meu dolorido coração.

O velho sacerdote não disse mais uma só palavra e, quando ergui a cabeça, vi, emocionada, que ele continuava a meu lado com o antigo livro aberto, lendo baixinho, e dos seus olhos claros e ainda bonitos deslizavam puras e sentidas lágrimas... eu compreendia que era ainda pelo muito que amou minha mãe, que me amava também.

Ao término da visita, o velho sacerdote levantou-se e,

tomando as minhas mãos para a despedida, disse com voz emocionada:

– Minha filha, eu continuarei o mesmo e, sempre que precisares, podes contar com a minha dedicação e o meu afeto.

E sem esperar resposta, tomou o chapéu e calmamente começou a descer a escada; depois tomou o carro que o esperava junto à mesma.

Foi o velho amigo de minha infância, o único que recebi e continuaria a receber sem ódio no meu coração.

* * *

No castelo fiquei, ainda, muitos dias, entregue à minha dor, ao desespero.

Sozinha nos meus aposentos, passava as noites sem poder conciliar o sono; levantava-me, abria a janela e ficava horas seguidas olhando para o céu estrelado... olhando para a imensidão desconhecida que eu tanto admirava.

E no turbilhão dos meus dolorosos pensamentos, no vazio da minha vida, qual náufrago desesperado envolvido nas ondas encapeladas, lutando ainda na esperança de salvamento; eu também debatia-me na angústia e no desalento, porém sem esperanças. O náufrago podia ainda encontrar salvação lutando ora com ardor, ora desesperado, por constatar que suas forças estavam diminuindo; mas lutava, porque podia dar-se o milagre, podia inesperadamente surgir lá ao longe o veleiro que viria arrancá-lo da morte certa. Mas, para mim, também náufraga no torvelinho da vida, não apareceria, tinha a certeza, o veleiro salvador. Não, ele não viria.

Sempre que chegava à janela e olhava o firmamento estrelado, lembrava-me do velho amigo de minha infância e das suas palavras tentando convencer-me e ao meu pai: “Céu é a moradia das almas boas, eleitas do Senhor”.

– Ah! se pudesse acreditar nisso, se pudesse acreditar que realmente existe outra vida idêntica à da Terra e que lá fosse-nos possível avistar os nossos entes queridos, que lá pudesse rever Edmundo...

Não... Nada disso é verdade, depois da morte do corpo, só restará a seiva fecunda que irá transformar-se em flores e frutos. Como é bom saber que depois que deixarmos de viver, o nosso corpo contribuirá para essa transformação estupenda.

Porque tenho certeza disso é que ainda espero poder viver e gozar fartamente os meus dias. Depois darei a minha parcela à mãe natureza. Talvez essa minúscula contribuição faça desabrochar, nas campinas do meu burgo querido, alvinitentes lírios ou, no meu jardim, begônias rubras e rosas perfumadas. Tenho certeza de que o tempo me dará novamente a tranqüilidade precisa, que esta angústia sufocante terá fim, ficará somente a lembrança imorredoura de Edmundo.

Essas ponderações, eu as fazia numa noite de insônia, precisamente no dia em que completava dois meses da sua trágica morte. Ainda estava no burgo refazendo-me do grande abalo.

6

No caminho da maldade

Em breve completaria vinte e seis anos. Era imensamente rica, tendo gravado no meu coração uma grande dor e uma dolorida saudade. Desprezava e odiava todos aqueles que eram alegres e felizes.

Compreendia que para poder viver teria de moldar a minha existência num plano todo especial.

Jamais poderia olvidar Edmundo, jamais ele seria substi-tuí-do, a sua lembrança ficaria para sempre gravada na minha vida, mas para poder viver teria de sufocar essa angústia que me oprimia. Cada dia que se passava mais ódio sentia. Para aliviar a minha dor, teria de fazer alguém sofrer, e assim iria fazer...

Em uma noite de insônia, quando procurava dar novamente rumo à minha atribulada vida, não podia pensar que ainda teria de viver mais de meio século, e esse longo espaço de tempo eu o empregaria exclusivamente para vingar-me.

Mais de uma vez, em outras noites de insônia, perguntava a mim mesma: – Por que tenho esse desejo de vingar-me? Por quê? Pela morte trágica de Edmundo? Sim... mas se fui, somente eu, que desejei e organizei a caçada? Fui eu que não quis atender ao pedido de Edmundo. Imediatamente arrependia-me de estar pensando assim e o ódio voltava ao meu coração.

Resolvi voltar a Paris. Mandei avisar os criados para tudo preparar.

No meu castelo ultimei as derradeiras ordens e, numa clara manhã, em companhia de minha criada, voltei para reiniciar a minha vida na Capital.

Dessa vez, seria a minha verdadeira vida na depravada sociedade, pois até então tinha vivido quase que desapercebida, ao lado de Edmundo. Era respeitada, pois ninguém ignorava os laços que a ele me prendiam; mas desfeitos esse laços, afastada essa barreira, surgiriam rapidamente oportunidades que eu iria agora aproveitar.

Quando me aproximei do bosque, fiz a carruagem parar; desci sozinha depois de ter ordenado que ninguém me seguisse; enveredei pelo trilhozinho que ia dar no lugar exato onde Edmundo fora atingido.

Caminhava devagar, ouvindo o estalar das folhas secas aos meus pés. No bosque tudo era alegria. O Sol despontara brilhante e a passarada, em coro, cantava nos galhos verdes.

Passei pelo pequenino regato, cujas águas claras placidamente corriam. Parei...

Muito tempo fiquei revendo a minha própria sombra na água límpida; a minha cabeça doía, assim como o meu corpo. Abaixei-me e com as mãos molhei o rosto que ardia.

Mais refeita, segui até o ponto onde ele esteve; sentei-me no mesmo lugar onde ele caiu. Fechei os olhos para poder reter com mais precisão o quadro que eu tinha vivo na minha retina. Os pássaros, indiferentes à minha dor, continuavam a cantar felizes, esvoaçando e pousando nas árvores amigas. Quase revoltada com tanta alegria, comprimindo a minha cabeça, murmurava: – Edmundo... Edmundo...

Os soluços morriam na minha garganta seca. Minha voz desaparecia naquela imensidão verde e naquele trinado ritmado da passarada. Assim também o Sol, indiferente estava; e a sua luz clara e quente era para muitos alegria e estímulo, só para mim é que tudo estava escuro e feio.

Levantei-me cambaleando, quebrando galhos que me atrapalhavam a passagem e segui para o esconderijo que era perto...

Resoluta, entrei... Quando me aproximei do vão que servia para sala, parei ofegante. Desde a morte de Edmundo que não tinha mais voltado ao esconderijo. Ao contemplar o grande vão, de cujo orifício entrava o Sol clareando tudo, desde o recanto onde se formava o divã de pedras até a tosca mesa, tudo estava abandonado. As almofadas atiradas umas sobre as outras e, na mesa, o vaso não estava.

Com passos vacilantes cheguei ao divã e sentei-me. Que diferença daquela manhã quando aí estive pela primeira vez com Edmundo; tudo vinha à minha mente, tudo... sentia o calor das suas mãos comprimindo as minhas, ouvia a sua voz terna, repetindo baixinho: – Madalena... Madalena... querida...

Num gesto brusco, afastei os cabelos que, em desalinho, caíam sobre o meu rosto; tapei os ouvidos para impedir de tornar a ouvir as mesmas palavras que me torturavam. Os soluços doloridos saíam do meu peito sem que eu pudesse retê-los. Tinha os olhos completamente fechados desde o instante em que me sentei no divã e, amedrontada, continuava receosa de abri-los. Tudo era silêncio no oculto esconderijo. Nem mesmo o trinado dos pássaros ali chegava, somente o Sol é que o visitava.

Depois de alguns momentos, foi que, vagarosamente, fui abrindo os olhos e olhando ao meu redor. Recostei-me nas almofadas, tinha o coração despedaçado; nada mais seria capaz de torná-lo feliz. E, não podendo impedir a emoção que invadia a minha alma, deixei que as lágrimas corressem livremente. Sentia que elas brotavam umas sobre as outras, deslizando sobre o meu rosto.

Chorei muito e isso aliviou-me bastante. Levantei-me devagar e saí andando lentamente pelo esconderijo. Passava de leve as mãos sobre as pedras frias; em todos os recortes das pedras, revia fragmentos das passagens de Edmundo.

– Jamais (prometi a mim mesma) ninguém entrará neste esconderijo, ninguém profanará aqui a lembrança de Edmundo. Só eu. Este esconderijo será para mim como um templo; quando a vida me torturar, e quando as saudades forem mais pungentes, virei aqui para reconfortar-me.

Irei iniciar outra etapa da minha existência, preciso viver, mas viver com ardor, viver violentamente, pois só assim poderei sufocar as saudades que sinto de Edmundo e o ódio que sinto em perdê-lo tão prematuramente. Viverei gozando com o sofrimento dos outros, rirei daqueles que puder fazer sofrer... Serei dissimulada para conseguir ludibriar todos que depositarem confiança em mim; terei, nas minhas mãos fidalgas, presos todos os incautos que vierem seduzidos pela magia dos meus encantos. Com eles brincarei até saciar o meu ódio e depois, então, os atirarei para bem longe, não dando ouvidos às suas súplicas e aos seus rogos... Tenho certeza de que eles virão loucos ao meu encontro, virão como as ingênuas mariposas atraídas pela luz brilhante que queimará as suas sutis asas.

Mesmo pensando assim, ainda achava que os meus dias seriam longos, muito longos, que as minhas noites seriam intermináveis... Teria de engolfar-me no turbilhão do prazer, precisaria constantemente arquitetar distrações, festas e jogos para que as horas passassem mais rápidas e que eu pudesse, envolvida nesses constantes prazeres, olvidar por alguns momentos as saudades de Edmundo.

– Abrirei o meu palácio e o tornarei o centro mundano mais requintado de Paris. As minhas festas serão magníficas, tudo farei para que elas sejam disputadas com entusiasmo; terei, aos meus pés, adoradores, que eu iludirei para depois poder rir quando eles estiverem sofrendo.

Assim pensava, sentada no mesmo divã onde passei momentos de alegria ao lado de Edmundo. O silêncio continuava o mesmo, assim como o Sol que, indiferente ao meu desespero, continuava a clarear o esconderijo. Na estrada, os criados impacientes esperavam por mim. Precisava voltar, mas sentia-me presa àquele lugar de tão felizes recordações.

Levantei-me e lentamente saí; com passos incertos fui ainda até à beira do regato, abaixei-me e mergulhei as mãos na água fria. Senti um bem-estar delicioso. O regato corria mansamente e as suas águas cristalinas iam inundando fartamente aquelas terras férteis. Comparei a placidez das águas com a revolta do meu ser, porque eu não podia sentir dentro de mim tranqüilidade e paz... Como devia ser bom poder viver tranqüila, sem sobressaltos, sem ódio; devia ser assim como a placidez das águas do regato. Mas o que eu sentia dentro de mim era como a tempestade violenta que tudo arrasa, tudo destrói, tudo aniquila.

Mais refeita, voltei para a estrada onde a carruagem e os criados esperavam-me. Sentei-me ao lado da minha criada e dei ordem para que seguisse. Recostei a cabeça, fechei os olhos e procurei adormecer. Estava exausta. As emoções sofridas na despedida do esconderijo tinham-me deixado aniquilada. Tão cansada estava que adormeci indiferente ao barulho da carruagem; só ao se aproximar do meu castelo foi que, sobressaltada, acordei.

Afastei as cortinas para melhor poder ver as ruas. O movimento era intenso e, por onde passávamos, todos os transeuntes voltavam-se curiosos para verem as minhas ricas carruagens.

***

Chegando ao meu palácio notei que estava sendo esperada por toda a criadagem; o grande portão estava aberto e o porteiro, atento. Quando a carruagem aproximou-se, imediatamente desceu um criado para abrir a porta da mesma e puxar a escadinha por onde eu deveria descer.

Subi apressadamente a grande escadaria; tudo estava na mais perfeita ordem, desde o salão até os meus aposentos; mesmo assim, procurei um ensejo para censurar os criados, mas tudo estava tão bem organizado que me foi difícil encontrar o pretexto.

Casualmente notei que diversos vasos estavam sem flores; imediatamente chamei o criado e, com olhar duro e rispidez na voz, perguntei:

– Por que não foram colocadas flores nestes vasos, não sabes que eu os quero sempre ornamentados?

O criado, trêmulo diante da censura inesperada, titubeou e com dificuldade disse:

– Esses vasos sempre foram ornamentados pela vossa criada particular e como estáveis ausente, deixamos assim ficar.

– Bela desculpa; seria melhor confessar que foi negligência – e com desprezo subi para os meus aposentos.

Quando desci para a refeição, vinha também disposta a procurar motivo de censurar os meus servidores, únicos possíveis para o meu primeiro alvo. Ao transpor o grande e majestoso salão onde, na comprida mesa, um só lugar estava reservado, senti dentro de mim um abalo tão forte que foi preciso que eu me apoiasse imediatamente num console para não cair.

A minha palidez foi tão visível que o criado, apavorado, aproximou-se e reverente falou:

– Alteza...

Não deixei que ele terminasse a frase e com olhar duro respondi:

– O que desejas?

O criado curvou a cabeça e, trêmulo, respondeu:

– Desculpai... – e vagarosamente retirou-se.

Cambaleando, sentei-me e olhei para o lugar de Edmundo. Na minha mente perpassou, quando alegres, nós dois nos servíamos nesse mesmo salão e nessa mesma mesa; e agora, eu aí estava sozinha, completamente sozinha; e assim os dias iriam passar, depois os meses e depois os anos...

Como eu poderia enfrentá-los? Como eu poderia viver sozinha nesse palácio imenso, onde cada recanto fazia-me lembrar os meus entes queridos, agora todos desaparecidos para sempre?

Onde quer que pousasse o meu olhar, estaria uma recordação dolorida, ora da minha mãe, de meu pai e de Edmundo. Estas, então, seriam punhaladas profundas para o meu pobre e sofredor coração. Teria de afugentar de mim essas reminiscências, custasse o que custasse e, para isso, teria de dar novo rumo à minha vida.

Dois caminhos apresentavam-se bem nítidos para seguir, duas estradas largas onde eu poderia caminhar folgadamente: a do Bem, do Amor, da Justiça, como explicava o velho sacerdote, estrada essa que me levaria para o Céu, moradia das almas eleitas do Senhor; mas para percorrê-la teria de ser humilde, teria de ser bondosa e teria de saber perdoar e compreender...

Não, essa jamais seguiria, porque teria de ser humilde, nivelar-me aos pequenos e aos plebeus quando eu era nobre e rica... Por que teria de ser bondosa, de procurar amar aos outros quando eu não encontrava ninguém ao meu redor para dedicar-me afeto e, até mesmo, o único que me amava sinceramente eu o tinha perdido para sempre? Por que ser justa se não o eram para comigo, se a minha vida era constantemente vigiada e, os meus passos, sempre seguidos com o fim exclusivo de maldosos comentários?

Não, essa estrada não seguiria, e depois essa promessa de Céu, da moradia das almas eleitas pelo Senhor, eu pouco acreditava... Essa estrada seria longa e cheia de obstáculos; só mesmo os abnegados a podiam trilhar, só aqueles que, como o velho sacerdote, sabiam renunciar aos prazeres da vida por uma falsa quimera... Não, jamais trilharia esse caminho, preferia seguir a estrada mais larga e mais fácil onde pudesse, engolfada no prazer e na alegria, esquecer a minha própria desdita.

Todos esses pensamentos vinham à minha mente enquanto esperava o criado para me servir. Momentos depois fui servida e, mais calma, saí para o grande terraço.

Sentei-me no mesmo lugar onde costumava ficar com Edmundo. Ainda sentia-me exausta e o meu cérebro, também cansado, não conseguia coordenar as idéias; elas misturavam-se e por mais que eu tentasse fixá-las não conseguia, mas teria de fazer um esforço, precisava sair desse torpor.

Teria de, imediatamente, participar a minha vinda e de reiniciar a minha vida mundana, pois só assim, engolfada nessas reuniões, é que poderia viver mais tranqüila.

– Hoje mesmo participarei aos amigos a minha vinda e os convidarei para a minha próxima reunião – meditei. Tinha a certeza de que essa reunião seria recebida com grande entusiasmo.

Precisava pensar também nos meus vestidos, nas minhas jóias, enfim, nos adornos necessários à minha volta à sociedade. Resoluta, fui para os meus aposentos e chamei a criada que prontamente atendeu-me. Mandei que abrisse os meus armários para que eu pudesse rever os trajes aí esquecidos há tanto tempo.

Abertos os armários, fui com cuidado fazendo o exame meticuloso. Constatei que eles, apesar de riquíssimos, não estavam como eu desejava; depois examinei os chapéus, plumas e echarpes.

Tinha que imediatamente sair para ultimar essas compras. Pedi a carruagem. Com cuidado vesti-me para sair, pela primeira vez, depois da morte de Edmundo. Muito tempo fiquei parada junto ao grande espelho do meu quarto, queria ter certeza se ainda seria capaz de despertar a atenção quando fosse vista... Queria e precisava triunfar...

Foi com prazer que, olhando para o espelho amigo, vi refletida na sua transparente lâmina do mais puro cristal a silhueta de uma belíssima mulher, na apoteose magnífica de sua mocidade. Sim, pois eu estava com apenas vinte e seis anos, era belíssima, assim dizia-me o espelho. Podia sair tranqüila que minha vitória estava assegurada.

Depois de ter olhado mais uma vez para o espelho e ter dado

outro feitio ao meu penteado, desci para tomar a carruagem que me esperava junto à escadaria.

Tinha escolhido para esse primeiro passeio um delicado vestido de um suave tom verde, enfeitado de veludo de tom mais forte; no decote, onde sobressaía o meu busto perfeito, tinha colocado um antigo camafeu e, em volta do meu pescoço, um discreto fio de pequeninas e translúcidas esmeraldas. Gracioso chapéu do mesmo veludo verde forte, todo envolto em gaze verde claro, formando ao lado um grande e artístico laço. Para maior encanto dessa original toalete, levava um moderníssimo guarda-sol de rendas de um tom creme velho.

Sentada na rica carruagem, dei ordens para que o criado me levasse a uma renomada casa de modas. Queria e precisava fazer compras, renovar o meu suntuoso guarda-roupa; depois iria à florista, ao cabeleireiro e, por último, então, iria visitar uma das minhas amigas prediletas, dama fidalga, figura indispensável em todos os salões elegantes. No seu castelo realizavam-se as mais discutidas festas, assim como as mais suntuosas e extravagantes.

***

Era a minha amiga casada com um arruinado nobre que ela, facilmente, tinha preso com os seus milhões. Vivia engolfada nessas festas, sempre cortejada e tecendo em torno de seu nome os mais fúteis comentários. Indiferente, ela zombava de tudo e de todos. Era formosíssima e volúvel, tirava da vida a melhor essência.

Foi essa a amiga que eu escolhi para ser a minha companheira inseparável; as nossas idéias eram as mesmas, ambas não tínhamos nenhum princípio moral nem religioso. Sabíamos compreender que a mocidade passa célere e que a velhice é o ponto final de tudo. Com essas concepções arraigadas tínhamos, forçosamente, necessidade de empregarmos os nossos dias nos mais loucos divertimentos.

Foi com viva alegria que ela me recebeu no seu castelo. Logo ao entrar, foi ao meu encontro de braços abertos.

– Até que enfim, Madalena, voltaste! Não podia compreender como estavas suportando, sozinha, aquele castelo sombrio.

Sentamo-nos no mesmo divã.

– Dize-me, querida, então estás mesmo disposta a viver agora ao nosso lado? Deves saber que a vida é curta, muito curta e que a velhice é dolorosa.

– Sim, estou resolvida, preciso viver para esquecer.

– Esquecer o quê? – pergunta, curiosa, a minha amiga.

– Esquecer Edmundo...

Com uma risada clara ela respondeu:

– Mas ainda sentes saudades de Edmundo?... Não é possível, há tanto tempo que ele morreu, Madalena. Vamos, querida, esquece. Amanhã darei uma recepção. Vem, pois aqui encontrarás velhos conhecidos que ficarão encantados com a tua presença.

Será uma reunião encantadora, alguns poetas, músicos, pintores, elementos esses plebeus, não resta dúvida, mas magníficos companheiros. Vem e verás. Tenho a certeza de que farás imediatamente uma esplêndida conquista, então esquecerás completamente o teu Edmundo. Quantos anos, Madalena, sacrificaste por esse amor?

– Dez anos...

– Como?

– Dez anos...

Nova risada de minha amiga.

– Querida, como pudeste fazer tão tolo sacrifício. Não existe homem algum merecedor disso.

– Existe sim – respondi com a cabeça baixa. – Tanto existe que eu o encontrei e vivi feliz durante todos esses longos e inesquecíveis anos, e ainda, é por esse amor, que eu quero e preciso da tua ajuda.

Minha amiga tomou-me as mãos e insistiu:

– Estou pronta para isso. Vem amanhã à minha festa. Madalena, és lindíssima e terás ao teu redor uma falange de adoradores. Continuas no teu castelo?

– Sim.

– Mas, sozinha?

– Não, com os criados...

– Ora, querida, criados são companheiros? Precisas mesmo de apoio, tens de enfrentar a vida, a nossa vida...

Ainda conversamos muito tempo, fazendo-me a minha amiga sabedora dos últimos escândalos; ríamos bastante ao comentá-los, depois despedi-me prometendo vir para a reunião do dia seguinte.

Minha amiga acompanhou-me até à escadaria e mais uma vez disse irônica:

– Amanhã, Madalena, faze-te bem bonita, tenho guardada uma surpresa...

Olhei curiosa para ela que, ainda rindo, tornou a dizer:

– Toma o meu conselho, faze-te bonita e espera a surpresa.

Desci vagarosamente a longa escadaria e tomei a carruagem. Devagar deixei o rico palácio.

***

Ordenei ao cocheiro para que me levasse, mais uma vez, a percorrer a cidade que me parecia desconhecida. Ao encontrar velhos amigos, notava, em todos, assombro ao me verem; não parei e, já cansada, voltei à minha residência.

No salão deixei o chapéu sobre um console, depois dirigi-me ao gabinete de trabalho de Edmundo.

Com passos vacilantes cheguei até a porta e abri; o gabinete estava mergulhado em densa escuridão; tinham os criados ordens para só abri-lo quando eu determinasse.

Era meu refúgio e o seria durante toda a minha longa existência. Aproximei-me da janela e abri; uma inesperada claridade o invadiu todo. Encostei-me na janela e fiquei olhando para a mesa de trabalho de Edmundo.

Os mesmos objetos, que estavam na mesma posição; até uma folha de papel, com algumas palavras escritas, eu conservava. A mesma pena que escreveu os últimos capítulos do seu derradeiro livro, que ficou inacabado.

Voltei-me para o lado onde estava o retrato de meus pais. Dor aguda senti; vim para junto da mesa e sentei-me na mesma cadeira de Edmundo. Recostei a cabeça cansada no espaldar e fechei os olhos para melhor "ver" aqueles entes queridos.

Aos meus ouvidos, como tênue sussurro, a voz delicada de Edmundo: – Quando eu desaparecer, Madalena, aqui neste gabinete encontrarás o refúgio para tua dor e tuas saudades.

Realmente era o meu único refúgio... quando saí do gabinete tinha o coração tão ferido e a minh'alma tão dolorida, parecendo-me que tudo ao meu redor estava escuro e frio.

Voltei para os meus aposentos, fechei a janela e todo o quarto ficou envolto numa tênue penumbra.

Deitei-me, pois tinha necessidade de repouso.

Precisava coordenar os meus planos pois, no dia seguinte, iniciaria o meu retorno à sociedade. Há muito tempo afastada, não podia deixar de sentir-me um tanto amedrontada.

Até então tinha sido protegida pela sombra de Edmundo; todos sabiam do nosso romance e, assim sendo, eu era um tanto respeitada; mas agora, que tudo tinha terminado e que ele estava para sempre afastado, eu previa o que seria a minha luta. Tinha certeza de que, logo na primeira festa, não me faltaria uma corte de galanteadores.

Só ao lembrar-me disso, um frêmito de revolta sacudia o meu corpo. Um riso nervoso aflorou-me nos lábios ressequidos; como poderia eu enfrentar tal luta?

Tinha certeza de que jamais Edmundo seria substituído no meu coração; ele aí imperaria enquanto eu tivesse um sopro de vida e ai daquele que tentasse fazer com que eu o esquecesse.

Tinha ódio de todos. Um ódio latente que fazia vibrar todas as fibras do meu ser. Sabia que, para acalmar esse ódio, precisava ver alguém sofrer. Sofrer como eu sofria. Queria tê-lo preso nas minhas mãos muito bem seguro, para poder primeiro iludi-lo com falsas juras de amor e, depois, quando quisesse, atirá-lo no mais completo desprezo. Então sim, me sentiria mais calma vendo que alguém também sofria desesperadamente, sem esperanças...

Toda a minha vida pretendia empregá-la exclusivamente nisso, divertindo-me e procurando perder todos aqueles que tivessem a imprudência de se aproximarem de mim. Eu seria o foco brilhante de luz onde incautas mariposas viriam queimar as suas asas, para depois tombarem desfalecidas.

Com esses pensamentos bailando no meu cérebro cansado, estive muito tempo até que ouvi passos abafados, que se aproximavam do meu aposento, e depois, muito devagar, vi surgir no limiar da porta o vulto de minha antiga criada que, preocupada com a minha demora em descer, veio saber o que eu precisava. Junto ao meu suntuoso leito, com uma reverência, perguntou se eu não desejava alguma coisa.

Com um "não" ríspido, respondi. Ela então vagarosamente saiu.

Todos os criados do meu castelo eram antigos servidores, porém agora estava resolvida a tomar outros mais jovens, pois desejando reiniciar novas reuniões, não queria que os criados velhos e curvos servissem; tomaria outros, deixando, entretanto, que esses continuassem nos mesmos postos. Teria de providenciar junto ao mordomo para que ele, depois, procurasse fazer as respectivas aquisições. Queria logo oferecer uma recepção. Pensei que seria também interessante organizar alguma festa no meu castelo no burgo de Saint-Germain. Tinha tantos planos na minha mente para quando pudesse executá-los que, a mim mesma, causava admiração.

Passei uma noite agitada, cheia de sonhos confusos e cansativos.

* * *

No dia seguinte, muito cedo, já estava acordada.

Levantei-me e fui abrir a janela que dava para o jardim. A manhã estava esplêndida, muito clara e fresca. O céu de um azul claro e riscado de pequeninas nuvens muito brancas.

A passarada feliz, voava pela imensidão desconhecida; um sutil perfume vinha das corolas entreabertas; irrequietas borboletas de asas transparentes e multicores, ébrias de tanta luz e perfume, pousavam esbeltas nas hastes flexíveis. Recostada na janela, olhava extasiada esse belo espetáculo.

Vi, depois, o meu cão favorito chegar preguiçosamente e deitar-se num tufo de verde relva; esticou com força o esguio corpo como para poder receber melhor os raios do sol, que despontava majestoso no horizonte distante. Ao seu lado, um pequenino arbusto estava todo coberto de flores e, na relva verde, onde o meu cão repousava, pétalas murchas, mas ainda de um belo colorido, enfeitavam o recanto acolhedor.

Tive vontade de descer ao jardim e procurar também um tufo de verde e fresca relva para repousar o meu corpo exausto.

Que tranqüilidade mansa eu via no olhar do meu cão; de instante a instante erguia as longas orelhas para poder (parecia-me) ouvir melhor o trinado das aves.

Que alegria estridente desses minúsculos passarinhos, livres e felizes, tendo o alimento certo e o amor sincero das suas companheirinhas fiéis; sem leis e preconceitos, gozando sabiamente a sua liberdade.

Por que só o homem forjou a sua escravidão? Entretanto, ele foi o mais beneficiado pela natureza.

Vi depois os jardineiros chegarem para o reinício da faina cotidiana, uns com os seus instrumentos de trabalho, outros com cestos apropriados para a colheita das flores que iriam enfeitar novamente o meu palácio. Nos seus rostos, já sulcados de rugas, eu via estampadas as lutas de muitos e muitos anos; trabalhos rudes e pesados para a manutenção da família numerosa. Mas que tenho eu com isso? Pouco me importa que sejam pobres e que tenham família numerosa, quero somente saber como fazem o meu serviço, para isso os pago muito bem.

Afastei-me da janela e chamei a criada que logo estava à espera das minhas ordens. Tinha muito o que fazer nesse dia; precisava ver o meu vestido e as minhas jóias para a recepção, à noite, em casa de minha amiga. Era a minha entrada inicial e precisava triunfar; dei ordens à criada e desci para o salão.

A noite chegou enfim. Fiz a minha toalete, cuidadosamente, sempre auxiliada pela criada. O meu vestido era riquíssimo, branco, de rendas antigas e bordado com milhares de pérolas. Escolhi para esse vestido o meu adereço de pérolas, o mesmo que tinha usado no casamento de Edmundo. Nos meus cabelos, artisticamente penteados, um delicado diadema também de pérolas; pronta, olhei fixamente para o espelho e pela última vez o interroguei:

– Estou bonita, espelho amigo?

Vi refletida na puríssima lâmina a esbelta figura de uma formosíssima mulher na fase máxima de sua mocidade. Era bastante inteligente para compreender todos os meus encantos e deles saber tirar todas as vantagens. Constatando que eu estava impecavelmente vestida, tomei de sobre o console o leque e o minúsculo buquê de perfumadas flores e, altaneira, desci para tomar a minha carruagem de luxo que me esperava perto da escadaria. O cocheiro, assim como o outro criado, ambos ostentando o traje de cerimônia onde se viam as armas de minha família, esperavam-me também pacientemente. Tomei a carruagem e dei ordens para que seguisse.

Durante todo o percurso senti uma saudade pungente de Edmundo. O meu coração doía e, com esforço, tentava reter as lágrimas que teimosamente vinham aos meus olhos. Não podia esquecer um só instante aquele que tinha sido e ainda era a razão de ser da minha existência. Compreendia que, por mais tentasse olvidá-lo, jamais o conseguiria, jamais outro ocuparia no meu coração o seu lugar; mas, para sufocar essas saudades, eu precisava engolfar-me no torvelinho do prazer, precisava ter ao meu lado alguém que me quisesse para que eu então o fizesse sofrer como eu sofria.

Apertava fortemente o leque e o buquê, e no meu cérebro confuso as mais estranhas idéias cruzavam. Tão entretida estava, que não notei que a carruagem já transpunha o grande portão da residência de minha amiga. Olhei pela janelinha e vi o majestoso palácio, todo iluminado, assim como a longa fila de carruagens. Aos meus ouvidos chegavam os acordes suavíssimos de linda melodia.

Quando a carruagem se aproximou, o criado imediatamente desceu para vir abrir a porta e descer a pequenina escada. No imenso terraço, grupos de jovens fidalgos conversavam animadamente.

Quando subi os degraus de mármore e transpus o terraço, todos os olhares se convergiram para mim. Altiva, ergui a cabeça e com faceirice tomei a longa cauda do meu vestido e, sem me perturbar, caminhei para o salão onde minha amiga recebia os seus convidados.

Ao me ver entrar, ela veio ligeira ao meu encontro e, com viva demonstração de alegria, disse:

– Madalena querida, até que enfim temos-te novamente ao nosso lado; vem, quero logo te apresentar um querido amigo que terá imensa satisfação em conhecer-te – e tomando-me pela mão, encaminhou-se novamente para o terraço.

– Mas quem é esse personagem que tens tanto interesse em apresentar-me? – perguntei curiosa.

– Verás logo. É um renomado artista que surgiu inesperadamente. Pintor maravilhoso, porém plebeu; mas não importa, é um homem encantador. Tenho a certeza de que, em sua companhia, passarás uma noite inesquecível.

De mãos dadas nos aproximamos de um grupo formado, um pouco afastado. Quatro jovens conversavam animadamente. Reconheci três deles, nobres pertencentes a riquíssimas famílias; o quarto era-me desconhecido. Calculei logo que era o pintor que minha amiga procurava. Fiz um movimento brusco e paramos logo. Minha amiga olhou-me assustada.

– Que é isso, Madalena, estás trêmula como uma ingênua adolescente? – e riu maliciosamente.

– Não, não estou assustada, quero somente ver de longe se o teu amigo me interessa.

– Pois então, olha depressa e resolve.

Parei meu olhar na figura distante do jovem pintor e, nesse rápido instante, compreendi que era justamente o homem que eu gostaria de conquistar. Alto, magro, de traços irregulares, cabelos negros e olhar forte, era perfeitamente o tipo que eu gostava. Detestava homem de olhar tímido e rosto bonito.

– Vamos, Madalena?

– Vamos – respondi resoluta.

Quando nos aproximamos do grupo, o pintor, ao ouvir qualquer coisa dita por um dos companheiros, deu uma gargalhada. Ao ouvir essa gargalhada, todo o meu ser estremeceu violentamente. Parecia que meu corpo tinha sido atingido por uma descarga elétrica. Aquele homem, que eu não conhecia, tinha feito vibrar em mim uma emoção adormecida. Aproximei-me. Minha amiga fez a apresentação. Notei imediatamente a surpresa de todos.

Conversávamos alegremente quando a orquestra começou a executar convidativa melodia. O pintor, então, numa reverência impecável pediu-me para que lhe concedesse a honra dessa contradança.

Prontamente acedi e, pelo braço do jovem artista, entrei no grande salão iluminado, onde outros pares já estavam formados. Dançamos muito e, mais de uma vez, procuramos refúgio num recanto florido do terraço onde podíamos ficar ocultos dos olhares curiosos dos convidados.

Quando resolvi deixar a casa de minha amiga, o pintor já estava preso nas malhas da minha sedução. Conquista fácil, quase decepcionante.

Não gostava de conquistas ligeiras, mas esse incauto pintor foi a minha primeira e fácil vítima. Dias depois, morria num duelo provocado por um nobre embriagado que dissera, numa roda de amigos onde ele estava, coisas desairosas a meu respeito. Repelido com palavras acintosas, foi provocado para um duelo onde pereceu.

Ao saber disso, ri com desdém.

* * *

Tinha organizado no meu palácio a minha primeira festa. Quinze de maio, meu aniversário, toda a sociedade nobre de Paris tinha sido convidada.

Para essa reunião, me esmerei em tudo, desde a ornamentação, que estava belíssima, até nos mínimos detalhes. Duas magníficas orquestras tinham sido contratadas. No bufê, as mais raras iguarias, e da adega tinha retirado os mais saborosos vinhos e os mais finos licores. Flores em quantidade estavam espalhadas em todos os recantos, quer nos imensos jarros, até nos vasos que enfeitavam os consoles e os móveis.

Todo o palácio estava aberto, só o gabinete de Edmundo, que eu conservei sempre fechado; ali ninguém entrava, pois até a criada só ia quando eu dava permissão, isso mesmo sob minha vigilância. Parecia-me que aquele lugar seria profanado se outra pessoa nele entrasse. Continuava sendo o meu refúgio, era para mim um santuário e agora, que abria as portas do meu castelo para essa festa, tive o cuidado de vedar qualquer possibilidade de um dos convidados ir até lá.

Fazia precisamente três meses que eu tinha iniciado a minha vida novamente na sociedade. Era convidada e disputada com sofreguidão. Via aos meus pés os mais exaltados admiradores, mas o meu coração continuava frio e a lembrança de Edmundo cada vez mais viva.

Torturante era a saudade que sentia e só encontrava algum lenitivo quando estava engolfada na mais alegre reunião, mas, mesmo assim, quantas vezes fui forçada a afastar-me, pois sentia que Edmundo estava a meu lado numa surda reprovação, mas só assim poderia viver mais facilmente.

Muitas vezes, no meu cérebro, passou a idéia de que devia acabar de uma vez com tudo. Seria tão fácil, mas confesso que tinha medo e, também, seria inútil esse sacrifício, pois jamais poderia ver Edmundo.

Continuava incrédula, só admitia o prazer de viver uma vida despreocupada, gozando fartamente os meus anos de mocidade, porque depois viria a velhice e, mais tarde, o aniquilamento completo. Nada me interessava além de viver como desejava, satisfazendo todos os meus caprichos e não me preocupando com o sofrimento dos outros.

A minha fortuna era imensa e por mais que eu esbanjasse ela não seria prejudicada e assim, como esta primeira festa, as outras que iria organizar ficariam para sempre lembradas, pois em todas elas, eu daria uma surpresa diferente. Então, as que iria realizar no meu castelo do burgo de Saint-Germain seriam inolvidáveis.

***

Foi novamente em casa de uma velha amiga que conheci aquele que seria a minha segunda vítima. Era um jovem adolescente, de pouco mais de vinte anos, que tinha começado a sua vida boêmia levado por amigos, já conhecedores das tramas da sociedade.

Nobre e riquíssimo, único herdeiro de uma das mais aristocráticas famílias. Nele os seus progenitores depositavam todas as esperanças; pretendiam casá-lo com uma linda jovem, saída há pouco de um dos conventos de Paris, onde passara toda a infância aprimorando sua educação. Tive oportunidade de vê-la em casa da minha amiga em companhia de seus pais e do jovem que, em breve, seria o seu noivo.

Ao ouvi-la cantar uma moderna cançoneta que fazia sucesso na época, recordei os meus quinze anos e quando vi então aquele elegante mancebo aproximar-se dela e, com o mais requintado galanteio, beijar-lhe os finos dedos e depois sair com ela no mais delicioso dos arrulhos para um cantinho do salão, senti inveja da felicidade de ambos.

Recordei quando Edmundo, vendo cair o meu gracioso leque de rendas, ligeiro aproximou-se olhando para todos os lados, procurando a sua dona. Tudo rodopiou na minha recordação dolorida. Tive ódio daquele parzinho feliz que tinha bem perto de mim.

– Hei de destruir esse amor, para isso tenho armas poderosas – pensei.

Saí bem devagar e, aproximando-me de minha amiga, pedi para que ela conseguisse da jovem a repetição da cançoneta cantada há pouco tempo. Disse-lhe que tinha gostado tanto que desejava ouvir novamente.

A minha amiga dirigiu-se para junto dos jovens e fez o pedido, que foi imediatamente atendido.

Enquanto a ingênua donzela se dirigia ao centro do salão, atendendo ao meu pedido, eu me aproximava do jovem para começar a minha conquista. Foi fácil me encostar junto à coluna onde ele tinha vindo para melhor poder ver a sua noiva e, quando ela começou a cantar, me dirigi a ele e disse:

– Maravilhoso! Como canta com sentimento essa jovem e que bela cançoneta, não acha?

O jovem voltou-se para mim e, pousando firmemente e olhar no meu rosto, respondeu:

– Sim, ela é encantadora.

– Achas mesmo? – o interpelei novamente.

– Sim.

Começamos a conversar enquanto ela cantava. Terminada a orquestra, iniciou-se imediatamente uma contradança. O jovem me convidou para dançar. Aceitei.

Estava dado o primeiro passo, depois tudo foi fácil. Encontramo-nos diversas vezes em festas ou, então, em prolongados passeios.

Estava loucamente apaixonado por mim; tentar afastá-lo de meu lado seria inútil. Ele estava preso para sempre e os laços que eu tinha prendido eram fortes e não seriam jamais desfeitos.

Quando sua família soube de sua paixão por mim, fez uma barreira imensa; apontou-lhe toda a minha vida desde a minha união com Edmundo até o duelo recente do pintor. Porém, tudo baldado e o jovem continuava amando-me com loucura, e quando fui sabedora da oposição da família e como sabia, perfeitamente, que ele estava realmente enamorado de mim, deixei para desiludi-lo justamente na festa do meu aniversário.

Já estava com outra vítima escolhida, e nessa noite de festa pretendia tudo fazer para que o meu apaixonado visse que o seu lugar já estava preenchido por outro.

Nessa noite escolhi com mais vagar o meu vestido e as minhas jóias. Queria estar deveras sedutora.

Quando a festa começou tive o cuidado de pedir ao meu escolhido a primeira contradança, pois sabia que o jovem namorado pretendia que essa contradança fosse sua.

Quando ele, sorridente, veio apressado para o meu lado, já o outro oferecia-me o braço. Com desdém o fitei, e depois, altaneira, ao lado da minha próxima vítima, me dirigi ao salão.

Sempre que passava perto do meu ardoroso apaixonado via que seu olhar estava alucinado e que comprimia fortemente as mãos. Mas, indiferente, deixava-me levar no rodopio agradável da dança, sentindo os braços fortes do meu par, que não podia mais deixar de demonstrar todo o amor que já sentia por mim; e eu, vitoriosa, sem o menor vislumbre de piedade por aqueles dois jovens incautos que, tão facilmente, tinham-se deixado prender pelos meus fatais encantos, sorria irônica. Só assim sentia um pouco de tranqüilidade e esquecia, por ligeiros instantes, a torturante saudade de Edmundo, meu único e verdadeiro amor.

Terminada a contradança, saí pelo braço do meu par para o terraço florido. Dirigimo-nos a um recanto quase oculto por um grande jarrão de grandes folhagens e, debruçados, ficamos contemplando o jardim e o céu estrelado.

Era uma noite de intenso luar. Todo o grande parque, que tínhamos ao nosso lado, estava coberto por uma tênue claridade prateada, e a Lua, muito redonda, pairava na amplidão imensa do infinito, cercada de milhões de pequeninas e cintilantes estrelinhas. Do salão vinha, até nós, o riso alegre dos convidados.

Quando me voltei, por um momento, vi encostado a uma das colunas, um vulto que nos espreitava atento. Não tive dúvidas, era ele, o meu apaixonado.

Vi também quando uma jovem, que reconheci ser a sua noiva, aproximar-se dele e tentar pegar uma das suas mãos, mas ele a repeliu com violência e a tímida jovem, de cabeça baixa, retirou-se com passos vacilantes.

Sorri satisfeita e voltei-me para o meu companheiro, que continuava fitando com entusiasmo o céu e a Lua. Depois sentamo-nos num banco que estava ao nosso lado. Assim podia ver perfeitamente o vulto que estava imóvel junto à coluna. Muito tempo ficamos conversando e depois, quando volvi o olhar para a coluna, não percebi mais ninguém.

Levantei-me e convidei o meu par para nova contradança e, ao passar pelo bufê vi que meu apaixonado estava bebendo.

Dancei, muitas vezes, sempre com o mesmo par e, quase no fim da festa, foi que o deixei e, propositadamente, fui até onde estava o jovem que tinha sido vítima da minha desmedida vingança.

Ele estava ainda bebendo, o seu rosto transformado e o seu olhar vago. Quando me aproximei dele vi que tinha conseguido o que desejava; ele estava desesperado e seria fácil praticar um ato de loucura.

Quando me encostei junto de onde ele estava, ouvi a sua voz que mais parecia um soluço:

– Madalena... Madalena...

Indiferente à sua dor e ao seu desespero, disse num requinte de crueldade:

– Esquece-me.

– Como? – gritou o jovem. – Como?... esquecer... nunca... amo-te demais para perder-te assim tão facilmente.

– Pois já me perdeste. Nada mais nos une... Podes seguir o teu caminho que eu seguirei o meu.

– Mas como pudeste destruir a minha vida, Madalena, e agora, sem o menor motivo, dizes que devo esquecer-te? Por quê? Exijo que me expliques por quê.

– Não tenho que te dar explicações, não te quero mais, estou farta do teu amor e dos zelos da tua família. Podes voltar para a tua ingênua e pura noivinha... Adeus, sejas muito feliz.

– Madalena!... Madalena!...

Ouvi ainda o seu grito, mas já transpunha o grande salão onde me esperava a minha nova vítima.

– Vamos! – convidei todos para bebermos juntos num brinde à vida, à mocidade e ao amor. – Vamos, amigos! – todos, atendendo ao meu chamado, encaminharam-se para o bufê onde os criados nos ofereceram em ricas e transparentes taças do mais fino cristal, deliciosa bebida.

Ríamos contentes e, em dado momento, atirei a minha taça, que se espatifou na coluna do terraço.

– Vejam amigos, assim é a vida, qual uma taça transparente e bela onde podemos saborear os mais delicados vinhos, mas, que pode também, facilmente, ser quebrada e nunca mais consertada.

É assim a vida, devemos tirar dela todo o conteúdo, sorver todo, todo, pois uma vez partida jamais será refeita... nada mais restará para nós. Só o nosso corpo será novamente entregue à natureza como dádiva para o seu constante evoluir.

Aplausos delirantes encobriram as minhas últimas palavras.

Já no horizonte, os primeiros albores da madrugada começavam a surgir e os convidados, aos poucos, iam também se retirando.

Procurei ainda ver se o meu apaixonado encontrava-se no bufê. Entrei, mas não havia mais ninguém.

Já os criados começavam a apagar as velas dos candelabros, quando cheguei, mais uma vez, até o terraço. Vi então um vulto vacilante que saía. Nem uma só carruagem estava à espera. – Deve ser ele – pensei. E com um gesto de desdém encaminhei-me para os meus aposentos. Estava exausta e precisava repousar, pois no outro dia teria outra reunião a que não queria deixar de comparecer.

* * *

Quando acordei já era muito tarde; a minha criada estava junto ao meu leito com a bandeja onde trazia a minha primeira refeição.

Mandei que ela abrisse toda a janela. Tinha a cabeça dolorida, precisava de ar puro.

Quando ela abriu a janela e o sol penetrou no meu aposento, respirei mais aliviada; uma agradável aragem veio também refrescar ainda mais.

Enquanto tomava a minha xícara de chá, a criada, a meu lado, esperava pacientemente.

Fiquei ainda muito tempo deitada, depois levantei-me e, chegando à janela, vi que uma carruagem entrava no parque e, logo mais, reconheci uma das minhas amigas que subia ligeira os degraus do terraço. O que será que aconteceu? – meditei.

Não demorou muito, a porta do meu aposento abriu-se e a minha amiga, ofegante, foi logo dizendo:

– Madalena, sabes o que aconteceu?

– Não, o que foi?

Minha amiga, não podendo ocultar a emoção, foi sentar-se ao meu lado e quase chorando disse-me:

– Ele morreu, Madalena... morreu por tua causa...

Senti dentro de mim uma súbita opressão, minha vista ficou turva e tive a sensação que ia desmaiar, porém logo me refiz e, ainda sob forte impressão deixada pela revelação inesperada, perguntei:

– Como? Quem morreu?

– Ele, Madalena, ele...

Compreendi claramente quem era. Foi brusca a transformação operada em mim. Quase sorrindo, disse:

– Morreu porque quis, nada tenho com isso. Sei que a sua família não me suporta, que não admitia esse amor; fiz o que devia: afastei-o do meu lado. Estou tranqüila, nada tenho a temer; mas, dize-me querida, como foi que ele morreu?

– Horrível, Madalena, foi encontrado morto num banco de uma praça distante; a seu lado um pequenino frasco de veneno mortal.

– Coitado! vinte anos... quando tudo lhe sorria, realmente é digno de compaixão... Parecia ser um jovem forte, de mentalidade esclarecida, mas nada mais era do que um covarde que não soube enfrentar a menor desilusão.

– Madalena!... – grita a minha amiga – tu não compreendes que foi por tua causa que ele morreu?

– Por minha causa, não creio. Vamos mudar de assunto, esse é muito lúgubre. Olha como o céu está bonito nesta manhã primaveril; vamos até à janela e verás como o jardim está florido e como os pássaros cantam alegremente. Vamos, mudemos de assunto. Estou ansiosa pela festa de amanhã. Já escolheu o teu vestido? Hoje terei de providenciar o meu.

Minha amiga tinha se aproximado da janela e, olhando para o jardim, parecia que não ouvia as minhas palavras. Fui até junto dela e, colocando a minha mão sobre o seu ombro, pedi:

– Vamos, querida, que olhar triste, por quê?

Ela voltou-se para mim e, fixando o olhar penetrante no meu, disse:

– Madalena, apesar de parecer volúvel, tenho um coração sentimental e a morte desse jovem de vinte anos entristeceu-me profundamente.

– Ora, minha amiga, se formos nos entristecer por todas as tragédias ocorridas, teremos de viver sempre imersas na tristeza, e a vida é tão curta e a mocidade tão fugaz...

– Sim, Madalena, mas os nossos temperamentos são diferentes; eu, no teu lugar, estaria aniquilada.

Dei uma gostosa gargalhada...

– Eu, aniquilada, porque um tolo toma veneno?... Terminemos com isso, vamos descer.

Minha amiga, silenciosamente, acompanhou-me e, instantes depois, tomou a carruagem.

Fiquei sozinha no grande terraço; depois, com passos vagarosos, dirigi-me ao gabinete de trabalho de Edmundo.

Abri com cuidado a porta; o gabinete estava imerso no mais profundo escuro. Fui até à janela, abrindo-a e deixando que a luz do sol o iluminasse. Aproximei-me da mesa, onde os papéis estavam no mesmo lugar; olhei para a letra clara de Edmundo e li comovida um pequenino trecho incompleto. Levantei a cabeça e fitei o seu retrato ao lado de meu pai, dois seres admiráveis que eu tinha idolatrado.

Desaparecidos do meu caminho, tudo paralisou em mim, tudo de bom e de sentimental... tornei-me indiferente e cruel. Daria tudo quanto possuía, fortuna e nobreza para ter a ventura de viver ao lado deles, mas nada valia, nem a fortuna e nem a minha nobreza, eles se foram sem que eu pudesse impedir.

Via, entretanto, outros desertarem da vida quando ela era mais bela e eles podiam gozá-la fartamente. Mas, para que pensar nisso, quando tinha a certeza de que nada mais existia de meu pai e de Edmundo?

Queria arrancar de mim essa saudade torturante, mas só podia atenuá-la quando estava engolfada na mais alegre sociedade, quando tinha aos meus pés um adorador, quando chegavam aos meus ouvidos as palavras apaixonadas e as juras de amor de um homem que eu pudesse martirizar, fazer sofrer e sentir as agruras torturantes que tinha sempre oprimido o meu coração.

Saí quase correndo do gabinete de Edmundo.

***

Lembrei-me do meu par na noite anterior. Sabia que pertencia a uma nobre família, era oficial e recentemente casado.

Ouvi contar que tinha sido um casamento pomposo, pois a jovem noiva pertencia também à nobreza. No momento ela estava em companhia dos seus genitores numa antiga propriedade rural, afastada de Paris.

Soube também que em breve o seu lar seria aumentado com a vinda do seu primogênito. Era esse o principal motivo do seu afastamento temporário da cidade; o marido não acompanhou-a devido aos seus compromissos militares, mas ia constantemente visitá-la.

Foi à minha festa levado por amigos meus. Era um belo tipo de homem, alto, forte, elegante na sua farda vistosa. Olhar penetrante, cabelos negros e o que mais me impressionou foi o sorriso.

Quando, na noite anterior, premeditei afastar do meu lado o meu jovem apaixonado de vinte anos, procurei recordar alguns dos meus recentes adoradores, mas feito o exame constatei que todos para mim não passavam de tolos e vulgares, mas como era para uma passageira conquista, resolvi aceitar o primeiro que me procurasse naquela noite; porém, ao entrar no salão, fui surpreendida por um grupo alegre que conversava animadamente.

Entre eles um garboso militar. Gostei logo do seu garbo e da sua risada espontânea. Imediatamente nasceu em minha mente o desejo de conquistá-lo. Como sempre, essa conquista foi facílima e, ao finalizar a festa, ele já estava, como os outros, preso aos meus fatais encantos.

Morto o jovem, que todos sabiam loucamente apaixonado por mim, os comentários foram cruéis e, sobre a minha conduta, os mais vis protestos foram lançados. Eu sabia de tudo, porém nada me amedrontava. Aqueles que me julgassem fatal que se afastassem do meu caminho. Pouco me preocupava com o que diziam a meu respeito, pois apesar de tudo, não me faltavam os mais sedutores apaixonados. Tinha resolvido conquistar o militar e, para isso, empregaria todos os meus encantos.

Logo depois da minha festa de aniversário tive o primeiro encontro com ele. Esses encontros foram amiudando-se com o decorrer dos dias. Confesso, mesmo, que cheguei a gostar um pouco dele; fomos diversas vezes à estalagem do velho Pierre e lá passamos horas inesquecíveis.

Quando ele, pela primeira vez, falou-me que precisava ausentar-se por alguns dias, pois pretendia visitar a esposa, tivemos o nosso primeiro e sério desentendimento. Ameacei abandoná-lo, mas ele foi persistente e, no dia seguinte, partiu como tinha projetado. Fiquei furiosa, passei uns dias terríveis, mas nessa luta forjei o meu plano seguro para afastá-lo definitivamente do seu lar e, depois então, faria igual aos antecessores: o desprezaria por outro.

Das minhas primeiras vítimas esse foi o que mais gostei, mas foi também, o que tive mais vontade de martirizar. Sim, porque ele teve força e coragem para não se deixar dominar por mim logo nos primeiros dias, mas tinha plena certeza do meu poderio; ele teria de sucumbir, como sucumbiu fatalmente.

Dias depois, quando ele retornou a Paris, imediatamente foi ao meu encontro. Reiniciamos o nosso romance.

Vim casualmente a saber que sua família estava quase que arruinada e sua esposa tinha levado insignificante dote. Viviam com muita parcimônia mas, mesmo assim, muitas das propriedades já tinham sido sacrificadas, assim como as preciosas jóias da família. Pouco restava das duas grandes fortunas.

Arquitetei então um plano diabólico: faria com que meu apaixonado se arruinasse por mim, indo até à loucura de praticar deslizes, como roubar dos cofres da corporação que pertencia, vultosas somas para satisfazer os meus caprichos.

Fazia quase um ano que estávamos ligados por fortes laços. Na propriedade distante, o seu primeiro filho tinha nascido. Foi com imensas lutas que conseguiu que eu consentisse que ele fosse rever a infeliz esposa e conhecer o seu filhinho.

Quando voltou, continuou ao meu lado satisfazendo-me em tudo quanto eu desejava. Para forçá-lo a praticar atos que iriam condená-lo para sempre, pedia constantemente jóias caríssimas que ele, louco desvairado, não titubeava em, sorrateiramente, retirar dos cofres, cujas chaves estavam em seu poder, as importâncias para adquirir a jóia pedida que, em troca, seria paga pelos meus fingidos carinhos e o meu falso amor.

Desanimada de esperar pelo esposo, a sua companheira resolveu vir para o seu lar, mas o que encontrou foi seu marido completamente diferente, esquecido de todos os seus deveres de pai e esposo. Inutilmente ela tentou fazê-lo voltar ao caminho certo do dever e da disciplina, mas nada conseguiu e então, desanimada, voltou para junto dos seus na propriedade distante, levando nos braços o filhinho.

Afastado esse empecilho, nossa vida tornou-se aparentemente tranqüila. Afastei-me um pouco da sociedade; a poucas reuniões ia; estava exausta e necessitava de um pequeno repouso.

Durante esses meses que estivemos juntos, ia aos poucos fazendo com que meu companheiro se aprofundasse cada vez mais no torvelinho dos mais torpes atos.

Certa noite, estávamos na estalagem de Pierre, noite bela e enluarada, quando toda a natureza deixava-se envolver pelo manto prateado da Lua, sentados juntos à janela em muda contemplação, eu, com toda a magia dos meus encantos, bem junto a ele, pedi um maravilhoso colar de esmeraldas que tinha visto recentemente. Era uma jóia de grande preço. Quando lhe fiz o pedido, ele, atônito, olhou-me demoradamente e disse:

– Madalena, sabes que não possuo fortuna e que para satisfazer os teus caprichos tenho me sacrificado muito.

– Bem, não discutiremos mais; outro já me fez oferta dessa jóia, eu porém recusei, mas, agora, irei dizer que a quero.

– Nunca, Madalena... nunca... não permitirei que outro se aproxime, que roube o meu amor...

– Então atende o meu pedido.

– Sim, farei, mesmo que para isso tenha que praticar um roubo.

– Como quiseres, só me interessa a jóia; como ela será adquirida, não é comigo.

– Terás a jóia, minha querida, eu te prometo.

Sorri vitoriosa.

– Logo que voltemos a Paris, o teu desejo será satisfeito.

No dia imediato voltamos e, à noite, o magnífico colar de esmeraldas estava nas minhas mãos.

Dias depois de ter recebido esse presente, soube que o meu infeliz companheiro tinha sido preso por roubo. Foi para todos motivo de grande surpresa, pois até então, ele era considerado um militar exemplar, fiel cumpridor dos seus deveres, elogiado por atos de bravura e condecorado mais de uma vez. Diversas medalhas foram colocadas no seu peito durante cerimônias emotivas, assistidas pelos mais altos dignitários da nobreza e do clero.

Tão marcantes foram os seus atos, que na corporação era o encarregado das chaves dos arquivos secretos e dos cofres fortes onde ficavam depositadas vultosas quantias. Foram desses cofres que ele, o militar exemplar, desvairado por um amor cego, não vacilou em retirar as importâncias precisas para as compras das jóias pedidas por mim. Tão alucinado estava que não tomou as mais insignificantes precauções para encobrir, embora temporariamente, os seus atos desonestos.

Quando surpreendido, não tinha em sua defesa a menor possibilidade para, nem mesmo, um pequenino esclarecimento. O cofre fora encontrado aberto e as importâncias desaparecidas. Ele era o único responsável. Detido, confessou tudo. Sabia que estava irremediavelmente perdido. Queria ao menos demonstrar coragem para confessar sinceramente o seu delito.

No pátio interno da corporação, perante toda a oficialidade reunida, foram retiradas as suas condecorações e os seus distintivos de hierarquia militar; depois, passados uns momentos, também a farda que vestira por muitos anos foi substituída por um simples traje civil; e para completar a parte mais dolorosa da cerimônia, todos os seus antigos colegas passaram pela sua frente, voltando-lhe o rosto em sinal de repúdio.

Finda a trágica e emocionante cerimônia, fora então recolhido a uma pequena e úmida cela à espera do seu julgamento perante a corte militar; mas, no dia seguinte, quando o guarda fora levar a sua refeição, deparou-se com um quadro lúgubre; pendurado por tiras, feitas de sua própria roupa, estava hirto o seu corpo.

A sociedade de Paris, emocionada, acompanhou todo o desenrolar da dolorosa tragédia do jovem militar e sobre mim caíram, dessa vez, os mais torpes comentários. Foram tão fortes esses comentários que me vi forçada a afastar-me por uns tempos no meu burgo distante. Reuni toda a criadagem e parti sem avisar ninguém.

* * *

No burgo solitário, sozinha e sem a companhia de uma só amiga, percorria desalentada os imensos salões tão cheios de grandes reminiscências. Ia ao bosque, ao esconderijo, à procura de um lenitivo para minha alma sofredora, mas ao voltar trazia maior desalento e maior ódio daqueles que eu julgava felizes.

O meu coração, cada vez mais empedernido, não se comovia com a dor alheia; passava indiferente pelos que precisavam do meu amparo.

Jamais volvi para auscultar um apelo dirigido a mim.

Jamais abri minha bolsa rica para auxiliar um necessitado.

Jamais parei para ouvir a queixa justa de um subalterno.

Nunca tive um olhar de ternura para uma criancinha que deparasse no meu caminho.

Tinha repulsa quando via uma mulher apertando nos seus braços um filhinho querido.

Vivia imersa na mais árida existência, apesar de possuir riqueza fabulosa.

Ao meu redor só encontrava rostos atemorizados, silêncio, medo, desespero e maldições.

Passei muitos meses sozinha no meu solitário castelo. Não recebia visitas. Não permitia que os meus vassalos se dirigissem a mim para implorar um só apelo. Quando saía, levava comigo somente um dos meus cães favoritos.

Recordo-me de uma tarde, quando sentada no terraço via o Sol desaparecendo lentamente por trás das altas montanhas, e invadindo a Terra uma doce penumbra cinzenta. No arvoredo, embalado pela aragem fresca, bandos alegres de pássaros procuravam os macios ninhos para a noite que se avizinhava. Tudo era melancólico nesse fim de tarde, tudo...

Olhando a larga estrada e o majestoso portão, o jardim imenso, os canteiros floridos, minha alma dolorida volvia para o distante passado quando, ainda menina, brincava despreocupada nesse mesmo jardim, quando corria pela estrada larga perseguida pelo meu fiel cãozinho... depois, já mocinha, ainda percorria a mesma estrada mergulhada nas minhas dúvidas e nas minhas incertezas... depois quando conheci Edmundo... quando em sua companhia, montados em garbosos cavalos, em disparada, nos embrenhávamos pelo bosque denso... depois a fatídica festa... a caçada e a sua morte misteriosa... depois tudo desmoronou, tudo e das ruínas desse desmoronamento eu sobrevivi para a mais cruel das existências.

Sozinha, revoltada, criticada, odiada, seria inútil pensar em modificar a minha vida. O meu coração estava empedernido. Nada seria capaz de fazê-lo vibrar; ele estava morto.

Foi tão forte a impressão que tive nessa tarde, que, quase correndo, fui ao encontro do criado e mandei preparar a carruagem para ir a Paris onde tinha um negócio urgente a tratar, mas o que eu queria era fugir daquela recordação... fugir...

Em poucos momentos, a carruagem estava à minha espera junto à escadaria. Em companhia de minha criada tomei a carruagem que, veloz, tomou a estrada. Atrás, outra com os demais criados.

Quando chegamos em Paris já era noite, as ruas quase desertas. Quando a carruagem parou junto ao portão, eu desci; queria demorar um pouco no jardim.

Ao descer, esbarrei num pequenino embrulho junto ao portão. Irritada, afastei-o com os pés; ouvi então um débil choro de criança.

Alarmada, tornei a bater com os pés, desta vez com mais força, atirando o embrulho para perto das rodas da carruagem. O choro foi mais forte. O criado, apressado, veio e tomou com as mãos trêmulas o pequenino fardo.

– Senhora, é uma linda criancinha. Vede! – e afastando os sujos trapos que a envolviam, mostrou-me um lindo rostinho de recém-nascido.

Olhei para o rosto do pobre criado e vi quanta ternura tinha no seu olhar... ouvi outra vez a sua voz:

– Vede, senhora, como é linda! – e procurou se aproximar mais de mim para que eu pudesse ver.

Num rápido movimento arranquei dos seus braços a tenra criancinha abandonada e, com todos os requintes de crueldade, joguei-a novamente junto às rodas da minha carruagem.

Depois, fitando o criado, trêmulo diante do imprevisto, o repreendi acerbamente:

– Não sabes que não tolero crianças? Vamos, recolhe a carruagem!

E sem olhar mais para a órfãzinha atirada por mim, que continuava a chorar baixinho, me dirigi apressada ao jardim.

Soube mais tarde que meu criado levou para sua humilde casa a pobre enjeitadinha que fora depositada junto ao meu portão.

Era uma linda menina; mais de uma vez tive oportunidade de vê-la, mesmo assim não tive remorsos por não ter ficado com ela.

Teria sido um raio de sol na minha velhice triste e sombria, mas eu só era mesmo digna de sombra e frio...

7

Um médico amigo

Passei uns dias em Paris sem que ninguém soubesse da minha presença.

Pretendia voltar breve para o meu castelo no burgo de Saint-Germain, mas aconteceu que um dia, tendo saído para fazer a minha primeira visita, ao entrar numa casa para comprar uns perfumes, deparei junto a mim, fazendo também compras de perfumes, um austero senhor que logo prendeu-me a atenção.

Alto, muito alto mesmo, vestindo-se sobriamente, discutia sobre o preço pedido. O timbre de sua voz era diferente; algo de estranho senti ao ouvi-lo. Sim, porque a sua voz era parecidíssima com a de Edmundo.

Aproximei-me mais e, surpresa, vi que ele não era tão velho como parecia à primeira vista. No seu olhar expressivo via-se que ele tinha oculta uma grande dor. O seu traje era modestíssimo. Vi logo que era pobre, mas aquela voz me fez recordar violentamente o amor que tinha perdido.

Fechei os olhos ligeiramente e procurei somente ouvir aquele homem desconhecido; parecia-me que era Edmundo que estava falando perto de mim. Imediatamente compreendi que precisava conquistar aquele homem que o destino, mais uma vez, tinha posto no meu caminho.

Sim, ouvindo a sua voz eu poderia esquecer, talvez, a minha desdita. Com ele ao meu lado, a vida teria outra significação. Cheguei para mais perto; a compra já estava feita, compra insignificante mesmo. Um pequenino frasco de perfume, mas que ele muito relutou para adquirir.

Para quem seria?... fiz logo, aflita, a interrogação. Esposa... Amante... Mãe... pouco importava, precisava somente fazer com que ele se apercebesse da minha presença.

Mas como fazer? Era a primeira vez que entrava naquela loja. Vendo que o meu desconhecido ia sair e querendo retê-lo, propositadamente deixei cair a minha sombrinha de rendas; ele voltou-se rapidamente para apanhá-la.

Ao entregar-me os nossos olhares se cruzaram. Demorei para agradecer e o fiz com um sorriso. Ele também ficou parado junto a mim. Olhava-me insistentemente. Desafiei o seu exame, depois ele, sem pronunciar uma só palavra, saiu.

Fiz ligeira a compra do perfume que desejava e, quando saí, vi que o desconhecido estava parado junto à minha carruagem, observando as insígnias da minha nobreza esculpidas na porta da mesma.

O criado, solícito, veio abrir a porta e, ousadamente, voltei-me para o homem que tinha se afastado um pouco e perguntei:

– Queres aceitar a minha companhia? Poderia levar-te até a tua residência.

Ele olhou-me surpreendido, mas acostumada a conquistar facilmente, com os meus sedutores sorrisos, repeti o convite e, sem esperar a resposta, entrei na carruagem; mas, quando o criado ia fechar a porta, foi afastado bruscamente pelo estranho homem, que sentou-se a meu lado.

Ordenei que a carruagem seguisse de volta à minha residência. Durante o trajeto não pronunciamos uma só palavra, porém nos examinamos mutuamente.

Quando a carruagem transpôs o grande portão do meu palácio, vi que o meu companheiro estremecera e que uma palidez repentina envolveu o seu rosto.

Desci calmamente, o mesmo ele fazendo. Ao meu lado, silencioso, subiu a longa escadaria; fui para o salão perto do terraço e abri as grandes janelas que davam para o jardim. Ele parado ficou junto à porta.

Depositei a sombrinha de rendas e a pequenina sacola sobre o console, fui para perto dele e, tomando-lhe o embrulho que trazia, coloquei-o também no console; depois, calmamente, lhe ofereci uma cadeira. Ele sentou-se.

Desagradável silêncio nos envolvia. Passados, porém, os primeiros momentos, resolvi interrogá-lo, mas achei que devia logo fazê-lo sabedor de quem eu era:

– Devo dizer que me chamo Madalena, Duquesa de X; este palácio me pertence, sou solteira e vivo sozinha; pergunto agora o teu nome e a tua profissão.

– Chamo-me Edmundo e sou médico, pobre e viúvo; vivo com minha velha mãe e uma irmã.

Ao ouvir pronunciar o nome de Edmundo fui sacudida por violentíssimo tremor; todo o meu corpo foi preso de um choque tão forte que me era impossível dominar. Minha vista escureceu e meu coração pulsava desordenado, tudo ao meu redor ficou envolto num véu escuro. Não podia ver os móveis, tudo rodopiava... tudo... tentei olhar para a janela aberta, mas o que vi foi também uma nesga do céu escuro...

Não sei quanto tempo estive assim, pois quando despertei estava deitada num divã tendo ao meu lado o companheiro inesperado. Tinha minhas mãos presas às suas e ele olhava-me assustado. Sorri meigamente e balbuciei algumas palavras de agradecimento.

Estava feita mais uma amizade, porém essa seria mais duradoura; mas eu tinha um grande inimigo... o destino impiedoso, que me roubava sempre aquele que poderia fazer-me feliz.

***

Com Edmundo, vivi alguns anos tranqüilos... ele pobre,

porém bondoso e culto. Procurava sempre aconselhar-me e afastou-me da sociedade corrupta em que vivia. Jamais modificou as normas da sua vida, continuou trabalhando e vindo me visitar diariamente. Sentia-me já cansada e tão decepcionada que aceitei a vida que me propôs Edmundo.

Os anos decorridos foram impiedosos para mim. Um dos meus irmãos faleceu num duelo. Pouco senti, pois raramente nos encontrávamos. Mas, mesmo assim, esses anos que vivi com Edmundo foram os mais tranqüilos da minha atribulada existência.

Soube também que Ângela havia falecido; sua morte fora sentida intensamente por todos os moradores do seu burgo, que tinham nela uma benfeitora, sempre pronta a levar aos que sofriam o consolo da sua palavra amiga e a sua dádiva generosa.

Jamais quis conhecer a velha mãe de Edmundo, o médico, e sentia-me um tanto irritada quando ele falava que tinha por ela um culto de adoração; não me interessei também em conhecer sua irmã.

Edmundo nunca aceitou nada que eu lhe quisesse ofertar; também nada lhe pedi. No meu aniversário ele trazia-me sempre um singelo ramo de flores... Quantas vezes perguntei a mim mesma por que o tolerava... por quê? quando podia ter ao meu lado outros homens mais interessantes, mais atenciosos, ricos e nobres.

Edmundo nada possuía, mas era altivo e sincero; porém o que me trazia presa ao seu lado, era sua voz quando ele me afagava os cabelos ou quando pronunciava ao meu ouvido uma palavra de afeto; eu fechava os olhos e tinha a ilusão perfeita de que era o meu Edmundo... o meu inolvidável Edmundo. Por mais incrível que pareça, até as mesmas palavras ele dizia... o mesmo nome favorecia-me para acalentar essa doce quimera... encostava a minha cabeça junto à sua e pedia: – Fala, Edmundo, gosto tanto da tua voz... fala querido. E enquanto ele pronunciava delicadas palavras ao meu ouvido eu me transportava ao passado morto e revia os dias venturosos, quando tinha ao meu lado aquele que adorei.

E nas brumas esmaecidas desse passado surgia toda a minha vida. Volvia às páginas do livro das minhas recordações, embalada pela voz daquele homem que o destino pôs no meu caminho.

E assim foram passando os anos, lentos, muito lentos, mas relativamente felizes, até que um dia, mais uma vez, fui atingida brutalmente pela fatalidade que me perseguia.

Passei todo o dia inquieta, sentindo uma angústia sufocante; mas como estávamos em pleno verão e toda a cidade envolta num asfixiante calor, pensei que fosse esse o motivo da minha ansiedade. Esperava Edmundo à noite.

Quando desci para o jantar, era tão intenso o meu nervoso que resolvi dar um pequeno passeio pelo jardim. Desci. Percorri lentamente todos os recantos; agradável viração sacudia as flores. Colhi algumas para o meu vaso e com lindo ramo voltei.

Fui para o meu quarto e abri a janela; a tarde se findava vagarosamente, era uma tarde cinzenta e triste apesar do verão. No céu, nuvens pesadas se aglomeravam. Era certo que uma forte tempestade se avizinhava.

Coloquei as flores no vaso e fui até à janela; já relâmpagos rubros cortavam as nuvens que prestes estavam para deixarem cair a pesada carga. Trovões ameaçadores reboavam sacudindo a Terra. Transeuntes passavam apressados; era um espetáculo impressionante, a fúria desconhecida que se aproximava.

Sempre gostei de observar as tempestades... elas me davam oportunidade de longos estudos... Como explicar essa força tremenda que vinha, não sabemos donde, nos ameaçar com a sua destruição?

Esse trovões que reboavam incessantemente e esses raios que percorriam o céu, indo desaparecer nas mesmas profundezas donde surgiram, eram para mim mistérios que me seduziam... Donde essa força poderosa que podia, num rápido momento, derrubar desde a choupana humilde até o palácio bem construído, arrancar velhas árvores, cujas raízes profundas tinham se infiltrado pela terra a dentro, arrasar prados e colinas, transbordar rios e desmoronar montes?... Donde vinha essa força?...

Grossos pingos caíam e a aragem, agradável e fresca, se transformou em inesperado tufão. As árvores eram sacudidas com violência e as tenras flores vergadas, suas pétalas mutiladas e envolvidas no torvelinho dos ventos... os pássaros apavorados procuravam um galho onde pudessem se esconder. As ruas inundadas, lavadas pela correnteza que se avolumava cada vez mais; os relâmpagos e os trovões se sucediam rapidamente.

Fui forçada a deixar a janela. O quarto ficou envolto em uma escuridão que não me agradava. De instante a instante, era iluminado pelos relâmpagos. Deitada, pensava em Edmundo; ele devia estar voltando do trabalho árduo. Com toda a certeza a tempestade o surpreendera na rua, mas ele era muito pontual, e tinha a convicção de que nada o faria deixar de estar à hora combinada comigo, e, assim, despreocupada, adormeci calmamente.

Quando acordei já era tarde, muito tarde; naturalmente o criado viera e, encontrando-me dormindo, não quisera me incomodar.

– Mas, Edmundo não veio?

Levantei-me apressada e chamei a criada, que não tardou a atender-me. Fui informada de que Edmundo não viera.

Senti, de repente, uma angústia e sem poder dominar-me mandei que viesse imediatamente um criado, pois desejava mandar um recado. A criada olhou-me admirada, pois já passava da meia-noite; mas submissa, foi cumprir a ordem dada e eu percorria o quarto nervosamente.

Não demorou muito, o criado chegou; dei o endereço de Edmundo e mandei que fosse saber o que tinha se passado com ele; tinha certeza de que algo acontecera... mas o que seria? nada... foi talvez devido à tempestade que ele não veio... foi isso... mas a angústia continuava a oprimir-me. A casa de Edmundo ficava distante de meu castelo e o criado teria de demorar algum tempo para voltar. Não posso descrever como passei esses momentos de espera.

Quando ouvi passos no corredor e a porta se abriu, corri pensando que era Edmundo que chegava, atendendo ao meu chamado, mas, à minha frente, estava trêmulo e pálido o meu criado. Quis gritar, mas a voz não saiu; quis sacudi-lo com força, mas as minhas mãos estavam inertes... Olhando para o rosto transtornado do criado compreendi que tinha se passado alguma coisa terrível... Foi depois de um titânico esforço que consegui dizer:

– O que foi que aconteceu?... o que foi?

– Senhora, ele morreu...

Quando o criado terminou a pequenina frase, eu tombei sem sentidos no fino tapete do meu luxuoso quarto.

***

Edmundo fora vítima de um acidente quando voltava para casa. Ao transpor a rua, uma carruagem que vinha em disparada o colhera de modo brutal. Talvez devido à chuva que era intensa, ele não tivera tempo de ver a carruagem que se aproximava; e no afã de chegar logo, não vacilou em transpor a rua inundada.

O seu corpo fora todo pisado pelos possantes animais... Carregado por alguns transeuntes, que casualmente passavam na ocasião, foi reconhecido por um deles.

Levado à sua residência, já morto, foi um choque terrível para a sua velha mãe e sua irmã; Edmundo era tudo quanto elas possuíam, era o seu único arrimo.

***

Quando voltei do desmaio tinha a meu lado a minha criada que, ainda atemorizada, não sabia o que devia fazer. Lentamente me levantei e cheguei junto ao grande espelho... Recuei amedrontada quando vi refletido o vulto de uma mulher de feições transtornadas, olhar frio e penetrante... No rosto, ainda belo, rugas apareceram inesperadamente.

Uma palidez marmórea o cobriu todo... tudo em mim tinha sido paralisado... tornei-me, em rápidos momentos, uma estranha.

Tudo deixou de ter significação, tudo... olhei para o meu quarto, para os móveis artísticos que o ornamentavam, para os bibelôs raros, para os frascos de perfume, para o cofre de jóias aberto e depois a minha vista pousou na janela aberta... Vi o céu estrelado, onde milhões de pequeninos focos de luz abrilhantavam a noite silenciosa; comparei com o céu da tarde, pesado de nuvens traiçoeiras e depois riscado de relâmpagos vermelhos e perigosos.

Voltei o rosto e deparei com a criada em pé, à espera das minhas ordens. Um ódio feroz invadiu o meu coração. Vi a criada moça e forte; sabia que ela estava para se casar com um companheiro de serviço, também jovem e robusto. Seriam felizes muito em breve, teriam um lar, filhos, apesar de humildes e paupérrimos; e eu... nobre e rica, nada possuía... nada...

Tudo quanto acalentava, tudo quanto planejava para mim, era arrastado pela fatalidade que me perseguia... por quê?

Nesse instante, me pareceu ouvir uma voz distante que disse apenas algumas indeléveis palavras: – Porque não és boa...

Alucinada, gritei, batendo com força os pés:

– Não fui e não serei jamais... – e olhando para a criada, que tinha se afastado um pouco, tornei a gritar:

– Sai da minha frente... sai!

Fechei a janela e me atirei no leito.

***

Envolta num negro e pesado véu, fui à casa de Edmundo; levava modesto ramo de flores.

Entrei resoluta e me aproximei do seu ataúde. Coloquei ao seu lado as flores colhidas no meu jardim.

Durante alguns instantes contemplei, pela última vez, o rosto daquele que tinha sido durante muito tempo meu amigo sincero e bom, mas nem mesmo nesse instante supremo de minha vida deixei cair lágrimas...

Não procurei ver a sua velha mãe, nem a sua infeliz irmã, tinha ódio de todos. Nada fiz pelas duas pobres criaturas, agora completamente sozinhas... Podia tê-las auxiliado muito, para isso era imensamente rica, mas pouco me incomodava com os sofrimentos alheios.

Depois de ter depositado no rosto frio de Edmundo o meu último beijo, saí apressada.

Voltei para o meu burgo. Já estava no outono da vida.

8

No inverno de atribulada existência

Via entristecida que já estava se aproximando o meu inverno, que seria o fim. Assim como as árvores são despidas de suas flores e das suas folhas verdes, ficando com os seus galhos secos e retorcidos à espera lenta do novo sopro vitalizante, que as faria reflorir em novas ramarias e braçadas fartas de flores e frutos, vi também chegar o meu inverno, porém sem esperanças, sem o sopro que faria o ressurgimento magnífico.

As minhas forças declinavam lentamente. Não tinha amigos, vivia imersa na mais triste desolação... tinha perdido tudo, pois até o velho sacerdote também tinha partido inesperadamente.

Eu era como uma sombra, um fantasma percorrendo os salões do meu castelo.

Quantas vezes, altas horas da noite, tomava de um castiçal, cuja luz bruxuleante refletia nas paredes a minha silhueta, e com passos vacilantes me encaminhava ao gabinete de trabalho de Edmundo.

Sozinha ficava revendo tudo, os seus humildes escritos, os

objetos que lhe pertenceram, o seu retrato ao lado do de meu pai e de minha mãe, ambos jovens, de feições belas, no apogeu da mocidade, da glória e da fortuna.

Abria as gavetas e retirava, com cuidado, velhas lembranças. Entre essas recordações, uma me era mais dolorosa: um antigo leque de finíssimas rendas amareladas pelo perpassar dos anos, cujas varetas de madrepérolas incrustadas de minúsculas safiras ainda tinha guardado o perfume evocador. Ficava muito tempo com esse leque preso nas minhas mãos trêmulas, aspirando o indelével perfume; depois me transportava para o passado distante e me via, emocionada, linda adolescente de quinze anos que, vitoriosa pelo braço de seu pai, transpunha o salão florido e iluminado.

Quinze anos... bela, muito clara, olhos azuis ternos e límpidos, protegidos por longos e sedosos cílios, boca pequenina, lábios rubros.

Revia o vaporoso vestido branco feito de finíssimas rendas com graciosos apanhados presos por laços de veludo... corpete justo modelando o busto perfeito... os cabelos loiros erguidos e presos também por delicados fios de pérolas... e para completar, o velho leque, que eu tinha preso nas minhas trêmulas mãos.

Fechava os olhos para poder recordar outra etapa; tornava então a aparecer a mesma jovem forte, de saúde perfeita como das rústicas camponesas, que viviam livremente em contato com a natureza... ouvia a minha voz maviosa e pura... Depois a mesma jovem em disparada pela estrada larga, montada em fogoso ginete, cabelos soltos ao vento, faces rubras; cansada, procurava refúgio junto ao regato límpido, deitada na relva verde e fresca olhando para o céu azul, para a campina vasta salpicada de agrestes flores, meditava no mistério insondável da natureza...

Ainda sentia o silêncio nostálgico, só interrompido pelo pipilar dos pássaros nos ramos ou pelo zumbido rápido dos insetos...

Vinha à minha mente cansada as mesmíssimas interrogações e as minhas cruciantes dúvidas. E ainda mirando o céu escuro cheio de brilhantes estrelas, perguntava ansiosa no gabinete deserto: – Céu... Céu... Firmamento... o que será na realidade?...

– Éter... Éter...

– Não – dizia austero o velho sacerdote, o amigo dedicado e nobre. – Céu, moradia das almas boas, eleitas do Senhor...

Ria ainda agora... Almas boas?... Existirão mesmo?... Não creio.

Até agora não consegui acreditar nesse Deus que tanto falam, que tantas e tantas religiões disputam a primazia de que ele seja o guia certo e justo.

Utopia... Nada disso existe... Nada...

Só creio numa força poderosa, porém cega que atira a esmo as suas dádivas... Felizes aqueles que conseguem maior quinhão...

Sendo cega e atirando a esmo, o que vemos é essa disparidade desconcertante... Animais fortes de linhas perfeitas, esguios, soberbos; outros feios, repugnantes. Aves de plumagens belíssimas, cores maravilhosamente combinadas; outros pretos, soturnos, agourentos. Uns possuídos de gargantas privilegiadas donde, em gorjeios magistrais, nos prendem e nos encantam... Outros que só podem emitir urros horrendos que apavoram e estarrecem... e se analisarmos conscienciosamente chegaremos à conclusão dessa verdade suprema.

Até no homem, o contraste é chocante; negros e brancos, ricos e pobres, feios e bonitos, desgraçados e felizes.

Como poderia um Deus divino o onipotente fazer tantas injustiças? Tolice... mera tolice... Jamais acreditaria nessa lenda.

* * *

E, no emaranhado das minhas constantes recordações, revia o bosque onde gostava de me engolfar sozinha; suas sombras acolhedoras e a tranqüilidade serena que o envolvia...

Quantas vezes, em pé junto ao retrato de Edmundo, com o

castiçal na mão, para iluminá-lo melhor, recordava o nosso primeiro encontro na festa dos meus quinze anos...

Senti desde o primeiro instante que ele jamais se afastaria da minha vida,... nem mesmo a morte poderia afastá-lo...

Outros homens cruzaram na minha atribulada existência, porém nenhum conseguiu apagar a sua lembrança. Anos após anos, e eu sempre presa a ele, sempre presa a esse amor que foi o único sentimento puro que tive.

Muitas vezes tenho volvido ao esconderijo do bosque e nessa derradeira etapa de minha vida tem sido mesmo o meu passeio predileto, o único; e sempre que estou lá parece ainda que ouço os passos apressados que se aproximam, o estalar das folhas secas; como na tarde em que, emocionada, esperava pela primeira vez Edmundo.

Naquela tarde saudosa, tirei o gracioso chapeuzinho, desfiz o laço da echarpe, com o coração batendo desordenadamente à espera duvidosa; mas das outras vezes que tenho agora voltado, entro com passos vacilantes, não levando nada na minha cabeça grisalha; o meu traje é sóbrio e o meu coração parado, indiferente, quase morto, pois tenho certeza de que o barulho que ouço de folhas secas e pisadas é pura miragem dos meus sentidos.

O esconderijo continua do mesmo jeito, os mesmos frios divãs de pedras, testemunhas mudas de loucos amores, a mesma mesa e ainda algumas taças quebradas; almofadas roídas pelo tempo, mas que ainda são belas, num canto, algumas garrafas vazias cobertas de poeira.

Quantas histórias, quantas... Mas a minha foi, talvez, a mais séria, pois as de meu pai e amigos seus foram banais conquistas...

Sentada nesses divãs, sozinha, esquecida, à espera somente do fim, tendo o coração sem esperança e em ruínas todos os meus castelos, só me resta a consolação de recordar esses dias longínquos.

Quantas vezes tenho a impressão de sentir os braços de Edmundo me apertarem, de sentir o calor do seu corpo junto ao meu, do arfar violento do seu coração e das suas palavras delicadas, pronunciadas bem baixinho ao meu ouvido.

Doces recordações... Anos e anos vivi assim, sem ter amigos, sem me preocupar em olhar ao meu redor, sem pensar em ser útil a alguém.

Vida estéril... Recalques profundos... Desprezo por todos...

Algumas vezes pensei na minha morte e como ficaria tudo quanto me pertencia. Ainda tinha um irmão... dele seria tudo. Não nos gostávamos, mas era meu único herdeiro.

Quando estou no meu castelo em Paris, gosto de percorrer a comprida galeria e parar muito tempo junto dos retratos dos meus antepassados ilustres.

Conservava os mesmos móveis e a antiga poltrona revestida de autênticos gobelins, a mesma em que, quando tinha quinze anos sentara-me para um exame mais minucioso dessas telas. O gobelin estava bastante danificado pelo tempo, mas eu não quis substituí-lo jamais.

Fitava o meu retrato feito nessa época; fora pintado por um renomado artista, por quem meu pai tinha grande admiração. Realmente o retrato era maravilhoso, não só pela perfeição da pintura, como pela beleza impressionante da jovem retratada, mas eu já não era a mesma jovem que tinha sido para o pintor o modelo de perfeição, com constantes elogios.

Junto aos meus ancestrais gloriosos, que tinham deixado impagáveis feitos, que tinham escrito com as suas bravuras páginas imortais na história da França, eu, o último rebento dessa estirpe, era como um galho seco na árvore verde e frondosa.

* * *

Nas minhas recordações, confesso que pouco me lembrava de minha mãe.

Mais de uma vez, a minha querida mãe tentara me aconselhar... porém, inútil; eu tinha traçado o meu caminho e nele seguiria impávida. De todos os conselhos recebidos dela, um nunca pude esquecer: – Madalena, fica certa de que toda a felicidade alicerçada na dor alheia, jamais proporcionará completa tranqüilidade.

E eu fui sempre uma desesperada, mesmo quando tinha o amor de Edmundo.

Como os anos foram longos para mim nessa derradeira fase da minha vida. Esquecida, esperava resignada o meu fim... mas como ele tardou...

Sempre desejei findar os meus dias no meu castelo no burgo de Saint-Germain. Queria que o meu corpo repousasse ao lado do de Edmundo. Tudo estava organizado. Mandei chamar o meu irmão, meu único herdeiro e lhe fiz meus poucos pedidos.

Não me interessei em fazer nenhuma doação aos meus velhos servidores, nem mesmo à minha antiga criada, que vinha me acompanhando há muitos anos. Sempre julguei que os pagando bem, nada devia.

Essa mesma criada fora, há muitos anos, vítima de um cínico amigo meu que, passando uma temporada festiva no meu castelo, impressionado com a beleza rústica da pobre menina, não vacilou em violentá-la covardemente no meu próprio lar. E quando ela, pobre infeliz, veio chorando pedir o meu amparo, a minha proteção valiosa, eu indiferente ri e lhe disse: – Fâmulas não têm honra, só servem mesmo para saciar os desejos dos seus senhores, nobres e ricos...

E foi essa criada que me acompanhou até o fim, foi ela que fechou os meus olhos.

E para finalizar a minha triste trajetória nos derradeiros anos, ainda ocultando o meu nome, escrevi diversos livros que serviram para corromper muitas consciências e destruir muitas crenças.

Poderia ter batalhado pelo bem, pois possuía invulgar talento; podia ter amparado os necessitados, pois para isso tinha imensa fortuna, mas nada fiz de bom, nada... o meu talento foi posto para pregar o "nada", para encher páginas e mais páginas de livros incutindo nos incautos a magia das minhas ideologias.

Estava uma trêmula velha, porém tinha ainda, brilhando nos meus olhos, lampejos tão fortes que faziam recuar não só meus servidores, como os que imploravam a minha ajuda.

Quanto mais o tempo marcava a destruição física do meu corpo, mais minha alma se revoltava, mais meu coração ficava empedernido. Não existia na velha fidalga uma só demonstração de bondade que pudesse ser apontada.

Insensível, caminhei até o fim.

* * *

Estava em Paris quando, uma noite, como costumava fazer, tomei o castiçal e me encaminhei ao gabinete de Edmundo; era muito tarde e todos dormiam. Meus passos eram abafados pelos espessos tapetes.

Ao entrar e colocar o castiçal sobre o console, junto ao retrato de Edmundo, senti inesperadamente uma vertigem; não tive tempo nem mesmo para me apoiar. Caí.

Não sei quanto tempo estive desacordada. Quando recobrei os sentidos, senti meu corpo dolorido e uma dor profunda no coração. Compreendi que estava se aproximando o momento decisivo em que eu teria de doar meu corpo à terra, mas queria que essa doação fosse feita no meu burgo adorado.

Com dificuldade me levantei. O gabinete estava alumiado pela luz amarelada da vela, que ainda ardia no candelabro.

Cheguei para mais perto do retrato de Edmundo; com as mãos trêmulas acariciei a tela fria, depois depositei nas suas mãos um beijo demorado.

Fui para junto dos retratos dos meus pais, contemplei-os também demoradamente e, como fiz com Edmundo, os beijei com ternura.

Tomei os últimos escritos de Edmundo e os li demoradamente; depois me aproximei novamente da vela e, com cuidado, fui queimando devagar aquelas páginas amareladas pelo anos, que eu conservava com tanto amor. Umas após outras, eu as fui destruindo.

Pequeninos pedaços negros caíam sobre o tapete. Cinzas, tudo o que restava de uma existência pontilhada dos mais trágicos dramas e das mais alucinadas aventuras.

Eram pedaços da minha alma. Tudo destruído, sentei-me, pela última vez, na poltrona onde costumava sentar quando esperava por Edmundo, que trabalhava, ou quando vinha sozinha passar as minhas horas de pungentes recordações.

Sentia que meu coração estava enfraquecendo rapidamente e que a dor aumentava. Resoluta chamei a criada, que custou a ouvir; pedi que despertasse os criados e que preparassem a carruagem, pois desejava voltar imediatamente para o meu burgo... Sem discutir, ela foi dar as ordens.

Retirei da gaveta duas velhas caixas, queria tê-las comigo; numa guardava o leque de rendas e na outra a echarpe; no meu castelo no burgo, as destruiria também.

Saí e fechei com cuidado a porta do gabinete. Fui para o meu quarto; tudo já estava sendo arrumado pela criada.

Desci para o terraço; era noite e tudo estava mergulhado numa quietude tranqüila. Olhei para o meu jardim, para as roseiras floridas de meu pai... a carruagem se aproximava.

Sem olhar mais para trás sentei-me e dei ordens para seguir. Durante o trajeto sentia que a dor aumentava... aumentava; quando divisei o bosque respirei mais aliviada; mandei que parasse... Desci amparada na minha criada.

Queria ainda, num derradeiro esforço, ir até ao esconderijo. Ao entrar levava comigo as duas caixas; deixei a criada à minha espera. O esconderijo estava escuro, pois uma tênue claridade da Lua era insuficiente para alumiá-lo, mas eu o conhecia bastante, podia percorrê-lo todo sem dificuldade.

Sentei-me no divã e senti o frio úmido da pedra; trazia as

duas velhas caixas... Reunindo as minhas últimas forças, rasguei o leque de rendas e a echarpe.

Alucinada, gritei por Edmundo. Ouvi o eco da minha voz repetindo o nome adorado de Edmundo... Nada mais tinha para fazer; a criada, ouvindo a minha voz, correu para auxiliar-me; tomei o seu braço e saí pela última vez do esconderijo.

Quando chegamos junto ao portão olhei emocionada para os meus brasões e para as soberbas flores-de-lis.

Elas continuavam desafiando o tempo, mas eu... o que restava da maravilhosa mulher que tinha despedaçado tantos corações, que tinha destruído tantos lares, o que restava?... Quem transpunha agora aquele mesmo portão era uma anciã prestes a sucumbir... Da formosa mulher restava somente uma ruína...

Quando saí da carruagem já fui nos braços dos meus criados; e quando o Sol ia começando a despontar, rubro, por detrás das montanhas verdes, aquela que se chamou Madalena, Duquesa de X., deixou de viver...

Fui sepultada ao lado de Edmundo. Uma singela placa de bronze com o meu nome marca a minha última morada.

Poucos me prestaram homenagens; meu irmão ficou senhor do castelo e, aos poucos, meu nome foi sendo esquecido... esquecido... esquecido...

O castelo foi também ficando abandonado; meu irmão pouco se interessava, vivia engolfado no turbilhão da vida parisiense. Era também fabulosamente rico.

Tudo o tempo ia destruindo lentamente, só ficava bem viva a recordação do passado que fora suntuoso; e as suas histórias, muitos anos depois, ainda eram lembradas pelos antigos camponeses que as contavam aos seus netos; e o nome de Madalena, Duquesa de X., dona do castelo lendário era ainda pronunciado, mas como tendo sido o de uma fidalga perversa e avarenta.

SEGUNDA PARTE

Virgínia

1

A enjeitada

O inverno acabara de despir as últimas árvores. Tudo estava mergulhado em triste desolação. Um vento frio e cortante varria tudo. Nas estradas, os camponeses passavam apressados rumo aos seus trabalhos; e nas humildes choupanas, onde não existia a lareira aquecedora, os seus habitantes procuravam junto aos modestos fogões um pouco de calor com que pudessem atenuar o frio intenso.

Pronunciava-se que naquele ano o inverno seria terrível, pois logo no início já se faziam sentir os seus efeitos. Os pobres se atemorizavam diante da perspectiva alarmante. Anos após anos as crises aumentavam consideravelmente, dado aos desequilíbrios conseqüentes às constantes revoluções e aos desentendimentos políticos.

A França, principalmente, era uma das maiores vítimas. Lutando tenazmente contra poderosos inimigos, tinha que deixar, num certo abandono, os seus campos e as suas indústrias.

Os campos feneciam à míngua de braços e nos mercados a carestia dos gêneros alimentícios aumentava dia a dia. O mesmo nas indústrias onde os seus artífices tinham sido retirados para a defesa da Pátria. Muitas dessas indústrias estavam completamente paralisadas. Os camponeses jovens e robustos todos foram convocados, ficando as tarefas árduas da lavoura entregues aos homens já cansados e às mulheres inexperientes. Era constrangedor o quadro que se apresentava, a França até então exuberante de força e vitalidade.

Até mesmo na sua Capital, Paris, dona do mundo, brejeira e cativante, que estreitava nos seus braços fraternais todos que a procuravam sedentos: artistas e sábios, poetas e músicos, todos encontravam na velha cidade um manancial perene de prazer e de cultura, quer nos seus salões requintados ou nos seus cafés, nos seus teatros e nas suas Academias.

De todos os recantos do mundo, vinham constantemente numerosos grupos de boêmios e sonhadores para a cidade lendária. Florida e iluminada ela recebia garbosamente os seus hóspedes e na sua cativante hospitalidade ela dava o ensejo que muitos desejavam ardentemente: demonstrar as suas possibilidades desconhecidas. E foi assim, amparada nessa bondosa hospitalidade que o Mundo teve o ensejo de ouvir insignes músicos e maravilhosos cantores, de admirar pintores geniais cujas telas até hoje os seus museus se orgulham de possuir.

Nas suas Academias, mestres eméritos demonstravam ao Mundo as suas descobertas benfazejas. Nas suas lojas e nos seus ateliês, ela ditava como soberana absoluta o que deviam fazer as mulheres vaidosas, suas vassalas fiéis; mas no emaranhado da política, cada vez mais, os fios se misturavam sendo difícil a separação para a organização precisa.

E assim, aos poucos, os desentendimentos se avolumaram de tal modo que, para a resolução dos mesmos, só a força das armas... E as revoluções se sucediam constantemente até que veio a guerra final. Guerra tremenda que devorou impiedosamente milhares e milhares de jovens no apogeu da mocidade. Nobres e plebeus ouviram o chamado e, sem vacilar, tudo abandonaram para vestir a farda e tomar a espada.

Lares desfeitos, esposas, mães e noivas tiveram de oferecer ao holocausto pátrio os seus entes queridos, e a guerra, monstro insaciável, ia aos poucos devorando tudo. A França estava exausta. A miséria rondava por todos os lados.

Os clamores se faziam sentir constantemente, porém sem

resultado. Enquanto as reservas eram destinadas quase que exclusivamente para o exército, a população ia sofrendo cada vez mais e sem esperanças, pois a guerra bem longe estava de terminar; e, agora, com a chegada inclemente do grande inverno, maiores eram os temores.

Na cidade silenciosa e quase sem movimento, o vento frio sacudia as árvores despidas e os seus galhos secos e retorcidos... Nos jardins, poucas flores ainda teimavam em desabrochar isoladas.

Nos campos então, era desolador... Debalde alguns camponeses se esforçavam para manter as suas pouquíssimas e mirradas lavouras.

* * *

O burgo de Saint-Germain, cujas terras foram outrora férteis, cujos campos imensos ostentavam os mais famosos rebanhos, cujo bosque era conhecido devido às suas caças esplêndidas, vinha sofrendo lentamente, desde muitos anos, um sensível declínio.

O seu atual dono, nobre arruinado, o herdara de seu pai, último descendente dos Duques de X., nobilíssima família aparentada com os Reis da França. Quase nada mais existia da sua passada grandeza, até mesmo o tradicional castelo estava abandonado e parte em ruínas. Dos jardins magníficos nada mais existia, somente as seculares árvores que se alinhavam imponentes na alameda que ia dar junto à grande escadaria de mármore.

O portão senhorial, de grossos ferros retorcidos, mostrava ainda os artísticos arabescos, e as duas colunatas também de ferro ainda sustentavam os bojudos lampiões e, bem no alto, majestosos, os brasões da nobre família.

Nas redondezas, pobres choupanas de velhos camponeses, e junto ao bosque, que era a parte melhor da tradicional propriedade, agrupavam-se em número maior essas humildes habitações.

Bem na entrada do bosque sobressaía-se uma delas: pequena, tendo na frente um modesto jardim, agora, com o inverno, completamente morto. Nela residia um casal de camponeses com seus dois filhos, sendo um ainda menino e o outro jovem que, naquele momento, defendia nos campos de batalha a sua pátria ultrajada. Este, arrimo da família, trabalhava cultivando um pequeno trecho de terra, tirando dela o suficiente para o sustento dos pais e do irmão, ainda criança. Com a sua partida para a guerra, só ficou o velho pai, já sem forças, e o irmão que pouco podia fazer.

Logo a miséria chegou. Quase sem alimentos, as roupas rotas, sem carvão para aquecê-los nas noites do inverno que se aproximava, era constrangedor o seu interior. O velho, de melhor coração que sua companheira, mais paciente, sempre se conformando com a situação, nada reclamava; mas a esposa sempre fora de gênio irritadiço, avarenta, trazendo os seus debaixo de implacável jugo; e com o decorrer dos anos, mais se acentuava seu mau humor, e as suas queixas eram constantes.

Ela era revoltada de só possuir dois filhos, pois sempre desejou uma filha que pudesse substituí-la no manejo da casa, assim como o seu primogênito fazia com o velho pai nos trabalhos do campo. Quantas vezes ela, em voz alta, junto ao velho companheiro, dizia:

– Ah... Se possuísse uma filha, estaria agora descansada, faria com que ela tomasse conta de tudo; mas, com esses dois palermas que Deus me deu, terei que trabalhar até o fim de minha vida. E agora, esta maldita guerra que não se acaba mais, levou o meu filho que, talvez, já esteja morto. Como iremos viver até que o menor possa substituir o irmão? – e apontando o céu cinzento mostrava para o esposo, que se conservava calado: – Veja, o que nos espera... o inverno será terrível e não temos nada para nos aquecer... nada!

Como não obtivesse resposta, resmungando, voltava para a cozinha, onde um tênue fogo mal dava para cozinhar o insignificante alimento.

***

Aproximava-se a tarde. O vento sibilava varrendo as derradeiras folhas que, teimosas, ainda estavam presas às árvores, prenunciando uma noite gélida. Esse vento cortante e esse céu cinzento eram denunciadores de que a neve cairia forte. Já pequeninos flocos brancos se prendiam nos galhos retorcidos e, no ar, bailavam filetes alvos como pequeninas penas esvoaçantes.

Olhando pela janela, o camponês meditava no filho distan te. Pensava nos campos e nas plantações destruídas pelo exército que passava, levando nas patas dos cavalos e nas rodas das viaturas, tudo... tudo quanto tinha sido plantado com tanto trabalho, com tanto sacrifício... Via essa destruição que o deixava desolado.

Como recuperar depois, sem o auxílio dos jovens que, inutilmente, estavam se sacrificando? Nesses campos que até há pouco tempo eram verdes e fecundos, ostentando as suas hortas e os seus pomares, os rebanhos e os pastores, estavam agora pisados, manchados de sangue e cheios de cadáveres...

Por que isso? Por que essa guerra tão longa? O pobre e inculto camponês não podia se conformar. Não sabia que os homens, insatisfeitos e ambiciosos, por um mero desentendimento, não vacilavam em sacrificar a mocidade, em destruir a pujança dos campos, em transformar em ruínas, monumentos construídos com amor para a glória de Deus e dos Justos.

Tempos majestosos, oficinas e laboratórios, tudo destruído, tudo arrasado... Por quê?

Para a mente do camponês eram terríveis essas interrogações... Por que meu filho foi para a guerra, ele que era o meu arrimo?

Sacudia a cabeça encanecida e fechava os olhos úmidos de lágrimas.

Ouviu a voz da esposa chamando para a refeição; levantou-se devagar e foi para a cozinha. Servida a modesta ceia, voltou para junto da janela.

Escurecia rapidamente... O frio era tão forte que teve de fechá-la. Não demorou, a esposa veio com o pequeno lampião que colocou numa mesinha. A sala ficou envolta na claridade amarelada da luz.

Silenciosos os dois, cabeças baixas e o pensamento pairando muito distante, pensando no filho que há tanto tempo tinha partido e que eles não sabiam se estava ainda vivo.

No coração bondoso do ancião, uma saudade pungente o martirizava constantemente e uma leve esperança o animava; esperança de rever o filho forte saindo disposto para o trabalho dos campos... Era tão tênue essa esperança, mas para o pai amigo era o único sustentáculo que ainda o fazia esperar...

Porém, para a velha companheira, nada existia além de um rancor e de uma revolta surda contra aqueles que lhe tinham arrancado o filho que era o seu arrimo. Sem ele, a miséria ia, aos poucos, invadindo o seu lar... Não tinha esperanças de que ele regressasse, sabia que a guerra continuava devastadora e que os governantes, todos os dias, exigiam mais sacrifícios da mocidade. Olhava para o pobre leito onde o filho, um pequeno de pouco mais de sete anos, exausto pelo trabalho que tivera durante o dia, dormia sossegadamente. O que poderia fazer uma criança de sete anos para auxiliar os seus velhos pais? Nada... E se a guerra não terminasse logo ou se o filho fosse morto?... Nem era bom pensar.

O silêncio continuava pesado e, lá fora, o vento sacudia as árvores e vinha entrar pelos orifícios do telhado e pelas brechas da porta. Vinha com ele um frio úmido que causava arrepios ligeiros na pele; não tinham lume, pois o pouco carvão que conseguiam destinavam somente para cozinhar os alimentos.

Aproximava-se a noite de Natal... Como passariam essa noite linda e lendária?... Parecia que esse ano tudo estava contra eles. A pequenina lavoura abandonada, os seus poucos animais sacrificados para suprirem as urgentes necessidades, as roupas velhas e rotas, os sapatos furados e quase imprestáveis e, ainda mais, esse inverno inclemente.

Teriam uma noite de Natal triste... Já estavam pensando nela, há muitos dias... Foi a velha que primeiro quebrou o silêncio, perguntando ao marido:

– Francisco, já te lembras que o Natal está próximo?

– Sim – respondeu baixo o ancião, sem levantar a cabeça. – Já pensei muito, Marie, mas o que podemos fazer?

– Nada – retrucou irritada a esposa – nada...

– Devemos ter paciência e esperar por melhores dias.

– Ora, Francisco, ora... melhores dias, achas que ainda teremos?

– Sim, confio em Deus.

– Pois eu não confio nem em Deus, nem nos homens; estou descrente de tudo e de todos – e sem esperar que o esposo respondesse, tomou o lampião e se dirigiu para o aposento onde já dormia o seu filho.

Na sala, a escuridão era quase completa. Francisco ainda ficou muito tempo sentado ouvindo o sibilar do vento. Sentia frio, mas não reclamava; o seu casaco já estava tão velho e o seu sapato tão furado... Lembrou-se dos anos passados, quando, mais jovem, trabalhava nos campos e fazia a sua pequenina lavoura. Nada faltava para os seus; apesar de pobres, a sua casa tinha sempre carvão no inverno, roupas quentes e alimento farto. Mais tarde, tudo isso foi ainda mais aumentado, pois o primogênito começava a auxiliá-lo. Era um rapaz forte e gostava de cultivar a terra. Viviam assim relativamente bem.

* * *

Francisco era bom e sempre foi. Conheceu Marie, robusta camponesa, numa festa; dançou muito com ela e, desde esse instante, ficou preso aos seus encantos.

Foi ligeiro o noivado. Casados, ele compreendeu que Marie era dotada de gênio forte, pouco carinhosa, egoísta e avarenta. Mas, mesmo assim, gostava dela; ao lado desses defeitos ela era trabalhadora, econômica e zelosa.

A sua casa era limpa; a sua roupa, assim como a dos filhos, era bem cuidada. Marie jamais teve afagos para ele nem para os filhos; achava que cuidando bem deles, fazendo na hora certa a comida, lavando a roupa, cerzindo e fiando estava cumprindo os seus deveres e assim os agradando.

Francisco muito sentiu nos primeiros anos de casado; depois foi se acostumando com o gênio dela e viviam tranqüilos.

Seu filho Gerard se parecia muito com ele até no físico. Desde criança demonstrava gênio pacato; nunca brigara, nunca tivera um inimigo. Dizia Marie que ele era um palerma. Não gostava que o filho fosse assim. Dizia ela que todo homem devia ser valente e não como seu marido e o filho que viviam sempre calados ouvindo e desculpando tudo. Ela não gostava de homens assim, não gostava... não gostava...

Quando nasceu o segundo filho, ela ficou desolada, pois sonhava com uma menina, mas queria uma menina com o seu temperamento, uma menina altiva e corajosa. Ao saber que tinha vindo um menino, ficou tão revoltada que chegou a chorar, coisa que jamais fazia; porém, com o decorrer dos dias e dos meses, foi compreendendo que Pierre era muito diferente do irmão... Isso muito alegrou Marie e entristeceu Francisco, seu marido.

Os anos foram passando lentamente e quando Pierre completou seis anos a guerra já estava declarada e o irmão estava se preparando para partir a chamado da Pátria. Pierre brigava com todos os meninos vizinhos e as queixas eram constantes; Marie prometia castigá-lo, mas o castigo ficava só na promessa. Francisco não tinha autoridade para repreendê-lo e, quando tentava, Marie intervinha sempre em favor do filho. Pierre ficou entregue exclusivamente à orientação de sua mãe. Quando saía em companhia do pai para o trabalho, ia resmungando. Não gostava do campo e já pensava, quando fosse maior, ir para a Capital. Tinha ideais altos demais para uma criança de sua idade. Marie exultava com a inteligência do filho.

Tudo isso Francisco pensava naquela noite fria e sentia saudades do filho bom que, talvez, não voltasse mais. Estava tão entregue a esses pensamentos, quando ouviu a voz de Marie chamando-o para ir dormir.

Levantou-se com dificuldade do tosco banco; doíam-lhe as

pernas e as costas. Tinha labutado demais nesse dia, revolvendo a terra e arrancando raízes. As mãos calejadas estavam duras e os dedos dormentes. Arrastando o velho sapato, foi para o quarto. Logo depois o lampião foi apagado. Todos dormiam e lá fora o vento continuava a castigar impiedosamente as árvores. Junto à porta um cão vadio tinha vindo procurar refúgio e ao longe ouvia-se o canto de alguns galos anunciando o despertar lento do dia.

Quando Francisco acordou, Marie já estava na cozinha preparando a frugal alimentação que ele e o filho teriam de levar. Pierre também já estava correndo ao redor da casa; ambos iriam trabalhar juntamente com outros vizinhos para o dono do castelo dos Duques de X. que também, devido à carestia que assolava Paris, tinha vindo para o campo na esperança de encontrar mais facilidade. Eles estavam arruinados e pouco podiam despender com os raros camponeses que tinham atendido ao chamado.

Não demorou muito, Francisco ouviu Marie chamá-lo com sua voz ríspida:

– Vem, Pierre, vem, Francisco, tudo já está pronto e breve terão de começar o trabalho!...

Francisco se ergueu do pobre leito, com dificuldade calçou o velho sapato esburacado, depois tomou o casaco já roto na gola e nos punhos, e o vestiu devagar; procurou o pente, que passou nos cabelos brancos e na barba longa. Estava feita a modesta toalete.

Abriu a janelinha e espiou o céu. Nas árvores e nos arbustos, assim como na campina, a neve tinha coberto tudo; tudo estava envolto num branco manto. Francisco sacudiu a cabeça desalentado, depois tornou a erguer a vista para o céu e do seu coração bondoso uma prece foi ofertada a Deus: – Seja feita a Sua santa vontade, meu bom pai – e saiu lentamente.

Na cozinha, atarefada, Marie não se apercebeu que Francisco tinha entrado e estava sentado no banco junto ao fogão. Esfregava as mãos frias. No fogão, um pequeno lume aquecia a panela na qual Marie tinha deixado os restos da ceia. Ele olhou para a esposa que tinha na cabeça, amarrado, um velho lenço. O vestido desbotado e o casaco mais roto do que o seu. Ao contrário das outras mulheres, que, quando vão envelhecendo, o rosto vai também se transformando à medida que as rugas aparecem e os cabelos embranquecem, em vez das rugas, ia murchando e a pele aderindo, tomando uma cor baça; os cabelos ficaram brancos, mas de um branco amarelo muito feio. Olhar duro e frio, o corpo curvado, as mãos de dedos nodosos, porém o que mais lhe acentuava a dureza era a voz irritante e alta. Jamais Marie falou com brandura, nem quando os filhos eram pequeninos. Jamais cantou para adormecê-los, e quando eles choravam e Francisco ia niná-los, cantarolando baixinho, ela ficava furiosa:

– Deixa disso... Não gosto de canto... não gosto... – e ele parava logo para evitar que ela se exasperasse mais.

Francisco sofria muito, porém em silêncio; quando jovem gostava muito de cantar, assim como gostava muito de música. Adorava pássaros e flores. Com sacrifício conseguiu ter em frente à sua casinha um pequenino jardim que ele cuidava com todo o esmero. Marie não gostava de pássaros e as flores eram-lhe indiferentes. Quando Francisco via na roseira uma bela rosa, ficava radiante e chamava a esposa para admirá-la também; Marie vinha, mas olhava a flor sem o entusiasmo do marido.

Seu filho Gerard parecia-se muito com ele, até nisso. Gostava de cantar, tinha bela voz, adorava pássaros e quando crescidinho começou a ajudar o pai a tratar do jardim. Quando foi chamado para combater, saiu de casa cantando uma canção alegre e acenando com o lenço branco.

Francisco, desde que o filho partiu, descuidou do jardim que, agora com o inverno, estava todo destruído. Na cozinha, olhando a esposa que trabalhava, fazia o exame costumeiro: como gostaria que Marie fosse uma velha delicada e de rosto mais suave... Profundamente religioso sentia, mas se conformava; o seu filho Pierre era parecido com Marie e tinha a mesma tonalidade de voz, não gostava de pássaros e sempre que podia os matava; não gostava de flores e quando passava pelo jardim as arrancava dos pés e atirava no chão, pisando-as.

Quando Marie voltou-se e deparou com Francisco aquecendo as mãos no fogo, disse:

– O que estás fazendo aqui? Não vais trabalhar? – e chegando na porta, gritou: – Pierre!... Pierre! Vem!...

Não demorou e o menino entrou ofegante, tomou a pequena bolsa onde estava colocada a comida e, sem dizer nada à sua mãe, saiu chamando pelo pai:

– Vamos, meu pai, vamos... precisamos trabalhar; quando será que Gerard volta?... Estou cansado disso.

Francisco levantou-se e, aproximando-se de Marie, disse:

– Adeus, Marie, até a tarde...

Marie não se voltou e respondeu:

– Vai que já está na hora.

O bom velho saiu apressado para alcançar o filho que ia na frente. Marie continuou muito tempo na cozinha e, quando chegou até a porta, viu o marido e o filho juntos já no fim da estrada, e meditou:

– Quando será que Gerard voltará?... Quando terminará essa guerra?... Será que na noite de Natal teremos que passar sozinhos?... E se o meu filho morreu? Ora que tolice estar pensando nessas coisas... Que tolice... Se ele morreu nada poderemos fazer – e voltou para o interior da humilde casinha.

E assim os dias iam se passando e o Natal se aproximando. Nenhuma notícia de Gerard. Por mero acaso, Francisco ouviu o senhor do castelo dizer que a guerra ia demorar muito tempo ainda e que a França estava precisando de mais reforço. Novos batalhões tinham seguido e a carestia se tornava cada vez mais acentuada. Morria, de fome e frio, muita gente.

No burgo era desolador o aspecto. A neve caía continuamente. Os camponeses famintos, ainda tentavam, num esforço supremo, arrancar da terra o necessário para poderem enfrentar a calamidade, esperançosos de que a primavera lhes trouxesse dias mais bonançosos.

***

Estávamos perto do Natal. Na choupana de Francisco a vida continuava a correr sem alteração. Marie trabalhando na cozinha, lavando as poucas roupas dela, do marido e do filho; cerzindo os buracos que diariamente apareciam nos casacos, remendando os vestidos e as camisas de Francisco e de Pierre. Até as roupas de Gerard, ela retirara da mala para consertar de modo que pudesse suprir as de Pierre que estavam quase imprestáveis.

Aos poucos, a esperança ia desaparecendo do coração de Francisco, mas, mesmo assim, não deixava de pedir a Deus para que lhe devolvesse o filho bom e amigo. Conversando com Marie, perguntou se ela ainda tinha esperanças que Gerard voltasse. Marie o encarou muito tempo e depois disse com a sua voz ríspida:

– O que adianta ter esperanças? Quando uma coisa tem que acontecer, Francisco, acontece mesmo; se ele tiver que voltar, muito bem, se morrer é porque tinha que morrer. Procuro não estar pensando nessas coisas.

Francisco baixou a cabeça e não disse mais nada.

Finalmente chegou a véspera do Natal. Na choupana nada existia além do minguado alimento. O dia amanheceu triste, o céu cinzento. A neve cobrindo tudo. As árvores também cobertas por flocos brancos; o vento frio.

Marie preparou o vestido melhor; tirou a única roupa de Francisco que ela guardava para esses dias, assim como a de Pierre, tirou também o seu lenço grande. À noite iriam até a capelinha do castelo onde o cura do burgo celebraria a missa à meia-noite. Todos os camponeses iriam, assim como os Senhores.

Nesse dia ninguém trabalhou, ninguém saiu de casa, à espera da noite festiva. Francisco olhava constantemente a estrada esperando surgir na curva o seu filho Gerard. Esperou todo o dia, mas ele não veio...

À noite, depois de servida a ceia, foram se preparar para irem assistir a missa. Prontos todos os três, fecharam cuidadosamente a casa e saíram devagar.

A neve caía e ia aos poucos cobrindo a campina, as árvores e os arbustos; era encantadora a paisagem, apesar de triste. O bosque, com as suas seculares árvores despidas da densa folhagem, com os galhos longos sustentando os blocos de neve. Na estrada, a neve ia também aos poucos se acumulando. Os camponeses, com as suas famílias, se dirigiam à capelinha. Ao longe se ouvia os sinos badalando... badalando...

Quando chegaram juntos ao grande portão, com os seus bojudos lampiões acesos, iam parando para depois todos entrarem juntos. A alameda, circundada das velhas árvores, era ainda imponente.

No terraço, os Senhores do castelo também estavam à espera dos camponeses e, quando todos estavam reunidos, entraram cantando a linda música comemorativa da tradicional festa.

Francisco, na frente, cantava alto e a sua voz ainda era bonita e harmoniosa. Todos cantavam, menos Marie.

Perto do terraço pararam à espera dos Senhores que, na frente, se encaminharam para a capelinha, toda enfeitada e iluminada.

O cura estava paramentado junto ao Altar da Virgem. Terminada a cerimônia, foram saindo lentamente da Capelinha e se dirigindo para junto da escadaria do palácio, onde o Senhor iria dizer algumas palavras aos moradores do burgo.

Atentos, ouviram o dono daquelas terras. Era uma tradição antiga. Findas as palavras, o nobre Fidalgo lamentou não poder, naquela noite, oferecer a ceia simbólica, dado o momento crítico que atravessava a Pátria, pedindo constantemente mais sacrifícios dos seus filhos, mas, talvez no próximo Natal tudo estivesse terminado e, então, a bonança e a fartura voltariam.

Aplaudidos pelos camponeses, se retiraram para o interior do castelo e eles voltaram para as suas choupanas, onde nem o calor de um fogo havia para aquecê-los.

Francisco, Pierre e Marie caminharam depressa, pois não queriam vir com os grupos de conhecidos. Todos levavam nos seus corações sentimentos diversos. Marie, revoltada com a situação difícil, pela ausência do filho que era o sustentáculo da casa. Pierre, apesar de sua pouca idade, já era também um revoltado, um espírito ambicioso e preguiçoso. Não gostava de trabalhar e quando Gerard estava em casa, ele passava os dias com os outros meninos vagando pelos campos, perambulando pelas estradas, brigando, batendo e apanhando. Quando teve de ajudar um pouco o velho pai, ficou furioso. Francisco era o único que tinha o coração dolorido. Saudades imensas do filho que um pressentimento oculto lhe dizia que não voltaria mais...

Quando entraram e Marie acendeu o lampião, sentiram uma sensação de alívio, pois vindo de uma estrada coberta de neve, tinham os pés gelados e as mãos duras.

Tiraram os casacos e, na cozinha, sacudiram a neve que os cobria; Marie foi logo ao quarto e Pierre correu para o leito, enrolando-se nas velhas cobertas.

Francisco ainda ficou um pouco na salinha. Abriu devagar a janela e espiou pela última vez a estrada branca, ainda na esperança de ver Gerard aparecer... Na porta, o cão, como de costume, estava dormindo tiritando de frio. Fechou a janela e foi dormir.

Triste Natal... O mais triste da sua vida.

Instantes depois Marie dormia e Pierre ressonava tranqüilamente.

Só Francisco estava acordado... Debalde tentava dormir, mas impossível; o seu pensamento estava fixo muito ao longe, no campo de batalha onde o filho lutava sem saber por que lutava.

Matava... Ele que tinha horror de matar um passarinho... Gerard nunca matou um passarinho e a primeira vez que Pierre fez isso ele se revoltou de tal maneira que chegou mesmo a bater no irmãozinho perverso; e agora ele estava com uma arma na mão, matando... matando outros homens como ele... que talvez fossem, até, filhos arrimos de família como ele era, ou então um pai amoroso que tinha deixado muitos filhos, uma esposa, uma velha mãe ou um velho pai, e ele sem saber por que matava. Como devia ter sofrido Gerard quando disparou o primeiro tiro e matou o primeiro homem.

Por que essa guerra, Santo Deus?... Por quê?... E o sono não chegava e ele continuava pensando... pensando... pensando... Sentia fome, a ceia tinha sido tão pouca, mas não disse nada quando chegou. Bebeu um pouco d'água e foi se deitar. Por que não dormia como Marie e Pierre? enfim Pierre ainda era uma criança, estava certo, mas Marie... como dormiu depressa.

Ouviu diversas vezes os galos cantarem ao longe. Já era tarde, bem tarde, quando conseguiu conciliar o sono. Dormiu...

* * *

De repente, acordou sobressaltado. Será que estava sonhando? Ouviu tão bem um choro baixinho de criança. Sonhou, naturalmente... Virou para o outro lado e fechou os olhos; tudo estava mergulhado no maior silêncio, tudo; só o vento que continuava sibilando... Depois ouviu novamente o choro baixinho... ergueu a cabeça e ouviu nitidamente. O que será isso? Parece que é junto à porta, mas junto à porta fica o cão... O choro continuava agora mais forte; Francisco sentou-se no leito e chamou a esposa:

– Marie... Marie...

– O que é, Francisco? – respondeu ela.

– Escuta, Marie, parece que estou ouvindo um choro de criança junto à porta.

– Deixa disso, dorme...

– Não, Marie, estou ouvindo, presta atenção.

Marie sentou-se na cama e procurou ouvir. Realmente era choro de criança.

Francisco não teve mais dúvida, levantou-se apressado, o mesmo fazendo Marie. Acenderam o lampião e foram ver o que era. Francisco abriu a porta devagar e o que viu? Junto ao cão que era muito manso, um embrulho; tomou-o depressa e fechou a porta. Nos seus braços estava enrolado, em trapos, um recém-nascido que chorava agora com força.

Marie aproximou o lampião, Francisco afastou os trapos e o rostinho de uma linda criança apareceu. Marie recuou horrorizada; depositou o lampião sobre a mesinha e, aproximando-se do esposo, arrebatou-lhe a criança; o seu olhar desprendia faíscas, as suas mãos de dedos nodosos apertavam com violência a frágil criancinha, e com voz ainda mais ríspida, disse:

– Era só o que faltava, uma criança aqui... Belo presente de Natal... – e se encaminhou para a porta.

Francisco também se transformou; apressado, se entrepôs entre ela e a porta.

– O que vais fazer Marie? – perguntou ele.

– O que vou fazer? Ainda perguntas, velho tolo?... Vou jogar bem longe esse fardo...

– Nunca!... – gritou Francisco, pela primeira vez enfrentando a esposa; e com força arrancou das suas mãos a infeliz enjeitada. – Ela ficará aqui porque eu quero, estás ouvindo, Marie?... Eu quero!...

Marie encarou o esposo, durante muito tempo, sem proferir uma só palavra.

Francisco tinha nos braços a infeliz criancinha, que chorava baixinho; depois aproximou-se do lampião para melhor poder ver a enjeitada. Afastou cuidadosamente os trapos que a envolviam. Era uma menina... Marie também se aproximou.

– Vê – diz Francisco – como é linda... Daremos o nome de Virgínia.

– Mas... – interrompe Marie – como poderemos criá-la se estamos na miséria? Bem vês que nada possuímos, nada; é melhor procurar outro casal que queira ficar com ela.

– Não! – respondeu enérgico o esposo – aqui a deixaram e nós a criaremos.

– Bem, é uma menina que poderá, mais tarde, muito me servir nos arranjos da casa; estou ficando velha e preciso mesmo de uma criadinha.

Pierre acordou curioso e veio ver o que se passava. Quando viu nos braços do pai a criancinha, foi para bem junto dele e alegre perguntou:

– O que é isso? Parece uma criancinha.

– Sim, meu filho é uma meninazinha que nos deixaram. Será tua irmã. Vê como é linda, Pierre, ela vai se chamar Virgínia.

Ele chegou bem junto do pai e contemplou o rostinho da criança. Os reflexos da luz do lampião, refletindo sobre a criança, ainda a tornavam mais bonita.

Pierre, depois de muito contemplá-la, disse:

– É bonita, não a quero para irmã e sim para minha esposa.

Francisco e Marie olharam estupefatos para o filho.

– O que foi que tu disseste, Pierre? – perguntou, autoritária, a sua mãe.

– O que eu disse? Que, desde já, quero Virgínia para mim.

– Vai dormir, Pierre, vai...

* * *

Francisco sentou-se no tosco banco depois de ter colocado o velho casaco sobre a criancinha e aconchegou-a mais junto dele, para aquecê-la melhor.

Marie foi para a cozinha ver se conseguia algum alimento para ela; no seu cérebro já cruzavam os mais intrincados pensamentos:

– Era só o que faltava, virem deixar na nossa porta essa criança. De quem será? Deve ser de gente pobre, pois os trapos com que vem enrolada assim demonstram. Não queria ficar com ela, mas Francisco quer e talvez tenha razão. Poderá me servir bastante daqui a alguns anos. Só tenho Pierre, pois Gerard é quase certo morrer, se já não morreu.

Muito tempo esteve Marie resmungando até que o alimento ficou pronto. Veio para a sala trazendo a pequenina xícara e a colherzinha; tirou a criança dos braços de Francisco e começou a dar-lhe, devagar, o alimento. O velho camponês olhava enternecido. A criancinha tomava facilmente o caldo que lhe era dado.

– Ela poderá ficar na minha cama. É grande, não achas Marie?

– Pode, tinha me lembrado disso; mas vê bem, Francisco, não vou criar essa menina com certos carinhos e não quero que estejas fazendo-lhe todas as vontades. Vou criá-la para me servir. Só para isso. Nada de afagos, estás ouvindo?

A criancinha tinha tomado todo o caldo e Marie, com ela nos braços, foi depositá-la na cama de Francisco. O dia vinha despontando vagarosamente. Era dia de Natal e ninguém iria trabalhar no campo. Francisco foi deitar-se, ajeitou Virgínia com cuidado e cobriu-a com o seu velho casaco. Ela dormiu logo e ele ficou pensando, olhando para o teto:

– Quem teria deixado aquela criança na sua porta? Quem?

***

Foi sempre um mistério... Nunca ninguém descobriu nem suspeitou quem poderia ter deixado na choupana de Francisco, aquela linda criança.

Realmente, Virgínia era encantadora, muito alva e corada, cabelos loiros e crespos, e olhos de um azul límpido como o azul do céu nas tardes outonais. Muito caladinha, dava pouco trabalho a Marie.

Francisco adorava-a e depois que chegou a dolorosa notícia que Gerard tinha morrido numa tremenda batalha, onde a França perdera milhares dos seus filhos, ele depositou em Virgínia todo o seu afeto e carinho. Com poucos meses ela já o reconhecia e lhe estendia os bracinhos, sorrindo ternamente. Francisco ficava muito tempo com ela nos braços, cantarolando baixinho, ou então ia sentar-se debaixo de uma velha árvore perto da choupana.

Quando Virgínia sentou se sozinha, ele exultou de contentamento, chamando Marie para ver, assim como Pierre; Marie, indiferente, disse:

– Por que tanta alegria? Porque ela sentou? Todas as crianças fazem isso; Gerard fez e Pierre também, velho tolo...

Francisco e Pierre ficaram sentados com Virgínia muito tempo. A manhã estava bela, estavam em pleno verão. A Natureza se enfeitava das mais lindas flores, os pássaros cantavam alegremente nas árvores frondosas; o Sol muito rubro aquecia a Terra ainda coberta pelo orvalho fresco da noite. No campo distante, muito verde, as ovelhinhas pastavam calmamente.

Virgínia estava com seis meses e cada dia se tornava mais interessante; tinha o riso encantador, mas só para Francisco... Quando Marie a tomava nos braços, ela chorava imediatamente; o mesmo acontecia com Pierre, por isso Marie preferia que ela ficasse sempre na cama; só pela manhã ou então à noite era que Francisco podia tirá-la e ir com ela ficar um pouco no jardim ou dar um pequeno passeio até perto do bosque.

Mesmo assim, Marie não deixava de reclamar: – Já disse que não quero criar essa menina com muito afago; já disse, Francisco, não quero...

Mas ele adorava a pequenina.

E assim os dias foram correndo vagarosamente na pobre choupana. Francisco continuava a trabalhar no campo com Pierre e Marie tinha conseguido um trabalho no castelo; ia até lá para ajudar os poucos criados que os senhores tinham no arranjo e na limpeza dos salões, agora bem diferentes, tendo perdido novamente diversas obras de arte, obras essas sacrificadas em benefício dos atuais donos, que estavam arruinados. Com esse insignificante auxílio, Marie conseguiu, fazendo muita economia, manter, embora pobremente, a sua choupana.

Os senhores do castelo, sabendo que ela criava uma criancinha que lhes tinham deixado na porta, davam-lhe sempre roupas usadas que ela, com paciência, reformava não só para ela como para o marido, o filho e Virgínia.

Quando Virgínia completou um ano, Francisco e Marie a levaram ao castelo; os Senhores ficaram impressionados com a beleza da menina. Não puderam deixar de notar a lindeza dos seus olhos azuis como os dos seus antepassados, um azul diferente, com essa observação:

– Que coincidência, até parece que essa criança pertence à nossa família. Os traços são muito parecidos e o olhar impressionante; calcula quando ela crescer, a semelhança será espantosa.

Francisco e Marie respeitosamente ouviram os comentários dos seus Senhores. Depois da visita voltaram também comentando as palavras dos fidalgos:

– Ouviu, Marie, eles acharam a nossa Virgínia parecida com os seus parentes. Realmente ela é linda e parece uma princesinha, não é?

Marie não respondeu, mas ela também achava.

Além de bonita era Virgínia muito inteligente; com um ano já pronunciava diversas palavras e Francisco fez questão que ela o chamasse de pai e Marie de mãe.

Virgínia, sempre que Pierre a tomava nos braços, começava a chorar alto e não parava enquanto ele não a deixava. O menino ficava furioso e mais de uma vez lhe deu fortes palmadas, depois ria sarcasticamente e dizia: – Veremos, Princesa, se daqui a alguns anos terás raiva de mim; veremos, fidalga mendiga.

***

O tempo continuava a sua marcha; a guerra terminada com a vitória da França. Mas o que valeu esse triunfo? Nada...

O país estava exangue; os campos abandonados e os cofres públicos vazios. Milhares e milhares de jovens mortos, famílias desamparadas e órfãos atirados a esmo, não só na capital como nas cidades do interior. Na política, os desentendimentos eram os mesmos.

O egoísmo dos homens é e sempre foi sem limites. Debalde tentar convencê-los da inutilidade do emprego da força... Debalde... Era constrangedor o panorama de pós-guerra. Seriam precisos muitos anos para repor as finanças e para que os campos voltassem novamente a produzir o necessário; para isso, era preciso o auxílio de muitos jovens que, infelizmente, a guerra tinha absorvido, implacavelmente.

No burgo de Saint-Germain, poucos voltaram aos seus lares humildes; esses, valentemente, tornaram aos campos, esperançosos de poderem, com energia e destemor, em breve, verem coroado de êxito os seus abnegados esforços; mas apesar dessa coragem, era preciso muito tempo para que os campos fossem novamente cultivados como era necessário.

Francisco e Pierre trabalhavam tirando da terra o necessário para o sustento da família, agora aumentada com Virgínia. Marie também muito os auxiliava e, assim, o tempo ia passando e Virgínia demonstrando cada vez mais a sua precocidade.

Antes de completar três anos já sabia falar corretamente e corria por toda a casa... De tarde, ficava na porta à espera de Francisco que voltava do campo. Quando o avistava na curva da estrada corria ao seu encontro com os bracinhos abertos. O bondoso velho a tomava nos seus braços e, radiante, vinha para a casa; depois, enquanto Marie preparava a ceia, ele vinha com ela para o jardim. Ela corria por entre os canteiros floridos e Francisco ia regando as suas flores prediletas; depois sentava-se cansado e Virgínia também.

– Agora me conta uma história, meu papaizinho – pedia Virgínia com sua vozinha melodiosa e ele, coçando a cabeça, tinha que forjar uma história para a menina.

Quando ele tentava repetir a mesma, ela, enérgica, protestava: – Essa eu não quero, essa eu já sei, conta outra – e ele se esforçava para arquitetar novas histórias.

Pela manhã, também, Francisco saía com Virgínia e ia até à estrada; ela corria na sua frente e ele, temeroso, corria atrás dela, mas a menina corria tanto que ele desistia; quando conseguia alcançá-la dava-lhe umas palmadinhas e ficava fingindo que estava zangado, mas ela compreendia que ele estava brincando e, sorrindo, pegava a sua mão calejada e ficava bem quietinha ao seu lado.

Marie não brincava com Virgínia e quando ela chamava, a menina corria amedrontada. Nunca quis brincar com Pierre; tinha verdadeiro pavor do menino que, por isso, ficava enraivecido.

Quando Virgínia completou cinco anos, Marie começou a fazê-la trabalhar. Francisco protestou, mas Marie foi enérgica e, olhando fortemente para o esposo, disse:

– Quando tomei essa menina para criá-la, não foi para fazer dela uma fidalga e sim para me servir como criada. Já estou velha e precisando muito de auxílio e Virgínia já está necessitando de aprender alguma coisa. Será que tu pretendes mandá-la para a escola? – perguntou Marie com ironia.

– Sim, já tinha pensado nisso. Virgínia é muito inteligente e aprenderá com facilidade, não achas?

– O quê? Mandar essa menina para a escola? Por que não mandaste o nosso filho Pierre, por quê? – gritou Marie, exasperada.

– Porque o nosso filho não quer estudar e não tem a inteligência de Virgínia; se ele quisesse eu o teria mandado como mandei Gerard.

– Ora, Francisco, deixa dessas tolices! Mulher não precisa saber ler, isso é só para as fidalgas; mulher camponesa só precisa aprender a fiar, lavar e cozinhar; só isso é o que eu sei.

* * *

Francisco sabia ler e escrever, e quando moço gostava muito de ler, porém casado com Marie e ela detestando tudo quanto ele sabia, foi aos poucos moldando a sua vida pela orientação de sua enérgica esposa.

Gerard, apesar de trabalhar no campo, aprendeu a ler, tendo seu pai muito contribuído para isso. Pierre, entretanto, foi bem diferente. Jamais quis saber de livros e debalde Francisco tentou ensinar-lhe alguma coisa; ele só queria brincar e brigar e quando teve que trabalhar, já quase com oito anos, foi revoltado. Estava com treze anos e nada sabia, e ainda ia forçado para o campo. Pierre era feio e, à proporção que ia crescendo, no seu rosto mais se acentuavam os traços de Marie... Tinha a voz rou-ca e o olhar frio.

Virgínia, ao contrário, à proporção que crescia, mais se acentuava a perfeição do seu rosto. Todo Natal, ela ia com os pais ao castelo do burgo visitar os Senhores como era de tradição, e sempre que lá entrava, ficava olhando muito tempo para tudo, muito admirada, junto de seu pai, segurando-lhe a mão.

Numa dessas visitas, os Senhores receberam os camponeses num salão onde estavam os retratos dos seus antepassados. Bem no centro, havia o retrato de uma linda adolescente vestindo vaporosos trajes de finas rendas, com apanhados graciosos presos por laços de veludo, e modelando o seu lindo busto um riquíssimo colar de pérolas; os cabelos louros, levantados e presos por delicados fios de pérolas, nas mãos, de dedos finos e fidalgos, tinha um leque também de rendas, meio aberto, e cujas varetas eram incrustadas de ouro e pérolas. Olhos azuis, ternos e límpidos, protegidos por finos cílios, encobriam um mundo de tentadoras promessas; boca pequenina de lábios rubros; tez clara. O pintor que fez a tela devia ter sido um grande artista para poder retratar com tanta perfeição tão bela jovem.

Virgínia não tirava os olhos do retrato que estava à sua frente, e quando a nobre Senhora se aproximou dela, notou o seu olhar parado no retrato; passou as mãos sobre os seus cabelos louros e perguntou:

– Estás gostando deste retrato?

– Estou – respondeu prontamente. – Quem é ela? É tão

linda, parece com a fada da história que papai me contou... Ela é fada?...

A Senhora riu da ingenuidade da criança e disse, delicadamente:

– Não, minha filha, não é fada; foi uma das nossas antepassadas, falecida há muito tempo.

– Sabes o nome dela?

– Chamava-se Madalena.

– Madalena... Madalena... – repetiu Virgínia devagar.

Francisco, atrapalhado e Marie também, pediram desculpas pela curiosidade da filha.

A bondosa Senhora sorriu e disse que gostava de crianças curiosas, pois eram inteligentes. E quando Francisco e Marie saíram levando Virgínia pela mão, os Senhores do castelo ficaram comentando a semelhança dos traços daquela enjeitada com Madalena, Duquesa de X. ...

– Desde que eles a trouxeram aqui com poucos meses, notei isso e quanto mais o tempo passa, mais se acentua essa prodigiosa semelhança. Dizem as crônicas passadas que foi uma lindíssima mulher, culta e independente. Morreu solteira e esse palácio, meu avô o herdou, pois era o seu único descendente. Mas essa criança, que não sabemos donde veio, parecer tanto com ela é que acho deveras interessante; e parece que a menina é muito inteligente.

Ao chegarem, Francisco e Marie também comentavam, decepcionados, a atitude de Virgínia. Marie, mais enérgica, chamou-a e a repreendeu severamente, dizendo:

– Quando voltares ao castelo, fica calada, nada de estar perguntando; e se me desobedeceres serás castigada, compreendeste?

Virgínia, de cabeça baixa, respondeu que sim, depois saiu para o jardim. Francisco foi atrás dela e, sentando no tosco banco, debaixo da frondosa árvore, pôs a menina no colo e tentou aconselhá-la:

– Minha filha, precisas saber que somos muito pobres e que devemos respeitar os nossos Senhores, e, quando nos é dada a oportunidade de visitá-los, somente devemos responder as suas perguntas, principalmente as crianças.

– Mas papai, eu achei tão linda aquela moça, que pensei que fosse o retrato de uma das fadas das tuas histórias.

Francisco riu alto e, apertando Virgínia nos seus braços amigos, disse:

– Minha filha, as fadas só existem nas histórias, simplesmente nas histórias, compreendeste?

– Sim...

– Então, quando formos novamente no castelo, fica bem quietinha.

Virgínia prometeu obedecê-lo, mas na sua mente jamais deixou de ver a linda moça do retrato. Até nos seus sonhos ela via o lindo retrato. Sonhava que ela também ficaria bonita, vestiria um vestido de rendas muito vaporoso, teria nas suas mãos um leque de rendas marchetado de pérolas e pedras preciosas. Outras vezes sonhava que ia ao castelo e a moça do retrato descia a longa escadaria de mármore e vinha conversar com ela no jardim; depois, de mãos dadas, saíam pela estrada e se enveredavam pelo bosque.

Certa vez contou a Francisco esse sonho e pediu que ele a levasse ao bosque.

– Mas, minha filha, o que desejas ver no bosque? Ainda és muito criança para passear lá; tenho certeza que terás medo daquelas árvores muito altas e do vento forte que agita as suas folhagens.

Virgínia veio para mais perto dele e, fitando-o seriamente, lhe disse:

– Eu não tenho medo de nada, nem do vento, nem das árvores; já estou crescida.

– Queres dizer que já estás uma jovem, não é?

– Estou. Já não trabalho para minha mãe? Já não fui buscar sozinha água na fonte? Não fico em casa sozinha enquanto ela vai trabalhar no castelo? Já estou com sete anos...

Francisco olhou para a menina, à sua frente, e no seu coração boníssimo sentiu profunda piedade por aquela criança que já se considerava crescida porque ia à fonte buscar água, porque ficava sozinha em sua casa, porque já trabalhava para auxiliar a sua mãe... Teve pena de Virgínia e medo; sim, teve medo porque pensava o que seria dela quando ele desaparecesse. Marie não tinha afeição pela menina e o seu filho Pierre, agora com quinze anos, já estava um rapazinho e com acentuadas tendências que ele, seu pai, muito temia.

Sentou Virgínia ao seu lado e prometeu levá-la ao bosque qualquer dia. A menina ficou satisfeitíssima com a promessa.

***

Mais um ano tinha se passado e se aproximava novamente o Natal.

Na choupana a vida tinha melhorado bastante; Marie fora aumentada nos seus salários, Pierre e Francisco, trabalhando, tiveram uma colheita farta.

Depois da vinda de Virgínia, esse Natal era o mais alegre. A menina completaria oito anos e Pierre faria dezesseis.

Às escondidas de Marie, Francisco vinha ensinando Virgínia e, muitas vezes, ficou maravilhado com a inteligência extraordinária da filha. Virgínia já sabia ler corretamente e pedia ao seu pai que lhe desse muitos livros para ler:

– Sei que minha mãe não gosta, mas espero que ela vá ao castelo e então eu vou ler os meus livros; faço bem depressa o serviço que ela deixa, para poder, então, ler o que tanto gosto. Vou para debaixo da árvore do jardim que tem uma sombra muito fresca, sento no banco e fico lendo, lendo... Na árvore, a passarada em coro acompanha a minha imaginação (o meu sonho através das leituras de tantas histórias lindas). Papai, tenho certeza de que ainda tenho muito que aprender, se minha mãe permitisse que eu fosse à escola.

Ele tentou convencer Marie que devia mandá-la à escola, mas ela foi decisiva na sua resposta:

– Não, Francisco, jamais consentirei nisso. Quando tomei essa menina para criar foi com essa condição, para trabalhar para mim e não para fazer dela uma fidalga. Não... Virgínia não irá aprender a ler, não quero.

Ele abaixou a cabeça e nada mais disse.

Virgínia estava na cozinha e ouviu tudo; silenciosamente, deixou que as lágrimas lhes corressem pelo rostinho lindo; depois, mais consolada, enxugou-as com as mãos, já calejadas pelo duro serviço que Marie lhe impunha.

Todos esperavam silenciosamente a noite de Natal e Virgínia especialmente. Desejava voltar ao castelo, tinha vontade de rever aqueles salões grandes e aqueles retratos imponentes. Então o "seu retrato", como dizia ela, era o que mais a seduzia.

Enfim, chegou a noite tão esperada. Já se ouviam os sinos da Capelinha chamando os fiéis. A neve cobria os campos e as árvores.

Marie tinha arranjado para Virgínia um vestido feito de um que a Senhora lhe dera. Era de lã verde claro, que com o tempo foi perdendo a cor bonita e se tornou quase amarelo. Marie o fez muito simples e como já estava muito velho, teve que ajustá-lo. Virgínia, com oito anos, era bem crescida, esbelta e já demonstrando que seria uma jovem muito elegante.

Feito o vestido, Marie procurou uma larga fita de veludo que tinha guardado, há muito tempo e fez uma faixa para enfeitá-lo um pouco. Queria que a Senhora visse que ela sabia aproveitar o que lhes davam. Virgínia gostou muito; vestiu-o com cuidado e depois foi pentear os cabelos. Ela tinha cabelos dourados que trazia sempre em duas tranças. Nessa noite penteou-os com mais cuidado, deixando as duas tranças caídas sobre os ombros; fez o laço e calçou os sapatos que Francisco lhe tinha dado.

Quando ouviu Marie chamá-la, correu ao encontro dela. Ela parou admirada quando viu a menina à sua frente. Francisco veio para mais perto e não pôde deixar de exclamar alegre-mente:

– Estás linda, minha filha, muito linda; pareces um anjo que desceu do Céu nesta noite para clarear a nossa humilde choupana.

Pierre também se aproximou; já estava um jovem de compleição robusta, forte e muito alto para a sua idade; tinha feito dezesseis anos. Jamais conseguiu que Virgínia gostasse dele. Sempre que procurava falar com ela, era afastado com desprezo; isso fazia com que ele, cada vez mais, tentasse lhe impor a sua vontade. Não pedia nada mais a Marie e sim à Virgínia, porém a menina o servia prontamente, obedecendo todas as ordens que ele lhe dava, mas com um indiferentismo que o irritava e o decepcionava. Com o decorrer dos anos essa animosidade ia se acentuando gradativamente. Nunca Virgínia sorriu para Pierre, nunca aceitou um convite seu para brincar ou para passear; simplesmente o servia.

Marie não deixou de observar isso e, como idolatrava o filho, sentiu por Virgínia um ódio tremendo e, se não fosse o auxílio que ela lhe prestava, a teria enxotado de sua casa.

Francisco também compreendeu tudo e, assim como a esposa adorava Pierre, ele adorava Virgínia; e no âmago do seu coração um sobressalto constante o atemorizava. Compreendeu que seu filho já estava um homem e temeu pela indefesa criança. Sabia que o seu filho era um adolescente sem escrúpulos. Muitas histórias já eram comentadas a seu respeito. Marie fingia que nada sabia.

Quando Virgínia apareceu naquela noite de Natal, Pierre, deslumbrado ante a beleza daquela menina, jurou que ela havia de lhe pertencer, custasse o que custasse. E, aproximando-se dela, disse:

– Virgínia, como estás linda, pareces um entreaberto botão de rosa.

– Sim – repetiu também Francisco – Virgínia parece mesmo com um botão de rosa prestes a desabrochar numa manhã primaveril.

– O quê? – disse Marie, irritada. – Desde quando tenho em minha casa dois poetas? Vamos, deixai de tolices, não quero que Virgínia acredite nessas coisas, ela já é bastante vaidosa.

– Mas – insiste Pierre – eu acho Virgínia linda e a quero mais tarde para mim.

Foi então a vez de Francisco protestar:

– O que acabas de dizer, Pierre?

– Disse que mais tarde quero Virgínia para mim; o que tem isso, meu pai?

Francisco se aproximou do filho e, fitando-o fortemente, sem que Pierre afastasse o olhar e o sorriso sarcástico, disse resoluto:

– Pierre, proibo-te de pensares essas coisas a respeito de Virgínia; ela é e será simplesmente sua irmã, compreendeste, meu filho?

Marie, vendo que a discussão estava se tornando mais séria, tomou o xale e, abrindo a porta, disse:

– Vamos que já está na hora; do contrário chegaremos atrasados.

* * *

A noite estava linda, muito branca, pois a neve tudo cobria, e ao longe os sinos repicavam festivamente. Na estrada, coberta de espessa camada de fina neve, os camponeses, em grupos, se dirigiam ao castelo.

A família de Francisco seguia calada. Na mente da tímida criança as palavras de Pierre continuavam a martirizá-la:

– Ela será minha... Ela será minha...

– Não – dizia intimamente a pobre criança. – Não... eu o detesto, e assim continuarei.

Olhando furtivamente para Pierre, sentia medo e se aconchegava mais a Francisco, como que pedindo a sua proteção. Pierre, com dezesseis anos, era muito alto e forte, olhar penetrante, porém o que mais amedrontava Virgínia era a sua voz e o seu sorriso. Quando ele a fitava, a menina sentia um forte arrepio percorrer o seu frágil corpinho. Virgínia, com oito anos, também era muito alta e junto de Pierre constituíam um formoso casal. Os quatro fizeram a longa caminhada sem pronunciarem uma só palavra. Já bem perto do grande portão foi que Marie disse:

– Virgínia, tem cuidado, nada de perguntas, estás ouvindo?

– Sim – balbuciou, timidamente, a menina.

Juntando-se aos outros grupos de camponeses, foram para a capelinha. O cura já estava paramentado e a tradicional solenidade ia ser iniciada.

Inesperadamente, a capelinha foi envolvida pelo cântico suave de um grupo de lindas camponesas. No altar florido e iluminado, a Virgem Maria, de olhar puro e bondoso, parecia que abençoava a todos.

Na frente, bem junto ao altar, os nobres Senhores, donos do castelo, ouviam atentos o ritual simbólico; de repente se ouviu uma voz muito harmoniosa sobressaindo do grupo das camponesas que cantavam acompanhando a missa. Todos, instintivamente, se voltaram para ver quem era a nova cantora e, surpreendidos, viram a filha adotiva de Francisco cantando indiferente aos olhares curiosos. Já nessa idade, Virgínia possuía uma voz de timbre claro e quando olharam para ela, todos ficaram emocionados, não só pela maviosidade de sua voz, como pela beleza de seu rostinho puro. Virgínia, muito contrita, de mãos juntas, olhos fechados, cantando, mais parecia um anjo descido do Céu, como disse Francisco.

Terminada a cerimônia, todos os camponeses se dirigiram ao castelo onde seriam recebidos pelos Senhores. Francisco e

Marie, com os filhos, ficaram bem atrás. No salão, onde estavam os retratos, foi que os fidalgos receberam os camponeses.

Por coincidência, Virgínia ficou bem defronte ao retrato que tanta influência tinha sobre seu Espírito. Respiração ofegante, apertando as mãos nervosamente, a menina não afastava o olhar do grande retrato que tinha à sua frente.

– Como aquela dama devia ter sido linda – pensava a pobre menina – linda, muito linda... Por que gosto tanto desse retrato? Parece que conheço essa fidalga assim como esse castelo. Tudo aqui me é tão familiar; como gostaria de percorrer estes salões e esses parques; tenho certeza de que não me perderia aqui.

Tão empolgada estava nos seus devaneios que não ouviu a Senhora lhe chamar; foi preciso que Marie a empurrasse para a frente e, ainda confusa, se encaminhou para a Senhora, que estava sentada numa alta poltrona junto à janela entreaberta. Virgínia se aproximou timidamente, depois, parada junto à velha fidalga, olhava o céu estrelado; foi quando a Senhora, delicadamente, passou a mão de longos e delgados dedos sobre a sua cabeça dourada. Durante alguns instantes esteve com uma das tranças presas na sua mão; sentiu como eram macios os seus cabelos, depois ergueu com meiguice o seu rostinho expressivo. Os grandes e límpidos olhos azuis de Virgínia pousaram mansamente no rosto da grande dama. Foram instantes de minucioso exame.

A fidalga não podia explicar a espantosa semelhança daquela infeliz enjeitadinha com os seus antepassados. Donde teria vindo aquela criança? E os seus pais? Seriam, por acaso, algum parente afastado de seu marido? Não... Por mais que procurasse não encontrava um só descendente direto da família sobre quem pudesse recair a suspeita que fosse o pai ou a mãe da pobre menina. – Caprichos insondáveis da Natureza – pensava ela ainda fitando o rostinho de Virgínia.

Todos os camponeses, admirados e silenciosos, esperavam pacientemente... Depois foi o fidalgo que se aproximou e ficou também admirando a criança que continuava quietinha junto de sua esposa.

– É linda, não achas?

– Sim – respondeu o fidalgo. – É lindíssima.

Afastando um pouco a menina, a fidalga chamou Marie. Esta se aproximou respeitosamente. Depois, procurando Francisco, pediu que se aproximasse também. Assim como Marie, Francisco, respeitosamente, atendeu a ordem. Então, muito calmamente, a Senhora lhes disse:

– Sei que sois pobres e lutais com grandes dificuldades para manter esta criança, por isso resolvi tomá-la sob minha proteção.

Marie estremeceu violentamente e Pierre, sem poder se conter, deu uns passos à frente, porém parou repentinamente quando se deparou com o olhar severo da velha fidalga. A Senhora continuou:

– Vivo muito só neste castelo e gostaria de ter uma criança ao meu lado e Virgínia é a criança que desejo, bonita... meiga e inteligente.

– Mas... – disse Marie – eu preciso da menina para me auxiliar. Minha Senhora...

– Sim, compreendo muito bem isso, mas prometo aumentar o teu ordenado, de modo que a vinda da menina contribuirá para que o teu orçamento fique mais folgado.

Sem poder contestar, Marie ainda apelou dizendo que precisava consultar seu esposo.

– Ora, Marie, ele está aqui tão perto que pode logo dar a sua aprovação.

Marie olhou severamente para o velho companheiro, porém Francisco não demonstrou ter compreendido a sua atitude, e sem vacilar, disse:

– Por mim, Senhora, estou de acordo. Minha filha precisa mesmo receber uma educação mais esmerada; é inteligente e boa.

Marie e Pierre se entreolharam. Foi quando Virgínia, desprendendo-se das mãos da fidalga, correu para junto de Francisco e, chorando desesperadamente, disse:

– Não, não quero deixar meu pai... não quero...

Todos parados, assistiam a cena tocante.

A fidalga, comovida, levantou-se da cadeira e foi para junto da menina, e afagando a sua cabeça, disse:

– Está bem, minha querida, então podes voltar com teus pais, não te forçarei a vir morar comigo.

Virgínia, resoluta, perguntou:

– E por que meu pai não pode vir também para o castelo? Por quê? Ele é trabalhador e sabe muito bem cuidar das flores; a Senhora tem um jardim muito grande e meu pai pode cuidar dele enquanto eu lhe faço companhia. Minha mãe já trabalha aqui e assim ficaremos todos juntos da Senhora. Assim, eu quero; do contrário, voltarei para a minha casa.

Marie e Francisco estavam estarrecidos com a ousadia da filha e mal podiam ocultar a ansiedade que os dominava. A fidalga sorriu delicadamente, assim como seu esposo e, depois de trocarem um olhar ligeiro, ela falou:

– Está bem, Virgínia, gostei da tua proposta. Como hoje estamos em festa, não podemos tratar disso; volta para tua casinha em companhia dos teus pais e depois trataremos, com mais vagar, o que poderemos fazer – e acompanhada do esposo foi para o parque onde assistiria a festa tradicional oferecida aos moradores do velho burgo.

Marie estava furiosa e esperava impacientemente a volta para castigar a insolente menina. Francisco, cabisbaixo, pensava na luta que iria travar; Pierre não podia se conter de impaciência, mas tiveram de assistir toda a festa, que se prolongou até a madrugada.

* * *

Com o despontar do dia foi que os camponeses se retiraram, exaustos, pela fadiga da longa noite. A paisagem sempre a mesma, linda, muito linda. Os campos cobertos de neve, as árvores despidas da verde folhagem e recobertas pelo manto alvo, sacudidas por um vento frio que fazia desprender minúsculas partículas de neve que ficavam soltas ao léu e pareciam flocos de plumas macias... Como era bela a quietude dos campos, assim envoltos no alvo manto...

Apressados, seguiam os quatro pela larga estrada. Iam silenciosos. Virgínia segurava fortemente a mão do velho pai e Pierre, de olhar duro, caminhava ao lado de Marie, que tinha também as feições transtornadas. Quando se aproximaram do bosque, na encruzilhada que os levaria à choupana, foi que Marie falou:

– Então, Francisco, o que dizes da proposta da tua "filha"? – perguntou Marie com ironia.

Francisco não respondeu logo a pergunta e continuou andando mais apressado. Já avistavam a casinha branca cercada por velhas árvores. Marie o interrogou novamente:

– Não ouviste a minha pergunta? Francisco... por que não respondes? Será que estás ficando surdo?

– Não, – respondeu o velho – não estou surdo; estou simplesmente esperando chegar, descansar e, depois então, com vagar, conversarmos a esse respeito.

Tinham chegado e Marie abriu a porta com força, entrando na frente de todos. Atirou o xale sobre a cadeira e foi diretamente para a cozinha, chamando rispidamente Virgínia:

– Vamos menina, tira esse vestido e vai buscar água, vamos depressa. O que estás esperando?

Virgínia correu para o quarto, tirou depressa o vestido, dobrou com cuidado a faixa de veludo, depois tirou os sapatinhos e foi guardar, apressada, tudo. Vestiu o velho vestido e o casaco desbotado. Tiritava de frio, olhava para a cama acolhedora e tinha vontade de ficar muito tempo deitada, envolta nas cobertas... O cobertor era antigo, mas mesmo assim aquecia bastante; o seu corpinho estava dolorido e sentia a garganta ressequida, pois tinha cantado tanto durante a noite, e, num prolongado suspiro, saiu do quarto de onde ouvia novamente Marie chamando por ela.

Foi à cozinha, tomou o jarro e saiu ligeira. Ia quase correndo, pois sentia muito frio.

Indiferente, afastava os minúsculos flocos de neve que vinham cair sobre os seus cabelos e sobre o seu rosto. Sentiu os pés úmidos e congelados, e quando chegou à fonte, foi preciso pular muitas vezes para que a circulação se fizesse. Enquanto isso o jarro ia aos poucos se enchendo.

Virgínia sentou-se perto da fonte e ficou muito tempo pensando nas palavras da velha fidalga:

– Como seria bom morar no castelo, percorrer aqueles imensos salões, ver todos aqueles retratos, correr pelo parque e pelo jardim florido, descansar junto ao majestoso portão, debaixo dos bojudos lampiões... Ah! como seria bom... Talvez no castelo tenha muitos livros, muitos... eu poderei ler todos e talvez a Senhora permita que eu vá à escola... talvez, – ela pensava olhando para o céu. – Quando passei junto ao terraço, vi, num grande salão, um piano tão lindo, será que a Senhora sabe tocar?... Poderei ir também, muitas vezes, à capelinha, fica tão perto. O bom cura sabe tocar órgão e eu poderei cantar com ele... Como é linda a capelinha quando está enfeitada de rosas e de lírios, e quando os sinos repicam, que beleza... que sons maravilhosos têm os sinos do castelo e eu poderei também aprender a tocá-los.

E os cães de caça do Senhor, como são grandes, mas eu não terei medo deles, nem dos cavalos, não terei medo de nada. Queria montar num daqueles cavalos e sair pela estrada num galope... queria correr muito e depois enveredar pelo bosque... Iria sozinha... sozinha... Ainda irei ao bosque, meu pai não quer me levar, porque pensa que eu tenho medo das árvores muito altas, do vento forte que sibila sacudindo com muita força as velhas árvores...

Coitado do meu pai, pensa que eu tenho medo... – e Virgínia dá uma risada gostosa. – Medo... eu ter medo, não... mas espere um pouco: eu tenho medo só de uma coisa, é de Pierre... Tenho tanto medo dele e se for morar no castelo, ele não pode mais me ameaçar... Ah! se minha mãe concordasse e se a Senhora desse o lugar de jardineiro para o meu pai... e Pierre? o que iria fazer?... – sentada pensava em tudo isso... o jarro transbordava e Virgínia não se apercebia.

Tão entretida estava que não ouviu passos que se aproximavam cautelosos e quando se voltou espantada, viu Pierre junto da fonte. Virgínia levantou-se de um salto. O jarro transbordava... transbordava e quando ela tentou apanhá-lo sentiu a mão forte de Pierre cair sobre seu braço, impossibilitando-a de qualquer movimento. Debalde tentava fugir, mas os dedos do moço pareciam garras aduncas e terríveis... Sentia a pressão forte sobrepujá-la cruelmente. O olhar dele parecia que despendia fagulhas. Virgínia, tomada pelo horror, queria gritar e não podia, a voz morria estrangulada na sua garganta.

– Então fidalguinha mendiga, pretendes morar num castelo?... Pretendes? Veremos... – e sacudia com força a indefesa menina.

Virgínia tinha os cabelos soltos, o olhar espavorido, e límpidas lágrimas deslizavam pelo seu rostinho perfeito, mas Pierre, indiferente, continuava a castigar aquela que o desprezava. Com um violento sacudir, atirou a menina com força de encontro ao tronco de uma árvore. Ela caiu sobre galhos pendidos da árvore e um deles, passando pelo seu rosto, a feriu profundamente. Um grosso filete de sangue tingiu a sua face pálida e veio manchar o velho vestido e o roto casaco.

Virgínia chorava desesperadamente e as lágrimas se misturavam com o sangue. Com as mãos cobertas de sangue, afastava os cabelos loiros que caíam na sua fronte. Quando ia se levantar, Pierre se aproximou e com os pés a fez cair de novo; depois, soltando uma estridente gargalhada, disse:

– Estás vendo, fidalguinha, como te mantenho aos meus pés, submissa? Assim ficarás até que eu resolva... Sempre te disse que serias minha e serás. Agora não... daqui a alguns anos... Saberei esperar; só tens oito anos e ainda não estás como desejo. Fica sabendo que quando estiveres uma linda mocinha serás minha; quando o botão estiver quase entreaberto, então eu o colherei com todo o cuidado – e Pierre, aproximando-se da menina que continuava caída, riu muito alto e novamente a empurrou, desta vez com mais força.

Virgínia, toda encolhida, sentindo o sangue que não parava

de jorrar do seu rosto e sem poder se defender, tremia de medo. Queria gritar, pedindo o auxílio de Francisco, mas como fazer se a sua voz não saía? Muito tempo ficou caída, ouvindo Pierre ameaçá-la. De repente, ouviu ao longe que chamavam por ela. Atenta escutou e, com o coração pulsando desajustadamente, reconheceu que era Francisco que, alarmado com a demora, vinha à sua procura.

Pierre também ouviu e antes que seu pai chegasse, correu e embrenhou-se por um tufo de arbustos.

Virgínia, com dificuldade, conseguiu sentar-se; tinha a cabeça também ferida e sentia que tudo rodava, que tudo estava escuro à sua volta; quis levantar-se, mas não conseguiu e, gemendo, tombou novamente junto aos galhos secos da árvore.

Quando acordou, viu que estava no seu quarto, na cama larga, tendo Francisco ao seu lado e as suas mãos presas às do bondoso ancião. Olhou demoradamente para aquele rosto que transmitia tanta serenidade e tanta bondade e, então, sorriu confiante. Ouviu a voz suave de seu pai que perguntou-lhe:

– Minha filha, o que foi que aconteceu?

Virgínia olhou demoradamente para ele, que continuava a acariciar os seus cabelos loiros e macios com a sua mão grande e cheia de calos. Os cabelos brancos estavam arrepiados pela brisa fresca da manhã que entrava pela janela entreaberta e nos seus olhos límpidos, uma infinita ternura transparecia ao contemplar a infeliz criança, cujo rostinho de linhas harmoniosas estava agora intumescido pelo forte corte produzido pelo ramo seco da velha árvore. Como ela continuasse calada, Francisco, muito baixinho, perguntou-lhe:

– Foi Pierre?

Sem erguer os olhos, Virgínia balançou a cabeça em sinal de afirmativa. Nenhuma palavra foi mais pronunciada entre eles. O silêncio voltou a reinar no humilde quartinho, onde aquelas duas criaturas, aparentemente distanciadas uma da outra pela grande diferença de idade, se irmanavam pelo afeto e pela compreensão mútua de sentimentos.

Enquanto Francisco se mantinha ao lado de Virgínia, Marie pouco se incomodou com o acontecimento; nem mesmo quando a viu chegar desfalecida nos braços do esposo, se alterou. Limitou-se a limpar o sangue que ainda escorria pelo rosto da infeliz menina, dizendo com a sua voz cortante:

– Isso não é nada, naturalmente travessuras dela enquanto enchia o jarro na fonte – e feito o ligeiro curativo, voltou para a cozinha onde, indiferente, continuou o trabalho interrompido.

***

Nesse dia de Natal, ninguém trabalhava no campo e Francisco pôde ficar muito tempo ao lado da filha adorada. Quando se apercebeu de que ela estava dormindo, saiu devagar para não despertá-la.

Foi até à cozinha e perguntou pelo filho.

– Não sei – respondeu Marie – com toda a certeza anda pela estrada em companhia dos amigos. Hoje é dia de festas e Pierre precisa também se divertir.

Ele nada disse e, encaminhando-se para a sala, tomou o velho chapéu e saiu sem que a esposa se apercebesse. Cabisbaixo, tomou a direção da fonte e pelo caminho ia pensando naquela pobre enjeitadinha que, num dia também de Natal, recebera no seu humilde lar.

– O que seria dela se um dia lhe faltasse o seu apoio? Marie a detestava cada vez mais e Pierre era um devasso. Por que aquela criança, tão terna, tão linda e inteligente, já sofria tanto? Por quê? – perguntava a si mesmo o bondoso velho. – O que fez Virgínia para merecer de Deus tão cruel destino? Por que outras crianças nascem felizes, cercadas de amor desde o berço até à morte?... E outras, como ela, são atiradas logo ao nascer ao léu da sorte, párias de um destino cheio de perigos e de sobressaltos?

Para o coração puro de Francisco, isso era um dilema atroz... Precisava conversar seriamente com o filho, fazer-lhe uma advertência sincera ou uma ameaça que ele temesse.

Chegando à fonte não viu ninguém; enveredou-se, então,

pela estrada larga e, ao passar pela casa de uns camponeses amigos, deparou-se com Pierre, que conversava animadamente num grupo de lindas camponesas. Ria alto, e não se apercebeu que seu pai estava ao seu lado.

Quando voltou-se casualmente, deparou-se com ele, que o fitava severamente. Não se perturbou e, pousando a mão no ombro do velho, perguntou:

– Então, meu pai, resolveste também vir conversar um pouco?

– Sim – respondeu imperturbável Francisco – resolvi conversar um pouco contigo, meu filho.

– Comigo?... – disse Pierre admirado.

– Sim... – e sem que o moço pudesse impedir, puxou-o com força para a estrada.

Sentindo a mão forte de seu pai puxá-lo, compreendeu que algo de extraordinário iria se desenrolar entre eles. Depois de caminharem um grande trecho em silêncio e quando já estavam novamente perto da fonte, foi que Francisco parou... parou e fitou o filho frente a frente. Pierre não se alterou e esperou que seu pai falasse:

– Quero saber o que foi que fizeste à tua irmã.

– Minha irmã?... Que eu saiba nunca tive nenhuma.

– Virgínia!... Virgínia!... – gritou furioso Francisco.

– Ah!... Ah!... então Virgínia é minha irmã? Só agora é que estou podendo desvendar o mistério... Então ela é tua filha? Ah! – e deu uma gargalhada cínica, mas antes que a gargalhada terminasse, ele sentiu no seu rosto o ardor de uma bofetada dada pela mão calejada de seu pai.

O jovem cambaleou e teria caído se Francisco não o tivesse agarrado pela gola do casaco e, assim preso por seus dedos aduncos, o manteve por muito tempo. Depois, sacudindo-o com violência, o atirou ao chão.

Pierre, quis levantar-se, mas seu pai o imobilizou novamente com outra bofetada. No canto da boca, Pierre sentiu o sangue escorrer e limpou-o com a manga do casaco.

Francisco, arquejante, olhava para seu filho caído aos seus pés; teve pena, mas ao mesmo tempo recordou a ingênua criança que dormia na sua cama e a revolta voltou a dominar o seu coração. Chegando-se para mais perto do filho com o olhar revoltado e a voz ríspida, disse:

– Pierre, sei muito bem o que fizeste a Virgínia e fica sabendo que de outra vez o castigo será ainda mais forte; ainda me restam energias e forças para tomar um rebenque e ensinar-te a respeitar crianças indefesas.

Pierre deu um salto e, enfrentando a cólera de seu pai, disse arrogante:

– Antes que isso aconteça, deixarei para sempre a tua companhia, mas fica certo de que voltarei um dia e Virgínia será minha. Odeio tanto aquela fidalguinha mendiga, tanto que só ficarei satisfeito quando a tiver subjugada ao meu lado, quando a tiver atirado na sarjeta imunda onde ela devia ter sido jogada.

Francisco fechou a mão e tentou aproximar-se novamente do filho, porém este, mais rápido, desviou-se do golpe e, correndo, saiu pela estrada.

Emocionado e trêmulo, o velho camponês sentou-se no mesmo lugar onde estivera caído seu filho e chorou desesperadamente. Muito tempo esteve mergulhado na mais profunda dor; sentiu as lágrimas correrem pelo seu rosto rugoso e uma dor aguda martirizar o seu pobre coração. Assim ficou muito tempo até que resolveu voltar para sua casa.

O sol já aquecia a terra e a neve desaparecia lentamente dos campos...

***

Francisco sentia o corpo dolorido e com dificuldade conseguiu chegar à sua humilde casa. Entrou devagar e foi sentar-se junto à janela. Depois ouviu Marie chegar à porta e chamar muitas vezes pelo filho Pierre.

Muito tempo ele esteve sentado junto à janela, em profunda meditação. Marie, indiferente, continuava a sua labuta cotidiana. Quando terminou de preparar a refeição, tornou a chamar pelo filho e vendo que ele não vinha, resmungando aproximou-se do marido e disse:

– Onde estará Pierre que não vem e já é tão tarde? Mas como hoje é dia de festas, naturalmente ficará com os amigos.

E, chegando na porta do quarto onde Virgínia ainda dormia, chamou:

– Vamos, menina, isso não é nada; vem comer para depois tratar das tuas obrigações.

Virgínia despertou e, sentindo ainda o corpinho doer, levantou-se e, trocando o vestido por outro limpo, saiu devagar para ir cumprir os seus deveres.

O dia passou lentamente e a noite chegou maravilhosamente bela; no céu escuro algumas estrelas de raro fulgor o enfeitavam como se fossem translúcidos diamantes incrustados no escrínio de macio veludo. A tranqüilidade da noite simbólica envolvia toda a Terra e dos corações subiam ao Alto as preces sinceras ao Sublime Menino, Aquele que nascido na humildade de uma pobre manjedoura, dera aos homens as diretrizes justas que os deviam orientar.

Mesmos os mais céticos não podiam esconder que, naquela noite, sentiam-se mais felizes, porque o Natal despertava as mesmas alegrias e as mesmas emoções, quer entre os ricos e pobres, nobres e plebeus. Todos se irmanavam nessa noite de tocante beleza.

Nas cidades e nos campos, todos alegres entoavam cânticos; velhos, moços e crianças ingênuas ouviam os sons harmoniosos dos sinos, quer das soberbas catedrais ou das pequeninas capelas perdidas na imensidão das vilas... Tudo vibrava no ar... e na casinha pobre de Francisco, reunidos na salinha mal iluminada, conversava o velho casal tendo Virgínia sentada, silenciosa, a um lado.

Marie já demonstrava sinais visíveis de apreensão, pois durante todo o dia esperara pelo filho e a noite já chegara e Pierre não tinha vindo. Francisco também estava preocupado, mas esforçava-se para não demonstrar.

– Onde teria ido Pierre? – perguntavam os dois a si mesmos. – Onde?

Marie levantou-se diversas vezes e foi até a porta, olhando a larga estrada na esperança de ver surgir o seu filho predileto. Já muito tarde, resolveram fechar a casa e irem dormir, pois no dia seguinte teriam de trabalhar.

– Onde estará Pierre? – perguntou Marie ao esposo.

– Com certeza foi a alguma festa; vamos dormir, ele virá logo mais.

Com cuidado, apagaram o lampião da sala e Francisco, ainda uma vez, abriu a janela para ver se o filho vinha. Nada... Silêncio completo... Notou que Marie estava muito preocupada e que toda a noite esperou ansiosamente ouvir o barulho do filho que voltava.

Como de costume, muito cedo já estavam todos em pé, prontos para reiniciarem o trabalho. Marie saiu para o castelo e ele para o campo. Virgínia tomou o jarro e encaminhou-se para a fonte; ia com o coração em sobressalto, temerosa de que Pierre aparecesse novamente. E o que seria dela sozinha? Chegando, apressada, encheu o jarro e retornou à casa, e fez todo o trabalho deixado por Marie como estava acostumada.

Depois, tomou o velho livro e foi para debaixo da árvore onde sentou-se e ficou com o livro fechado. Pensava também em Pierre... Mas onde teria ido? Será que foi embora para muito longe como prometia sempre? Teria ido para Paris tentar a vida na Capital? Se isso acontecesse, como seria bom, pensava Virgínia, – ficaria livre dele... mas Francisco e Marie sofreriam muito com essa ingratidão e Virgínia teve pena dos seus bondosos pais.

2

No castelo de Saint-Germain

Debalde esperaram pela volta de Pierre; ele, conforme vinha prometendo, fugiu da casa paterna... Debalde tentaram saber o seu paradeiro... Todas as pesquisas foram inúteis e, desolados, resolveram fechar a humilde casinha aceitando as propostas dos Senhores do castelo e para lá se mudaram.

Francisco foi trabalhar como jardineiro; Marie continuaria a desempenhar os mesmos serviços e Virgínia ficaria para fazer companhia à bondosa Senhora.

Fora designado, para eles, uma casa no fundo do parque. A mesma era composta de dois quartos pequenos, uma salinha e uma cozinha que, para eles era um cômodo inútil, pois faziam as refeições no próprio castelo.

Virgínia ficou contentíssima quando transpôs o grande e majestoso portão para fixar residência no palácio. Entrou na frente, de cabeça erguida e andar desembaraçado. No florido terraço avistou a Senhora, que repousava numa cadeira e, vendo os três que se encaminhavam pela alameda circundada de frondosas e seculares árvores, acenou com a mão para a menina que correu imediatamente para junto dela.

Ofegante, subiu a longa escadaria de mármore. Junto da Senhora, chegou com o rostinho alegre e corado; nos olhos profundos e ternos um clarão de felicidade os fazia ainda mais belos. Vestida pobremente e calçada com um velho sapato era assim mesmo encantadora a menina.

A fidalga ficou muito tempo olhando para ela num êxtase de verdadeira admiração e todas as vezes que via a menina não podia deixar de sentir uma estranha sensação. Com o decorrer do tempo, mais se acentuavam na enjeitadinha os traços de semelhança com os antepassados do seu marido.

Meigamente tomou as mãozinhas da menina e a fez sentarse ao seu lado. Virgínia, com certa relutância, sentou-se.

– Então estás satisfeita, Virgínia, de vires morar comigo? – perguntou a nobre Senhora.

– Sim – respondeu baixinho.

– Quero que me faças companhia e me acompanhes nos meus passeios; gosto de sair à tarde e pela manhã. Passearemos pelo jardim, pelo parque ou então iremos de carruagem para uns pequenos passeios pelo burgo.

Virgínia sentia o seu coraçãozinho pulsar aceleradamente ao ouvir o que a Senhora dizia e, no seu cérebro, bailavam as mais desconcertantes conjeturas.

Passear de carruagem ao lado da fidalga, sentir o sacudir da mesma nas pedras da estrada, ver as árvores correrem atrás da janelinha e admirar o azul claro do céu, ver os pássaros voando como que seguindo a carruagem num cortejo servil, sentir o vento fresco entrar suavemente pela janela e vir arrepiar os seus cabelos e acariciar as suas faces, sentir a maciez das almofadas e com seus dedos nervosos afastar a delicada cortininha para melhor poder ver os campos floridos e as montanhas verdes.

Ver o cocheiro empertigado vestido na farda com galões dourados, o chapéu alto, tendo nas mãos fortes as rédeas e o chicote para fazer com que a soberba parelha de puro sangue obedecesse as suas ordens, e num suave galope ao lado da Senhora, transpor o majestoso portão onde dois criados cerimoniosos estariam à espera.

Como seria bom, tudo isso!

Tão absorta estava, que não percebeu que a Senhora a contemplava, admirada.

– Mas o que estás pensando, Virgínia, por que este olhar tão esquisito?

Virgínia sorriu assustada e disse com receio:

– Nada, estava pensando como seria bom passear com a Senhora na carruagem...

A bondosa senhora levantou-se sorrindo e, tomando a mãozinha da menina, encaminhou-se para o grande salão, que estava com as portas entreabertas.

Virgínia seguiu-a com desembaraço.

* * *

Já estavam instalados há muitos dias no castelo, quando uma linda manhã a Senhora chamou Virgínia:

– Vem, tenho para ti uma grande surpresa.

Ela, que estava no jardim ao lado de Francisco, saiu correndo ardendo de curiosidade.

– O que será?... – pensou. Subiu sôfrega os degraus de mármore e parou junto à Senhora.

– Queres saber o que é?

– Sim – balbuciou a menina.

– Pois então vai mudar de vestido e venha.

Novamente Virgínia saiu correndo. Esbarrou em Marie, que vinha conversando com outra criada e, sem dar a menor importância penetrou no seu quarto. Vestiu apressada outro vestido, fez as tranças e as amarrou com uma velha fita, calçou os sapatos e voltou ainda correndo; e qual não foi a sua surpresa quando viu parada, junto à escadaria, a carruagem, tendo já sentada a Senhora que a esperava.

Trêmula, ficou parada junto à porta aberta; os seus olhos estavam desmesuradamente abertos e nas suas pupilas, um estranho fulgor.

– Vem, minha menina.

Ela subiu para a carruagem e a Senhora deu ordens para que o cocheiro seguisse.

– Vamos dar um passeio pela estrada e depois iremos fazer uma visita aos meus pobres.

O cocheiro obedeceu e a carruagem transpôs o largo portão em direção à estrada. A manhã estava muito fresca e agradável. O céu azul sem nuvens. Tudo estava parado. Os cavalos seguiam guiados pelas mãos fortes do cocheiro.

Virgínia examinava o interior da carruagem; era um antigo veículo que a Senhora aproveitava para os seus passeios ao redor do burgo. Apesar de confortável, via-se que era bem velha, mas para os olhos da ingênua criança era como uma carruagem dos contos de fadas. Aos seus olhos ela se transformava; via com novo brilho as nuances desbotadas da seda que cobria as almofadas, tinha maior leveza a cortininha que enfeitava a janela, porém, o que mais encantou Virgínia, foram os brasões esculpidos nas portas da mesma. Passou muitas vezes os seus dedinhos finos sobre a escultura. Admirou as flores-de-lis entrelaçadas e sentia o sangue percorrer acelerado nas suas veias.

A Senhora conservava-se calada, sem perder um só gesto da menina sentada ao seu lado. Foram até o fim do bosque sem que ela se apercebesse do mundo exterior; depois voltaram e tomaram outra direção. Só quando a carruagem parou diante de uma humilde choupana, foi que Virgínia despertou do seu sonho.

Entraram. Decorridos alguns instantes a visita estava feita e retornaram ao castelo.

Desta vez, Virgínia vinha atenta olhando a paisagem. Quando passaram pelo bosque, ela disse:

– Tenho tanta vontade de percorrer o bosque, mas meu pai

não quer permitir; diz que eu terei medo, pois as árvores são muito altas e o vento é muito forte, mas tenho certeza que não sentirei nenhum temor.

– Acho que o teu pai tem razão, o bosque está muito abandonado e é perigoso uma criança se embrenhar por ele.

– Mas é tão bonito, não achas?

– Sim, é belo e imponente. Anos atrás foi um lugar encantador, onde as caçadas eram freqüentes, reunindo as mais belas damas de outrora e os mais sedutores fidalgos da corte. Hoje, infelizmente, não podemos conservá-lo como os nossos antepassados, pois não temos mais aquela fortuna fabulosa que permitia a conservação de um bosque para a distração da caça. O meu marido adora este esporte, mas tem de se limitar a uma pequena faixa de terra.

Virgínia ouviu atentamente as palavras da Senhora e uma curiosidade mais aguda a torturava:

– Mesmo assim ainda virei conhecer este bosque, virei... – dizia baixinho – Virei... virei...

Já avistavam o portão quando a Senhora, afagando a cabecinha loira da menina, disse:

– Estás contente? Já satisfiz a tua curiosidade, dando o teu primeiro passeio de carruagem.

– Sim, estou satisfeita e feliz.

Quando a carruagem parou junto à escada, Marie estava no terraço e viu Virgínia descer com a Senhora. No seu rosto inexpressivo, via-se a cólera contida.

Como, então, aquela enjeitada passeando de carruagem, indo à escola, tendo livros, percorrendo livremente todas as dependências do castelo, todos os salões, brincando no parque e no jardim como se realmente fosse uma fidalga. Era demais, Marie não podia conter a sua revolta, mas via que seria perigoso protestar, pois poderia perder o seu emprego, assim como Francisco, que já estava muito velho e não poderia mais trabalhar nos campos. Ali tinham tudo, casa, bom ordenado, enfim uma velhice assegurada.

Por que protestar, por que provocar desagrado quando ela seria a mais sacrificada? Mas, ver aquela odiosa enjeitada gozando de tantas regalias era, para a alma de Marie, um pesadelo.

O mesmo não acontecia com o bondoso Francisco, que via, feliz, quanto Virgínia já era estimada pelos Senhores. Quando deparou-se com a menina descendo da carruagem junto ao terraço, sentiu a sua alma inundada de imensa felicidade.

Recostando a branca cabeça num arbusto e passando as mãos sobre os cabelos, pensava: – Agora posso morrer tranqüilo, pois sei que a minha Virgínia está amparada... Posso morrer...

***

Os dias se passavam lentamente no castelo e os anos iam aos poucos transformando tudo.

Dois anos depois da instalação de Virgínia e seus pais adotivos no castelo acolhedor, morria o velho fidalgo. Foi um golpe terrível, não só para a sua companheira como para todos os criados e camponeses.

A Senhora ficou mergulhada na mais profunda tristeza e no maior isolamento. Só admitia a menina a seu lado.

Virgínia via contristada o desmoronar daquela pobre vida; sentia por sua benfeitora verdadeiro afeto filial e, sentada a seu lado, afagando as suas mãos pálidas, pensava: – O que será de nós se ela nos faltar?

Tão apavorada ficava que se esforçava para afastar do seu pensamento tão negros receios. Estava Virgínia com dez anos quando o Senhor morreu.

Ao completar um ano de sua morte, certa tarde, ao descer ao jardim, notou que Francisco não estava trabalhando; ficou perturbada e apressou os passos em direção à sua casa.

A porta estava aberta. Coisa estranha, pois ele tinha todo o cuidado; quando estava entregue ao seu labor, conservava bem fechada a porta da casinha. Virgínia sentiu o coração parar de pulsar, um sobressalto violento sacudiu o seu esbelto corpo, o seu olhar espavorido percorria apressado o pequeno trecho. Estava como que algemada por fortes correntes, queria chamar pelo pai e não conseguia, queria entrar e sentia-se presa ao lugar.

Só depois de alguns instantes é que, resoluta, transpôs a porta e entrou indo em direção ao quarto de seus pais. Caído, junto ao pobre leito, estava Francisco... A menina se aproximou e, abaixando-se, deixou escapar um grito de horror. O seu boníssimo pai estava morto. Nas feições suaves de Francisco já se via o estigma da morte súbita que o vitimara.

Virgínia, desvairada, saiu correndo e gritando por sua mãe. Marie, quando viu a menina correndo e gritando por ela, compreendeu que algo de terrível havia se passado. Veio ao seu encontro.

Virgínia mal podia balbuciar uma palavra, pois os soluços embargavam a sua voz. As lágrimas corriam abundantes pelo rosto. Marie saiu apressada em direção à sua casa e a menina procurou o regaço acolhedor da sua protetora.

* * *

Foi também muito sentida a morte do velho e querido Francisco. Todos compareceram ao seu sepultamento.

Foi para o coraçãozinho ainda cheio de esperanças e sonhos de Virgínia, esse o primeiro grande golpe. Onze anos iria fazer no próximo Natal.

Com surpresa, receberam dias depois do falecimento de Francisco, uma carta de Pierre. Este, desde que fugira da casa paterna, era a primeira vez que dava notícias. Essa carta foi para o coração árido de Marie um bálsamo. Fez Virgínia ler muitas vezes para ela ouvir.

Contava o filho rebelde que estava em Paris e que depois de titânica luta conseguira vencer. Trabalhava numa casa comercial e já contava com ótimo ordenado; pedia notícias de seu pai, o qual dizia ter perdoado de todo o coração. Marie, surpresa, falava sozinha: – O que será que se passou entre eles para que Pierre diga que o perdoa?

Virgínia não ousava levantar a vista, pois temia que Marie percebesse que ela sabia qual era o motivo. Recordava-se da manhã, dia de Natal, quando, depois de alegre noitada tinha ido buscar água na fonte; via nitidamente o olhar cínico de Pierre fixo no seu, sentia a mão forte pousar no seu braço e depois com fúria selvagem atirá-la sobre os galhos secos.

Passou de leve a mão sobre o rosto onde ainda se podia ver indelével cicatriz. Vago temor encheu o seu pobre coraçãozinho. Estava tão tranqüila sem saber de Pierre, mas agora essa carta; e logo depois que seu bondoso pai tinha partido para sempre.

Sentiu-se tomada de verdadeiro pavor quando, certa noite, Marie a chamou para dizer que desejava responder a carta do filho e ao mesmo tempo avisar que seu pai tinha falecido. Ela sentia a mão tremer quando começou a escrever a carta que Marie ditava. Quase desconheceu a sua letra, que era de estilo elegante e firme; a mesma estava trêmula como trêmulo estava o seu coração. Um vago pressentimento a alertava que aquela simples carta seria o fator decisivo para o futuro que vinha se aproximando lentamente.

Na carta, Marie contava tudo ao filho, desde a vinda para o castelo até a recente morte do velho companheiro. Nada disse sobre Virgínia e esta respirou aliviada quando terminou de escrever.

Depois de fechá-la, cuidadosamente, entregou à Marie que a guardou para, no dia seguinte, remetê-la a Paris.

* * *

Com o decorrer dos dias, voltou a tranqüilidade no velho e sombrio castelo. Dias longos e vazios, noites lentas e silenciosas.

A fidalga, sempre definhando, passava horas esquecida no terraço, vendo os jardineiros trabalhando morosamente ou então descia e ia percorrer o jardim, colhendo algumas flores, para depois voltar devagar e ir colocá-las num jarro de cristal junto ao retrato do seu inolvidável esposo.

Muitas vezes Virgínia a surpreendeu chorando; então, com afagos, tomava a sua mão e a fazia sentar-se ao seu lado procurando distraí-la.

Contava velhas histórias que ouvira de Francisco, contava pequeninos trechos de livros que lera na escola ou então pedia que a Senhora contasse alguma coisa sobre os seus antepassados, sobre as viagens que fizera, reminiscências de quando morava em Paris e tivera oportunidade de freqüentar os mais requintados salões.

Muitas vezes, sentadas as duas no terraço, Virgínia ouviu, enlevada, as conversas da bondosa Senhora, agora uma velhinha simples e humilde.

Aproveitando, ela, muitas vezes, pediu para que lhe contasse alguma coisa sobre a linda Senhora cujo retrato tanto a seduzia.

– Ora, Virgínia, por que essa simpatia por Madalena quando na galeria existem outros retratos mais belos que deviam seduzir-te muito mais?

– Não sei explicar por que sinto isso e tenho tanta vontade de saber a sua história.

– Nem vale a pena relembrar essa vida tão cheia de escândalos e pecados – dizia a velha fidalga com um acento de voz que traduzia toda a sua reprovação. – Tão inteligente, tão bela e tão rica. Poderia ter deixado um nome famoso, aureolada de grandes virtudes... mas só deixou como lembrança um passado triste e vergonhoso, por isso foi rapidamente esquecida. Infeliz daquele que quando desaparece não deixa quem bendiga o seu nome.

Certa vez a mocinha perguntou:

– Senhora, quem foi Edmundo?

A Senhora voltou-se rapidamente para ela e respondeu:

– Edmundo?... Onde leste este nome, Virgínia?...

– Na sepultura de Madalena...

– Ah! – e a fidalga abaixou a cabeça e ficou muito tempo sem pronunciar uma só palavra.

A menina, calada a seu lado, a olhava admirada. Depois ela levantou a cabeça e disse:

– Edmundo foi um grande escritor e teria sido um ótimo esposo, um exemplar cavalheiro, se não tivesse tido a infelicidade de ter encontrado Madalena na sua vida. Ela destruiu o seu lar e o teve acorrentado aos seus fatais caprichos, durante muitos anos, até que ele foi vítima de um misterioso tiro no bosque quando fazia parte de uma caçada. Contava meu marido que sempre foi um mistério a sua morte, ninguém sabia donde tinha vindo o tiro que o vitimou. Depois da morte dele foi que Madalena se fez ainda pior; diversas foram as vítimas. Dois jovens se suicidaram por sua causa; um deles, até então simples militar, chegou ao ponto de furtar para satisfazer os seus caprichos e, quando descoberto, preferiu a morte à vergonha de ser julgado por um tribunal militar que o condenaria implacavelmente. É triste, muito triste, a vida que levou essa nossa parenta.

Mesmo sabendo de tudo isso, Virgínia não podia olvidar aquele rosto tão belo, e sempre que passava perto do retrato parava para olhar.

***

Dois anos após a morte de Francisco, Marie adoeceu gravemente; debalde foram todos os esforços tentados para salvá-la, e precisamente três dias depois ela também partia.

Até nos últimos momentos não teve para com Virgínia um só gesto de amor; só lhe fez um pedido: comunicar o seu falecimento ao filho. Ela prometeu e cumpriu logo depois do seu sepultamento. Numa lacônica missiva, comunicou a Pierre o falecimento de Marie.

Estava com treze anos e era uma adolescente linda. Alta, esbelta, traços perfeitos, olhos muito azuis e macios cabelos loiros; só com a Senhora e a criadagem do castelo, passava os dias felizes.

Tinha permissão para sair livremente e sempre que podia saía pela estrada devagar e ia até à encruzilhada.

Foi diversas vezes à velha casa onde morara tantos anos e, junto à árvore, sentada sozinha, recordava quando pequenina ouvia, enlevada, as histórias contadas por Francisco. As lágrimas vinham sem que ela pudesse impedi-las e uma pungente saudade torturava o seu coraçãozinho.

Mesmo amparada pela fidalga, sentia um vago temor: – E quando ela morrer, o que poderei fazer, para onde ir, se não tenho ninguém?...

Surgia logo a lembrança de Pierre... e um medo terrível a assaltava.

Num desses passeios até à antiga residência, quando voltava emocionada pelas tristes recordações da sua infância, ao passar junto do bosque, sentiu uma vontade imensa de enveredar por entre aquelas altas árvores, por entre aquele emaranhado de verdura tão belo e tão convidativo para o repouso. Sentia ímpetos de sair correndo e, no denso mistério daquelas árvores, procurar lenitivo para o temor que invadia a sua alma e acalmar a angústia sufocante do seu coração.

Não resistiu e, resoluta, embrenhou-se pelo pequenino atalho. Era uma tarde clara e o sol, lentamente, se escondendo através da montanha. Os pássaros já procuravam os ninhos e o silêncio ia, aos poucos, invadindo tudo.

Virgínia seguia encantada pelo atalho e deparou-se com o regato, que corria vagarosamente por entre as pedras; as águas límpidas, deixando ver o leito juncado de pedrinhas... Sentou-se de um lado e ficou olhando aquela água tão clara correndo, correndo... para onde iria? Onde iria terminar? Donde teria vindo? Como as águas do regato pareciam-se com a sua vida!... Ela também tinha aparecido e nunca souberam explicar donde... Vivia... E para onde iria?... Onde terminaria a sua vida?... Onde?

Via a tenra plantinha, muito verde, cobrindo a terra fértil; tufos de agrestes flores desabrochavam a esmo e que colorido perfeito das suas pétalas, que perfume sutil vinha das corolas abertas e dos minúsculos botões prestes a se abrirem com o orvalho fresco da próxima madrugada.

Tentava analisar os contrastes magníficos que tinha diante de seus olhos: como poderia explicar a grandiosidade das seculares árvores, qual vigilantes sentinelas enfeitadas de trepadeiras floridas e grossos cipós, como se fossem pesadas correntes pendentes dos galhos vigorosos e, logo abaixo, a tenra plantinha delicada e frágil, ambas vindas do seio misterioso da terra.

Uma, forte, desafiando ventos e tempestades, dando guarida a pássaros indefesos, sustentando pequeninos ninhos, onde lindos passarinhos vinham tecer arrulhos amorosos e entoarem delicados gorjeios... outra, pobrezinha, frágil, apesar de bela, era pisada, arrancada e aniquilada...

A eterna luta do forte e do fraco, porque a árvore, mesmo sendo imensa, era vencida pelo machado do lenhador, cortada e atirada à lareira ou, então, transformada em sustentáculos para o levantamento de novos lares...

Num exame meticuloso, chegamos sempre a esta verdade: Viver é lutar... Todos têm a mesma finalidade, quer seja o homem quer sejam os animais, os vegetais... todos nascem e lutam para a manutenção própria e todos sucumbem impreterivelmente findo o ciclo previsto pelas leis sábias de Deus.

Virgínia, sentada junto ao regato, meditava profundamente, e para os seus catorze anos incompletos, vividos sempre num ambiente simples e puro, ela não podia ver com toda a clareza o que realmente era o mundo fora do ambiente estreito em que vivia. O medo que sentia vinha intuitivamente, sem que ela pudesse compreender perfeitamente a causa desse temor que a dominava implacavelmente.

Nunca saíra do velho burgo, jamais podia compreender como seria uma grande cidade; moldava todos os seres pelos camponeses que conhecia desde a sua infância. Pierre era uma exceção, o único que não lhe inspirou confiança, porém os outros eram bons e amigos.

Esses pensamentos se emaranhavam na sua mente, causando-lhe verdadeiro pesadelo. Pensava, sempre com temor para onde teria de ir quando a senhora lhe faltasse: – Poderei ficar aqui mesmo, aqui encontrarei trabalho e viverei tranqüila. Por que, pois, temer?

Quando Pierre escreveu, pela primeira vez, para Marie, descrevia entusiasmado as belezas de Paris. Cidade encantadora, quer nas noites de luar ou nos dias claros de sol, quer nas tardes calmas do outono, ou nas manhãs de primavera.

Ruas, algumas silenciosas, envolvidas pela viração branda que traz o cheiro agreste das árvores floridas e das fumaças das chaminés dos velhos e austeros casarões.

Em outras ruas, moram os mais humildes, aqueles que saem muito cedo, para o labor cotidiano. Numa dessas ruas é que Pierre reside, mas tem esperanças de poder ainda viver do outro lado, onde as casas são verdadeiros palácios, as ruas largas e os bosques sedutores, onde as carruagens passam apressadas levando lindas damas e elegantes cavalheiros.

Lendo esse trecho, ficou gravado no cérebro de Virgínia uma pálida idéia de como seria uma grande cidade; e dizia baixinho: – Deve ser muito perigoso morar numa cidade assim. Só mesmo Pierre, com a sua ousadia, é que podia ter tido a coragem de enfrentar sozinho tão arriscada aventura.

Cansada de tanto pensar, Virgínia se levantou e saiu vagarosamente pela estreita trilha. Caminhou alguns passos e, inesperadamente, deparou-se com um aglomerado de gigantescas pedras: aproximou-se com cuidado e viu que existia um grande orifício como se fosse uma porta. Olhou curiosa e ao mesmo tempo receosa ... chegou mais para perto e anteviu um largo recinto inundado de luz que vinha de um pequeno vão.

Com passos vacilantes entrou devagarinho e, surpreendida, parou de repente, pois diante dos seus olhos estava uma grande sala em cujo redor se formavam esplêndidos divãs e toscas mesas.

A menina, atônita diante da descoberta inesperada, ficou como que presa ao solo sem saber definir o que significava aquela encantadora sala desconhecida de todos. Jamais ouvira uma só referência a esse lugar.

Aproximou-se dos divãs de pedras; instintivamente sentiu uma emoção estranha invadir a sua ingênua alma, e o seu coraçãozinho puro batia descompassadamente dentro do seu peito. A respiração estava ofegante; passou muitas vezes as mãos sobre a pedra fria e um tremor forte sacudia o seu frágil corpo.

Sentou-se um pouco para poder controlar a angústia que a dominava. Depois, mais calma, se levantou e começou a percorrer devagar a grande sala. Num recanto viu pedaços de pratos de fina porcelana, cuja pintura perfeita, com minúsculos ramos entrelaçados de delicadíssimas cores, desafiava o tempo; num desses pedaços viu, admirada, os brasões da nobre família dos Senhores do velho castelo. Eram bem claras as flores-de-lis... Encontrou também algumas taças de puro cristal, umas perfeitas e outras quebradas... tomou uma e, com a pontinha dos dedos, bateu na borda e um som claro e harmonioso se fez ouvir naquele recinto envolvido pelo mistério de muitos anos.

No mesmo lugar, várias garrafas vazias por cujos rótulos pôde Virgínia descobrir que elas contiveram vinhos e licores antigos e preciosos. Num dos divãs, tiras de veludo e brocado de autênticas tapeçarias estavam misturadas com uma camada grossa de poeira. Partido em pequeninas partículas, jazia junto a uma das mesas um maravilhoso jarro de cristal que, juntando diversos pedaços, ela pôde ver como era delicada aquela peça de grande valor. Tonta estava a menina diante da sua descoberta.

Cambaleando, dirigiu-se ao divã onde estavam os restos de veludo e brocado e, ao sentar-se, sentiu tudo rodar em sua volta... tudo.

Perdeu a noção de onde estava e, subitamente, viu que em seu lugar estava sentada, no mesmo divã, a Senhora do retrato. Vestia longa saia de veludo azul... Gracioso chapéu do mesmo tecido enfeitado com uma alva e esvoaçante pluma... luvas compridas e finas cobriam as suas fidalgas mãos; a direita segurava, com requintada elegância, um fino rebenque de cabo de prata onde se via esculpido o brasão de flores-de-lis.

Recostou a linda cabeça no divã e depois surgiu a silhueta de um jovem alto, de porte distinto, vestindo-se com apurada distinção, olhos pretos e brilhantes, porém indiferentes, que mesmo como estavam, olhando fixamente para a bela dama, não tinham o fulgor ardente que devia inspirar tão maravilhosa visão. Sorria para a dama, mas era um sorriso sarcástico. Sentou-se ao seu lado e, tomando-lhe as mãos, parecia que sussurrava ao seu ouvido, ternas e suaves frases de amor...

Inesperadamente Virgínia foi sacudida por um forte temor e abriu os olhos amedrontada. Tudo era silêncio à sua volta...

Então ela saiu correndo do estranho esconderijo... A tarde findava preguiçosamente e no poente rubro o Sol ia aos poucos desaparecendo.

Virgínia tomou o pequeno atalho e apressada seguiu; ganhou a larga estrada e com passos ligeiros voltou para o castelo.

Não disse a ninguém o que tinha descoberto, pois desejava voltar muitas vezes àquele lugar de tão misterioso encanto.

* * *

Corriam os dias no velho castelo, sem alteração. A Senhora ia também aos poucos definhando.

Uma ano já se passara da morte de Marie; Virgínia tinha feito catorze anos e estava cada vez mais bela.

Certa manhã, quando despreocupadamente fazia as suas obrigações, recebeu uma carta de Paris.

Sem coragem para abri-la, pois tinha certeza de que era de Pierre, ficou muito tempo mirando o branco pedaço de papel; teve ímpetos de atirá-lo para bem longe ou então no fogo de lareira mas, pensando melhor, resolveu ver o que continha a mesma. Resoluta, abriu...

Pierre dizia que ficara contristado com o falecimento da sua querida mãe e que breve viria ao burgo numa rápida visita.

Virgínia sentiu o coração cessar de bater; olhou para a Senhora que dormia no terraço e no seu rosto pálido já se via que o fim estava próximo.

Mas o que viria fazer Pierre? Por que essa visita ao burgo, agora que os seus pais não existiam?

Assim como se aproximava o fim da boníssima dona do castelo, aproximava-se também para Virgínia não o fim, mas o começo de uma nova etapa da sua atribulada vida. Bem longe estava a linda e ingênua adolescente de suspeitar o que representaria para ela a visita de Pierre.

O Natal estava próximo, quando numa tarde a Senhora, aflita, chamou não só a jovem, como todos os criados do castelo, e com a voz trêmula, disse:

– É o fim... – e pousando os olhos muito claros em Virgínia, sem pronunciar mais uma só palavra, morreu tranqüilamente.

Estava Virgínia sozinha e desamparada.

* * *

Poucos dias depois do desenlace da velha fidalga, inesperadamente Pierre surgiu no palácio.

Estava Virgínia no terraço, quando divisou na larga alameda o vulto de um homem que, vagarosamente, se dirigia para o castelo.

No primeiro momento, não se alarmou, mas, de repente, sentiu um violento choque, sentiu que o seu coração parou de pulsar e um frio intenso percorreu o seu frágil corpo. Teve a intuição exata de que aquele desconhecido era Pierre, e não se enganou. Realmente era ele, que cumpria a sua promessa.

Virgínia estava sozinha com os criados à espera de uma solução dos herdeiros dos nobres Senhores, se deviam continuar no castelo ou abandoná-lo. Ela não sabia ainda para onde devia ir e agora, com a vinda de Pierre, seria mais difícil uma solução.

Sem desprender os olhos do vulto que vinha aos poucos se aproximando, mais ela se sentia presa ao lugar onde estava. Não podia se mover, tinha os seus membros completamente imobilizados pela surpresa e pelo medo.

Quando Pierre parou junto à escadaria, tomado também de verdadeira surpresa diante da bela jovem que tinha ante seus olhos atônitos, quis dizer algumas palavras, mas estava impossibilitado de articulá-las. Apressadamente fez um rápido exame da encantadora adolescente que estava parada perto dele. Seria a mesma menininha que ele tinha deixado há alguns anos passados?

Ela já demonstrava que seria muito bonita, mas na realidade Virgínia era formosíssima, de uma beleza pura e rara. Pierre, já acostumado na grande capital, conhecedor perfeito da vida e de um caráter falho, pôde, nesse rápido exame, constatar quanto ela seria cobiçada na profana cidade de Paris. Ela valia um tesouro. Tolo seria ele se abandonasse tão inesperada riqueza.

Recordou-se do juramento feito por ele quando menino, que ela lhe pertenceria, e agora que sabia estar Virgínia completamente abandonada, seria a oportunidade excepcional para levá-la e usufruir todas as vantagens que lhe iria proporcionar tão inesperado encontro.

Estava Pierre com vinte e três anos, alto, elegante, olhar expressivo e um sorriso sarcástico onde deixava transparecer toda a sua falsidade e toda a baixeza de seu caráter. Continuava parecidíssimo com Marie, tendo a mesma voz ríspida e a mesma tonalidade de pele. Nada tinha do bondoso Francisco, nada...

Tanto Virgínia como Pierre se entreolhavam com verdadeiro espanto. Ambos se analisavam mutuamente.

Foi depois de um grande silêncio que ele, tirando o chapéu, sorrindo perguntou:

– Então, Virgínia, não conheces o teu irmão? Sou Pierre e vim cumprir o que prometi; vim buscar-te, pois sei que estás sozinha.

Ao ouvir dizer que ele tinha vindo para levá-la, Virgínia deixou escapar um grito de pavor e saiu correndo para o interior do castelo.

Uma criada velha, que se achava num salão próximo,

ouvindo o grito da jovem, correu assustada e, ao deparar-se com o jovem na escada, tendo o chapéu na mão e olhando alarmado, teve também receio e com voz trêmula, perguntou:

– O que desejas, Senhor?

– Sou Pierre, filho de Francisco e Marie, e vim visitar minha irmã; creio que ela não me reconheceu e por isso teve medo.

A velha e bondosa criada sorriu e convidou-o para entrar. Iria ver onde ela estava e procuraria lhe explicar que era seu irmão.

Pierre, com desembaraço, entrou para o mesmo salão onde em criança costumava ir com seus pais nas noites de Natal. Reconheceu o retrato que Virgínia achava parecido com as fadas das histórias que seu pai lhe contava e impressionado ficou com a semelhança que existia entre aquela aristocrática dama e a humilde enjeitada. A mesma tonalidade azul dos olhos, o mesmo contorno da boca, o mesmo dourado dos cabelos... Se Virgínia fosse vestida com os trajes antigos do retrato a semelhança seria espantosa.

Sentado, à espera que ela voltasse, Pierre fazia os mais rápidos planos... a levaria para Paris e lá a entregaria a uma sua conhecida que o auxiliaria, apresentando Virgínia a diversos fidalgos e burgueses endinheirados que dariam por ela grandes somas.

Não precisaria mais pensar no futuro, pois, para isso tinha sua mãe criado a enjeitada... Ria baixinho, já pensando como ela lhe seria importante: – Mas primeiro eu... é bonita demais para que seja entregue assim; mesmo que eu venha a embolsar uma grande fortuna. Depois, sempre prometi que ela seria minha... Sei que sou detestado, mas pouco importa, agora sou o mais forte. Veremos, minha arisca enjeitadinha, veremos.

Nesse momento Virgínia entrava em companhia da criada que, muito amável, lhe dizia:

– Virgínia, esse jovem é teu irmão que veio de Paris apressadamente para te ver.

Virgínia aproximou-se de Pierre e estendeu-lhe a mão de dedos longos.

Quando Pierre a prendeu, ela bruscamente a puxou. Com poucas palavras ele lhe disse que tinha vindo visitá-la e ao mesmo tempo convidá-la para ir morar em Paris, onde seria mais fácil viver e teria a sua ajuda agora que estava sozinha.

Virgínia ouvia calada, sabia que seria inútil dizer alguma coisa; pensou primeiro em protestar, mas depois teria de ceder... estava realmente sozinha e no burgo não poderia ficar... tinha certeza disso, mas acompanhar Pierre é que não queria. Depois de muito tempo foi que disse:

– Agradeço a tua atenção, mas pretendo agir por mim mesma; quero eu mesma procurar um emprego onde possa trabalhar para a minha manutenção.

Ele se levantou e veio para mais perto dela e, pousando a mão grande e pesada no seu ombro frágil, disse junto ao ouvindo:

– Tola, orgulhosa, vais comigo porque eu quero, estás ouvindo? Eu quero, não tentes fugir que será inútil.

Ela quis correr outra vez, mas sentiu que estava presa, quis gritar, mas sentiu a mão pesada de Pierre lhe tapar a boca. Estavam sozinhos no grande salão. A criada tinha saído e fechado a porta com cuidado.

Virgínia sabia que mesmo pedindo socorro não seria ouvida e Pierre compreendeu também isso e não queria perder a oportunidade magnífica que se apresentava. Tendo presa Virgínia e lhe tapando a boca, foi aos poucos a infeliz jovem cedendo à força que lhe tolhia todos os movimentos. Sentia o hálito quente de Pierre assim como a sua respiração ofegante, via os seus olhos brilhantes bem juntos aos seus... bem juntos... tentava se desprender dos seus braços num inútil esforço; já sentia que desfalecia... desfalecia...

Ainda num vislumbre de raciocínio, sentiu quando foi arrastada para perto de um divã onde a Senhora costumava se deitar para o repouso. Sentiu quando foi puxada com violência para cima dele... depois nada mais viu nem sentiu... nada.

Quando foi abrindo os olhos muito devagar, estranhou estar no escuro, apalpou com cuidado ao seu redor e sentiu a maciez do veludo que cobria o divã. Quis se levantar, mas tinha o corpo dolorido, muito dolorido... Os cabelos soltos e a blusa rasgada. Sentou-se com dificuldade, tudo ao seu redor era confuso, tudo. Passou muitas vezes as mãos sobre o rosto ardente, endireitou os cabelos e aconchegou a blusa.

– Por que estava deitada no divã, por que os seus cabelos estavam assim soltos e a sua blusa rasgada? O que foi que aconteceu? – perguntava a infeliz jovem a si mesma.

– Por que essa dor tão intensa no meu corpo, por que essa angústia no meu coração? – queria coordenar as idéias, porém impossível, não se recordava de nada... de nada...

Inesperadamente Virgínia dá um grito e lágrimas abundantes saltam dos seus lindos olhos... levanta-se de um salto e sai correndo abrindo a porta que dá para o grande terraço, desce as escadas e ainda correndo pelo jardim toma a direção da sua casinha; entra e se atira sobre a velha cama que tinha pertencido a Francisco. Soluça desesperadamente.

Compreendeu tudo, recordou que tinha ficado sozinha com Pierre no salão, sentiu novamente como se a mão pesada do desalmado estivesse outra vez comprimindo o seu ombro, que o hálito quente estivesse outra vez junto ao seu rosto.

Gritou por Francisco, gritou por Marie, mas ninguém respondeu ao seu apelo desesperado, ninguém...

Ela continuava soluçando quando ouviu passos que se aproximavam, ergueu a cabeça e Pierre estava novamente ao seu lado.

Desta vez não gritou nem quis correr; ficou olhando firme para ele, que também não desviou o olhar. Muito tempo assim ficaram como num mútuo desafio. Virgínia sentada no leito e Pierre de pé à sua frente. Foi ele quem falou primeiro:

– Então, minha fidalguinha, estás resolvida a me acompanhar?

Ela não respondeu.

Pierre insistiu debalde. Exasperado, batendo o pé com força, gritou:

– Prepara-te para me seguir amanhã e sê obediente às minhas ordens; nada mais deves fazer do que me obedecer. Cumpri minha promessa, agora segue o teu destino que está preso à minha vida. Vamos, prepara-te para me seguir.

Virgínia ouviu a porta se fechar com força e os passos distanciando-se cada vez mais. No pobre quartinho, envolto numa semi-escuridão, o silêncio era completo e a infeliz jovem continuava sentada imobilizada pelo doloroso imprevisto.

Com apenas quinze anos, ela via, entristecida, o desmoronar de todas as suas ambições, de todos os sonhos tão belamente arquitetados; deixaram de brilhar para ela as estrelas, o sol perdeu o calor e o colorido... Olhando para a campina que se estendia verdejante à sua frente, ela nada mais via de belo, parecia que o verde vivo das folhagens tinha perdido a coloração e que as flores estavam imóveis nas hastes esguias, pois até o vento tinha fugido, deixando de balouçar as árvores... Tudo estava parado... parado como o seu coração..

Dos sonhos e das quimeras que todas as jovens tecem no desabrochar da juventude, Virgínia, muito cedo, tinha compreendido que os seus estavam para sempre mortos... O que lhe daria a vida? O quê?

Ela que tinha tecido, na sua exaltada imaginação, todo um sonho de tranqüilidade num lar feliz junto a um esposo bondoso e amigo, que juntos enfrentariam as desventuras que por acaso surgissem, como heroína valente nos imprevistos, afirmando o seu amor e sua lealdade, tendo o coração palpitando, cheio de harmoniosos ritmos na mais terna sinfonia do amor conjugal, sonhou ser a mãe desvelada, impávida na luta, enfrentando o sofrimento, disfarçando, com o delicado sorriso, as mágoas e, sempre humilde, procurando moldar a sua vida nos exemplos dados por seu inesquecível pai, religiosa e convicta, encontrando na oração o bálsamo acalentador; dedicaria aos seus filhinhos todo o afeto, pois sabia como era desolador não ter a ventura de conhecer os afagos dos pais, pois ela não tivera a ventura de conhecer os seus verdadeiros genitores. E, se tivesse tido essa grande dádiva, teria sido a filha carinhosa e meiga que, na grandeza do seu afeto e na dedicação do seu apoio, os teria feito imensamente felizes.

Se tudo isso tivesse se realizado ela teria concretizado todos os seus anseios, porém estava vivendo a hora dolorosa e inquieta do presente, sem poder pugnar pelo direito de conquistar esses anseios... Como gostaria de poder esperar pelo amanhã risonho numa paisagem primaveril!...

Baixa a cabeça vencida; fecha devagar os olhos nublados de lágrimas e, pouco a pouco, parece que uma sombra vai tomando forma e vai avançando para mais perto dela, e pára, depois, à sua frente. Parece que toma as suas mãos, afaga os seus cabelos dourados e lhe fala muito baixinho como o terno murmúrio da prece:

– Coragem, filha, será o resgate das tuas faltas, coragem, luta para que possas saldar o grande débito. Coragem...

Virgínia abre os olhos e nada vê à sua frente além da campina verde que se perdia na vastidão... O mesmo silêncio pesado... como sofria a infeliz jovem com os desenganos dos seus sonhos, tudo ao seu redor estava envolto em trevas e nas suas faces pálidas desciam maciamente claras lágrimas.

Tinha certeza que iria encontrar agora só atrocidades no mundo, pois os seus sonhos estavam para sempre desfeitos e as suas ilusões arruinadas, estava para sempre perdida nas trevas das desilusões, e no seu caminho só encontraria descrenças, ódios e falsidades. Tinha medo do que a esperava lá ao longe, na grande cidade desconhecida; tinha medo de tombar sozinha...

– Talvez ainda possa encontrar na vida uma alma generosa que me ampare... Talvez... em tudo há o toque divino e o manto de Deus que ampara os desvalidos, que aquece os que têm frio, os que estão abandonados... – ela albergava no relicário de sua alma ainda essa esperança muito tênue, muito tênue.

3

Integração à vida parisiense

Dois dias depois, Pierre deixava o burgo de Saint-Germain levando consigo Virgínia.

Na véspera da partida, a jovem saiu muito cedo e se dirigiu primeiro para a velha casa que foi o seu lar durante muitos anos; caminhava pela larga estrada de cabeça baixa, alheia à beleza da manhã que despontava preguiçosamente. Era um despontar maravilhoso, pois o Sol, muito rubro, vinha apontando no cimo das montanhas verdes, projetando no azul claro do céu, reflexos avermelhados. Leve brisa envolvia a campina e os arbustos, e as árvores eram sacudidas mansamente...

Ela seguia devagar, pensativa, pois no seu cérebro cansado as idéias cruzavam confusas e, no seu coração, uma dor profunda o martirizava.

Na encruzilhada parou e respirou... olhou para a casinha que aparecia ao longe e, sem poder impedir a avalanche impetuosa dos seus pensamentos, reviu a figura bondosa de um velho de rosto expressivo, olhar terno e voz branda que, sentado nessa mesma encruzilhada, contava belas histórias a uma pequenina criança que ouvia encantada, sentada ao seu lado; reviu também o vulto de uma mulher de olhar duro e voz ríspida, chamando-os impaciente, e depois, surgiu na recordação, um menino de olhar duro tendo um sorriso malicioso bailando nos lábios...

Tentando afastar essas visões, Virgínia apressou os passos em direção a casa. Chegou e ficou muito tempo junto à velha porta fechada, olhando para tudo, como pretendendo gravar na sua retina aquele recanto querido; precisava voltar, mas ainda queria ir até a fonte e, resoluta, caminhou pelo trilhozinho aberto que agora estava quase oculto pela vegetação...

Quando chegou, parou junto à fonte e, fazendo uma concha das mãos, aparou a água cristalina e lavou o rosto ardente. Sentiu um agradável frescor ao contato delicado.

Sentou-se e continuou a meditar... Recordou longínqua manhã quando, cansada, veio buscar água... Parecia que ouvia ainda a água caindo no jarro, depois passos apressados e Pierre apareceu inesperadamente à sua frente, e sentiu a mão forte do jovem apertando o seu delicado braço.

Ainda ouvia, após aquele duro castigo, quando ficou ensangüentada, as últimas palavras do jovem adolescente: – Só tens oito anos e ainda não estás como desejo, mas fique sabendo que serás minha... serás minha... serás minha... – e Pierre cumpriu a promessa... Voltou para levá-la e ela aí estava para a última despedida.

Devagar, levantou-se e tomou novamente a estrada, pois queria ir ainda uma vez até o bosque e o esconderijo.

Quando chegou junto ao regato, parou e ficou olhando, indiferente, a água que corria deixando ver as pedrinhas brancas e a areia fina, assim como as plantinhas crescidas às suas margens... Para onde iria aquela cristalina água? Onde seria o seu fim?

Assim também ela perguntava: – Para onde irei e qual será o meu fim? Será que encontrarei essa placidez? Não – dizia ela num doloroso sorriso. – Não. Só poderei encontrar obstáculos e quedas violentas...

Que tola comparação...

O Sol já despontara todo e Virgínia precisava voltar, mas, ainda apressada, quis rever uma vez mais o esconderijo que tanto a seduzia.

Quase correndo, encaminhou-se em sua direção. Quando chegou estava ofegante. Entrou apressada; o sol se infiltrava pelo orifício aberto nas pedras.

Sentada no divã, fechou os olhos e inesperadamente tornou a ver a dama do retrato com a mesma saia de veludo azul e o mesmo chapéu com a pluma esvoaçante. Desta vez, conseguiu ver nitidamente o rosto da bela visão e, confusa, notou a semelhança que existia com o seu... Abriu, ligeira, os olhos e constatou que estava sozinha.

Amedrontada, saiu do esconderijo, mas ao chegar junto à saída, parou e voltou para olhar mais uma vez aquele lugar que tanto a seduzia.

* * *

Sentada ao lado de Pierre na carruagem que os levaria a Paris, Virgínia não pronunciou uma só palavra, limitando-se a responder as perguntas com um leve aceno de cabeça.

Irritado com essa atitude, ele também não falou mais, e a carruagem ia aos poucos se afastando do velho burgo.

Poucos passageiros. Todos, em silêncio, olhavam pela janelinha a paisagem bela. As árvores verdes, algumas cobertas de flores, outras enroladas em delicadas trepadeiras que pendiam como compridos cordões. O céu, de um azul forte, ia se deixando cobrir por flocos de nuvens muito alvas que corriam apressadas, indo desaparecer na amplidão imensa do infinito. Aragem fresca e agradável penetrava pela janelinha refrescando o interior da carruagem.

Só depois de algumas horas, foi que Virgínia mansamente abriu os olhos e pôde observar os companheiros de viagem. À sua frente, dois passageiros: um senhor idoso, de longas barbas brancas, vestindo-se sobriamente, lia atento um velho livro de capa preta; ao seu lado, num tocante contraste, ia um jovem de pouco mais de vinte anos.

Quando ela abriu os olhos, notou que o jovem a estava olhando com atenção. Pôde ver, no seu olhar, lampejos de curiosidade. Era um belo homem; tinha tirado o chapéu e Virgínia observou como era negra a sua cabeleira e como era lindo o negro dos seus olhos grandes. Estava vestido de preto, mas trazia uma alvíssima camisa... Tinha as mãos muito bem tratadas, os dedos eram longos, de unhas muito rosadas. Ao seu lado, uma grande caixa e um suporte. Ela reconheceu os apetrechos de um pintor.

Mesmo quando Virgínia abriu os olhos e deparou-se com o olhar insistente do jovem, ele não se perturbou e continuou o exame. Por alguns minutos se fitaram e ambos não se atemorizaram, parecia que já eram velhos conhecidos e o destino caprichoso os tinha impelido para o mesmo lugar. Forte atração os aproximava.

– Quem será esse jovem? – perguntava Virgínia a si mesma.

E o jovem fazia também as mesmas interrogações: – Quem será essa bela jovem? Preciso saber... Que belo modelo para o meu quadro agora encomendado... Não seria possível adquirir outro modelo mais perfeito... Que dourado lindo de cabelo... Que expressão de olhar... Será o mais belo modelo de Paris...

E o jovem pintor, grande artista, via em Virgínia a concretização de todos os seus sonhos... Na jovem desconhecida, que casualmente encontrava numa carruagem, via entusiasmado que tinha o que tanto procurava... Sim... Aquela jovem, lhe servindo de modelo, o levaria aos píncaros da glória... Enxergava-a envolta em transparentes véus, cabelos soltos, pés calçados de douradas sandálias, os braços erguidos sustentando grinaldas floridas, os lábios entreabertos, os longos cílios ocultando um mundo de promessas. As formas esculturais desse corpo visto pelo olhar do artista, faziam com que o pintor sentisse uma sensação até agora desconhecida...

Forte arrepio percorria o seu corpo e o sangue corria apressado nas veias e artérias, e por mais que se esforçasse para afastar essa sensação, não podia dominá-la. Todo o seu ser vibrava diante da beleza daquela desconhecida. Muito jovem, e acostumado a ter diante de si as mais sedutoras modelos, nunca sentira, entretanto, o que estava sentindo ao ter à sua frente a bela adolescente. Constatou que era pobre ao ver a sua bagagem e o modesto vestido que trazia.

Inesperadamente a carruagem parou para uma das mudas. Todos os passageiros desceram apressados... Pierre desceu na frente, deixando Virgínia atrás.

Vendo a jovem sozinha, pois o seu companheiro se afastara em companhia de outros viajantes, o jovem pintor se aproximou cerimoniosamente. Virgínia em pé, junto à carruagem, não se perturbou quando viu o jovem parar à sua frente. Este, um tanto embaraçado, perguntou se ela não desejava alguma coisa.

– Sim – respondeu Virgínia – desejo tomar qualquer coisa, estou com muita sede.

– Permite-me então que te ofereça – e dando o braço à jovem, dirigiu-se ao interior da casa.

Pierre, despreocupado, conversava animadamente e não viu quando ela chegou acompanhada pelo jovem. Em dado momento, quando se voltou para um dos companheiros, foi que a viu calmamente rindo para o jovem que lhe oferecia outro copo de límpida água. Foi tão inesperada a surpresa, que ele quase não teve tempo para dominar a sua cólera; afastou-se bruscamente dos amigos e foi rapidamente para perto dos dois, que não notaram a sua aproximação. Chegando, chamou alto:

– Virgínia!...

Esta, amedrontada, voltou-se ao ouvir a voz ríspida de Pierre, o mesmo fazendo o jovem. O olhar dele era severo e, sem dar importância ao jovem, rudemente a repreendeu:

– Como ousas sair da carruagem sem o meu consentimento?

Mas antes que Virgínia respondesse, o jovem, fitando-o também com olhar duro, lhe disse:

– Saiu porque eu a convidei... Estava sozinha... – e, sem dar mais importância à atitude de Pierre, ofereceu o braço à Virgínia e se encaminhou para a carruagem.

Pierre ficou parado no mesmo lugar olhando para o jovem par que, indiferente à sua cólera, caminhava conversando animadamente. Reconheceu o companheiro de viagem, que vinha sentado à sua frente. Assim, como constatou num rápido exame que se tratava de um jovem de elevada posição social, isso fez com que a cólera que sentira no primeiro momento se atenuasse rapidamente... Ainda parado no mesmo lugar, sorriu satisfeito e fez logo cálculos ousados para o futuro:

– Sim... Preciso agir com muita cautela... trouxe a fidalguinha não para elevá-la à dignidade de minha "esposa", mas para que ela me proporcionasse uma vida mais fácil e melhor... E parece-me que foi bem fácil, pois, já no início da viagem, aparece o primeiro pretendente... Preciso saber quem é e estipular as condições. Para o começo qualquer coisa serve... depois, então, procurarei agir com mais rigor... mas não tenho dúvidas, esse jovem é rico e pode muito bem pagar caro o seu capricho...

Tão entretido estava, que não ouviu o sinal de partida. Foi necessário que a jovem o chamasse alto, pois o cocheiro estava ansioso para seguir.

Pierre, quase correndo, se dirigiu para a carruagem, sentou-se ao lado de Virgínia e então começou a analisar o jovem. Primeiro olhou para o seu traje, que constatou ser o mais moderno; depois olhou para a caixa cuidadosamente colocada ao seu lado e viu que se tratava de um pintor.

Assim como Pierre examinava o jovem, o mesmo este fazia. Viu que se tratava de um aventureiro... mas, e a jovem que estava em sua companhia?... Será irmã?... Noiva?... Esposa?...

Passados os primeiros momentos, foi Pierre quem procurou estabelecer conversa com o companheiro... Virgínia, calada, ao lado dos dois, ouvia atentamente o que conversavam. Primeiro onde residiam, depois discutiram sobre a cidade e finalmente Pierre ficou sabendo que o jovem era pintor já bastante conhecido e pertencia a abastada família; assim como o jovem ficou sa-bendo que Virgínia era sua irmã adotiva e que vinha a Paris em sua companhia porque tinha perdido recentemente a mãe que adorava e, como eram só os dois, ele fora buscá-la para vir residir com ele; deu logo o endereço dizendo que esperava breve uma visita.

Virgínia já estava compreendendo os planos de Pierre e, no

seu íntimo, surda revolta sentia diante de tanto cinismo... mas continuava calada e a carruagem velozmente ia deixando atrás o velho burgo.

Mais de uma vez ela tentou olhar para trás através do vidro da janelinha, porém nada conseguia ver além de um manto vermelho de poeira, e a carruagem correndo... correndo..., aproximando-se de Paris que ela tanto temia. Para onde Pierre a levaria? Para onde?

Sentia saudades da tranqüilidade do velho castelo, dos dias claros de sol, da bondosa fidalga, de Francisco, o pai extremoso... Com a cabeça recostada e os olhos fechados, via passar toda a sua infância, queria olvidar tudo que lhe causava angústia, esquecer o passado e viver o presente que se apresentava sombrio, porém inútil; as recordações bailavam na sua mente e a saudade magoava o seu pobre coração.

Desde muito pequenina Virgínia já sabia analisar a sua vida e compreender a intensidade do seu infortúnio... Muito criança compreendeu que a vida lhe seria difícil, que a caminhada seria longa e penosa... mas por que ela fora tão castigada?... pedia tão pouco... Um lar pobre, porém honesto, gostava de trabalhar e tinha pelo trabalho muita alegria... Gostaria de ser como as camponesas do burgo, poder sair muito cedo para os campos, semear as sementes, cuidar delas com carinho, ver surgir as folhas tenras e verdes, afastando a terra e erguendo as hastes longas para o céu à procura do calor do sol; e ainda com desvelos ver desabrochar as flores e depois os frutos; mais tarde as colheitas abundantes, os celeiros fartos e a felicidade invadindo as modestas casinhas...

Era isso que Virgínia sonhava, mas o destino não a satisfez; em vez de campos verdes e colheitas fartas ela teria a vida asfixiante da turbulenta e devassa capital. Tentar afastar o destino seria loucura. Compreendia que precisava abaixar a cabeça e seguir, com coragem, a meta traçada.

Assim pensando, ia se aproximando o término da viagem. Pierre continuava conversando com o jovem; já parecia que eram velhos conhecidos. Realmente, Pierre tinha boa conversação e conhecia bem Paris, sabia de todas as suas tramas e todos os seus ardis, desde os mais sórdidos lugares até os mais requintados... Disso, o jovem teve certeza e sabia que podia contar com ele para tudo quanto desejasse, desde que fosse bem remunerado; e para conseguir a bela adolescente, que tanto desejo tinha lhe despertado, estava pronto a pagar o mais alto preço. Pobre Virgínia.

Escurecia lentamente e no céu já começavam aparecer as primeiras estrelas enfeitando com a sua luz cintilante; a Lua também vinha surgindo mansamente, deixando cair sobre a Terra um manto suave e prateado, embelezando as casas, os jardins e os parques... A carruagem diminuiu a marcha, entrando devagar na cidade.

* * *

Todos os passageiros procuravam apressados as suas bagagens, pois já se via a iluminação das primeiras ruas.

O jovem desceria primeiro. Deu o endereço ao cocheiro que, tendo recebido grande recompensa, não hesitou em mudar o itinerário para satisfazer o pedido de tão simpático passageiro.

A carruagem pára diante de elegante residência e Pierre, atento, analisava todos os detalhes. Viu quando um criado, solícito, veio receber as malas.

Estávamos na parte aristocrática da cidade. O jovem se despediu de Pierre e depois veio para junto de Virgínia e, tomando-lhe a pequenina mão, reverente, depositou um beijo prometendo, para o dia seguinte, uma visita.

Pierre estava contentíssimo e, assim que a carruagem se pôs em movimento, não pôde esconder a alegria que sentia. Sentado junto de Virgínia, dizia em voz alta, pois eram os últimos passageiros:

– Estou muito contente, fizemos excelente amizade. Não pensei que fosse tão fácil assim; amanhã, minha fidalguinha, peço que se faça muito bonita para agradar ainda mais o seu apaixonado... Naturalmente, ele virá convidá-la para um passeio, vai lhe mostrar a capital e quem sabe lhe ofertará um rico presente. Se for uma jóia, terá de usar uns dias para depois passar para as minhas mãos; saberei vendê-la com lucro. Tenho amigos que negociam com jóias e me pagarão boas somas... se for dinheiro terás agora que ficar com algum, pois precisas de vestidos, sapatos, chapéus... perfumes, tudo quanto é necessário para uma mulher ser sedutora. Os homens adoram esses requintes de faceirice; depois de algum tempo poderás me dar mais...

Virgínia ouvia tudo calada e de olhos fechados; era impossível fitar o rosto de Pierre... como aquele ser repelente podia ser filho do boníssimo Francisco, daquele ancião nobre, daquela alma pura e santa... até mesmo Marie, que era rude e fria, mas incapaz de uma baixeza.

A carruagem parou diante de uma velha casa... Pierre desceu, retirou as malas e Virgínia ficou parada, olhando para a casa em que iria morar. Era baixa, de telhados enegrecidos pelo tempo.

Pierre bateu com força e, não demorou muito, a porta se abriu e surgiu uma estranha figura de mulher trazendo nas mãos um candeeiro de luz bruxuleante; já bem idosa, de baixa estatura, com os cabelos brancos, porém maltratados, olhar firme e decidido. Quando abriu a porta e deparou-se com ele, deixou escapar uma exclamação de alegria:

– Pierre querido, até que enfim estás de volta; como tenho sentido a tua falta, que esplêndidos negócios tem perdido; por que demoraste tanto?

Todas essas perguntas ela fez seguidamente, sem dar tempo a que Pierre pudesse responder. Virgínia ficara meio oculta junto à porta. Depois das malas terem sidos retiradas da carruagem, foi que Pierre entrou e alegremente abraçou aquela mulher esquisita.

– Pronto... aqui estou e vamos iniciar os nossos negócios; trago ótima novidade que nos dará muito lucro. Não lamentes o que perdemos, vê isso – e, puxando Virgínia bruscamente, apresentou-a com tom irônico – minha irmãzinha, que agora será nossa hóspede.

– Aqui, Nicole, minha velha e dedicada amiga – disse em seguida à Virgínia.

A jovem ficou paralisada em frente à mulher que a examinava cuidadosamente, tendo aproximado o candeeiro para poder ver melhor e, como hábil conhecedora, não pôde deixar de emitir um oh!... de profunda admiração.

– Pierre, meu amigo, onde encontraste tão preciosa jóia?... Onde?...

– É minha irmã, afirmo-te – e empurrando a mulher, entrou sem cerimônia.

Virgínia, atemorizada, ficou no mesmo lugar deixando que o exame continuasse.

– Dize, minha pequena, és mesmo irmã de Pierre?

– Sim, sou irmã, pois fui criada por seus pais.

– Ah! agora estou compreendendo melhor; e por que vieste morar com ele?

– Porque meus pais morreram e ele me forçou a vir.

A mulher balançava a cabeça branca e tinha um sorriso irônico.

– Sim... Sim... que esperto que é o meu Pierre. Vamos, menina, não podemos ficar paradas na porta, vamos – e na frente seguiu, acompanhada da jovem.

Seguiram por um longo corredor escuro até que depararam com um grande salão onde uma porção de meninas estavam arrumadas cuidadosamente; do teto pendia velho candelabro; nas paredes, alguns quadros sobressaindo mulheres envoltas em gases, semidespidas, de formas exuberantes, em atitudes lascivas. Num canto do vasto salão, um pequeno balcão; nas prateleiras coladas às paredes se enfileirava uma variedade de bebidas; no outro lado, num alto estrado de madeira, algumas cadeiras, tendo encostados às mesmas, diversos instrumentos musicais...

Virgínia estava atordoada com tudo o que via. Depois de passarem pelo grande salão, outro corredor apareceu, tendo de ambos os lados muitas portas fechadas. Ao passar ligeiramente a jovem pôde ouvir abafadas risadas.

Quando terminou o longo corredor, transpuseram uma

cozinha onde num fogão já ardia um fogo forte. Diversas iguarias estavam sobre as mesas. A mulher caminhava apressada e Virgínia a seguia temerosa. Que diferença do aristocrático castelo onde tinha vivido tantos anos, tranqüila e feliz!

Depois da cozinha estava uma porta fechada; resoluta a mulher a empurrou... entrou e chamou Virgínia que ficara parada no umbral:

– Entra menina, nada de cerimônia.

A jovem entrou. No quarto, uma larga e velha cama, duas pequenas mesas e um velho armário que estava aberto onde ela pôde ver muitos vestidos pendurados. Na parede, um espelho antigo de moldura dourada, porém já muito estragado. Duas janelas guarnecidas de cortinas desbotadas estavam abertas, deixando ver o céu muito estrelado. Colocando o candeeiro sobre uma das mesas, a mulher, voltando-se para Virgínia, disse:

– Aqui passarás esta noite em minha companhia, depois combinarei com Pierre onde devemos alojar-te definitivamente, pois, no momento, não tenho nenhum quarto vago. Vou mandar trazer a tua mala, podes ficar descansando um pouco – e saiu ligeira, fechando a porta devagar.

* * *

Sozinha no quarto, atordoada e cansada, Virgínia sentou-se na velha cama e, vencida pelo cansaço, recostou-se numa almofada. Olhando para o céu, que via pela janela aberta, sentia um tremor percorrer o seu frágil corpo e meditava:

– Quem será essa mulher?... e esta casa, tão escura, com tantos quartos? Talvez seja um hotel, mas tenho medo... muito medo... – lembrou-se do jovem companheiro de viagem... Como Pierre ficou contente com a amizade entabolada. Já fazia cálculos sobre o que ele lhe daria... Não devo aceitar nada... Será que Pierre vai lhe contar o que se passou no castelo?

Tinha ainda uma vaga esperança que ele reparasse o erro cometido... Mesmo que sofresse muito, queria se unir a ele, ter uma casinha, trabalhar muito para ajudá-lo, mas ter o seu lar.

Infeliz. Ela não podia suspeitar o que lhe estava reservado nessa estranha moradia. Era muito ingênua para compreender, mas breve ficaria sabendo o que o destino lhe tinha cruelmente reservado.

Vencida pelo cansaço, adormeceu profundamente. Quando acordou, já era madrugada; o Sol vinha nascendo mansamente e a passarada, num gorjeio alegre, despertava também. Virgínia abriu os olhos preguiçosamente. Ainda lhe doía o corpo e a cabeça.

Quando se voltou para o outro lado, ficou admirada de ver Pierre dormindo tranqüilamente na mesma cama. Sentou-se ligeira e ficou olhando atenta aquele homem que tinha dormido ao seu lado. Pôde examiná-lo minuciosamente... Por que sempre ele lhe causava repulsa? Por quê? Jamais pôde compreender essa aversão que sentia por ele... Quantas vezes correu assustada ao ouvir sua voz? Parecia que aquela voz lhe era familiar. Por que Pierre também a odiava tanto?

Muitas vezes, fechando o olhos, via a linda nobre do retrato do castelo junto a Pierre, um vulto de garboso militar... mas era muito rápida essa visão, porém tinha certeza de que não estava enganada. Compreendia ver a dama, pois gostando como gostava do retrato, era natural que a linda visão ficasse retida na sua recordação, mas o militar, não podia compreender... Que ligação podia ter Pierre com esse militar? Olhando para ele adormecido, vinham-lhe todas essas lembranças.

Curvou a cabeça e, resignada, ficou esperando pelo que o destino lhe tinha reservado. Tornou a se deitar e ficou esperando que Pierre acordasse. Olhos fitos no teto sujo, deixou que o seu cérebro descansasse. Um estranho langor tomou o seu corpo. Não se apercebeu de que as horas corriam lentamente, nem ouviu o tic-tac do relógio que estava numa das mesas. Era-lhe indiferente agora o correr do tempo, sabia que nada podia fazer, estava nas mãos dele e teria de se curvar à sua vontade.

Horas depois ouviu a porta se abrir e Nicole apareceu.

– Mas o que é isso? Ainda dormindo? Vamos, preguiçosos, levantai... Pierre!...

Virgínia depressa se levantou e, vestindo o mesmo vestido,

que estava perto da cama, ficou esperando que Pierre acordasse. Mais uma vez Nicole o chamou. Espreguiçando, ele abriu os olhos.

– Vamos, levanta, temos muito que conversar. Vem, Virgínia, vou te mostrar a casa e te apresentar as minhas hóspedes – e saiu ligeira, acompanhada dela, que não podia esconder a sua curiosidade.

Na cozinha, o movimento era intenso e todos se voltaram admirados ao ver a linda mocinha que, timidamente, seguia Nicole. Virgínia viu bem o olhar de compaixão dos velhos criados, mas o que mais a surpreendeu foi a quantidade de taças, copos, pratos e garrafas vazias que estavam sobre as mesas.

Não tinha ouvido nenhum barulho durante a noite, mas estava tão cansada que talvez tivesse dormido profundamente; não fez pergunta alguma e ficou parada quando, depois de ter atravessado o vasto salão, também em desordem, Nicole bateu à primeira porta que ficava perto da entrada da casa.

Demorou bastante para que a porta se abrisse e apareceu uma jovem de feições perfeitas, cabelos soltos e olhar cansado, circundado de profundas olheiras. Ainda se podia ver no seu rosto vestígio de pintura; trazia um velho e desbotado robe e quando viu Virgínia junto da porta não pôde deixar de exclamar, admirada:

– Outra vítima, Nicole? O que desejas de mim?

– Nada – respondeu Nicole, olhando com severidade – simplesmente quero te apresentar a irmã de Pierre.

– Como?... Irmã de Pierre?... Não é possível que tal tipo tenha uma irmã tão linda...

– Deixa disso, Ninom, e recebe Virgínia; preciso sair para fazer compras e quero deixá-la em tua companhia, pois poderá dar-lhe também algumas instruções. Ela sempre viveu no campo e precisa agora de quem lhe dê lições.

– Mas, lições de quê desejas receber?... Será que não sabes ler?... – perguntou com ironia.

– Não – respondeu Virgínia – sei muito bem ler e escrever.

– Deixa disso, Ninom, e trata de orientar Virgínia para a

nova vida; assim quero e Pierre também – e sem dar mais atenção, voltou deixando Virgínia atrapalhada perto da porta entreaberta.

– Vem, menina, entra e vamos conversar.

***

No quarto, a desordem era grande, a cama desfeita, roupas espalhadas pelas cadeiras e um desagradável cheiro de tabaco.

Ninom sentou-se na cama e fez a jovem sentar-se ao seu lado; depois, colocando sobre o ombro de Virgínia a mão, onde se via um anel com uma pedra falsa, falou com ternura:

– Mas, minha filha, o que vieste fazer, tão jovem, nesta casa?

– Vim com Pierre, que prometeu amparar-me.

– Amparar-te?... Quem?... Pierre?... – e deu uma gargalhada.

Virgínia baixou a cabeça e começou a chorar baixinho.

– Por que estás chorando, minha pobre menina?

– Porque tenho medo.

Ninom abraçou-a e ternamente pediu:

– Conta-me a tua história para que eu possa te ajudar.

Lentamente, a jovem foi erguendo a cabeça e, fitando aquele rosto muito junto ao seu, viu, entristecida, que aquela pobre moça era boa, apesar de ver no seu rosto vestígios de precoce velhice, sinais evidentes de vícios. Sentiu forte cheiro de bebidas quando ela falou mais perto de si.

Virgínia então, sem hesitar, contou àquela desconhecida toda a sua triste história, desde quando foi abandonada à porta de Francisco até a violência de Pierre e sua vinda para a Capital. Não escondeu também o encontro com o jovem na carruagem.

Ninom, atenta, ouvia sem perder uma só palavra e, à proporção que a jovem falava, uma piedade profunda invadia o seu coração, já ferido. Lembrava-se como vieram parar na casa de

Nicole jovens como Virgínia, ingênuas e puras para depois começarem a cair, cair... cair... O mesmo sucederia àquela inocente menina; ela estava presa a dois desalmados que viviam exclusivamente do baixo negócio de explorar jovens incautas. Nada poderia fazer, somente contar tudo para que ela não fosse tão rudemente surpreendida.

Quando Virgínia terminou a sua história, notou que Ninom tinha os olhos cheios de lágrimas. O silêncio reinou entre elas durante alguns momentos.

Inesperadamente a porta foi empurrada e Pierre apareceu, já pronto para sair. Vendo as duas sentadas juntas, sorriu contente:

– Estou satisfeito, Virgínia, pois vejo que já encontraste uma companheira e Ninom é a amiga que precisas, conhece bem Paris, é bastante ativa e pode perfeitamente guiar-te os primeiros passos. Nicole sabe o que faz – e voltando-se para Ninom, cinicamente disse: – Vê que irmã preciosa eu possuía; agora, a vida me será mais fácil e quero que lhe dê sábias lições, minha querida Ninom. Estou em péssimas condições financeiras e preciso de socorro urgente – e dando uma gargalhada, saiu do quarto fechando a porta com barulho.

– Cínico... – disse Ninom baixinho. – Agora, minha querida, vou te contar tudo, vou explicar o que significa esta casa, o que te espera aqui.

Durante muito tempo Ninom falou, sem que Virgínia a interrompesse; tinha a respiração ofegante e, à proporção que a ouvia falar, um temor violento a assaltava. Teve ímpetos de sair correndo e desaparecer para sempre, mas tinha as pernas trêmulas e a vista escura. Correr para onde, se não conhecia Paris, para onde poderia ir, sozinha e desamparada? Horrorizada, ouviu o fim do tudo; enquanto Ninom lhe contou, tudo desmoronava... os seus sonhos... o lar feliz... tudo.

Recordava-se da sua infância pobre e sofredora de enjeitada, obrigada a trabalhar sob o jugo impiedoso de Marie, que nunca lhe depositou um lampejo de piedade; e no desabrochar da sua mocidade era atirada sem compaixão para aquele antro de perdição, atirada pelo irmão, aquele mesmo menino que viu quando ela chegou, infeliz enjeitada e que fora criada pelos próprios pais, debaixo do mesmo teto e que fora companheira inseparável dos dois velhinhos até os últimos dias de suas existências. O que seria dela, presa às garras aduncas de tão cruel algoz?

Seria como as outras que habitavam aquela casa, teria de ceder, teria de vender a sua felicidade para satisfazer os baixos instintos daquele desalmado e, num retrospecto, via o florido terraço onde, sentada na sua cadeira predileta , estava a nobre Senhora que tinha sido a sua última e grande afeição. Num rápido instante a colocou ao lado de Nicole e sentiu horror quando fez a absurda comparação. Como teve a ingenuidade de poder, mesmo em pensamento, colocar junto da velha fidalga aquela megera? Se assim fez, foi pensando que teria agora como guia aquela repugnante criatura.

Só uma coisa podia salvá-la da catástrofe: eram os ensinamentos recebidos de Francisco e da fidalga. Mesmo tapando os ouvidos, não podia deixar de ouvir, como um tênue murmúrio, as frases que tinha guardadas no recôndito de seu coração: – Minha filhinha querida, em qualquer instante de tua vida, quando as forças te faltarem, quando a adversidade te bater à porta, quando tudo te parecer perdido, **procura conservar a fé, pois ela é a luz brilhante no escuro da vida.**

E agora que as forças lhe faltavam, que a adversidade lhe batia à porta e que tudo desaparecia na voragem da vida, ela se recordava dessas palavras do boníssimo ancião que tão sabiamente lhe tinha ensinado. Mas ter fé em quê? Recordou-se de outro ensinamento de Francisco. Foi precisamente no dia em que Pierre desapareceu, quando ela estava sentada junto à fonte, à espera que a jarra estivesse cheia, que Francisco chegou e sentou-se ao seu lado. Ele estava profundamente triste, ainda pensava no castigo aplicado em Pierre quando tinha encontrado Virgínia caída e ensangüentada junto aos galhos secos.

– Por que aquele filho era tão perverso? Por quê? – perguntava no momento de desespero, porém, passado o momento difícil compreendia e procurava explicar à Virgínia que **o mal tem**

origem na fonte errônea dos nossos atos e no esquecimento do dever cumprido.

– Mas eu tenho tentado cumprir o meu dever; desde muito criança obedeci cegamente as ordens de Marie, trabalhei sempre com alegria, encontrando prazer no trabalho; fui obediente e respeitei os ensinamentos daqueles que me serviram de pais. Onde está, pois, o dever não cumprido a que Francisco se referia?

Todos esses pensamentos chegavam ao cérebro de Virgínia como um vendaval forte que tudo destruía implacavelmente. Ninom, ao seu lado, não a interrompia, deixava que aquela infeliz menina ficasse calada, entregue aos seus cruciantes pensamentos.

Vendo que a jovem continuava calada, Ninom se recostou nas almofadas amassadas e, fechando os olhos, adormeceu rapidamente.

No quarto abafado, onde o cheiro forte de tabaco se misturava com o odor de perfume barato, Virgínia sentia aguda dor na cabeça e, não resistindo ao cansaço que invadia o seu dolorido corpo, deitou-se ao lado de Ninom. De olhos abertos, fitou a infeliz desconhecida que dormia calmamente. Ela pôde então analisar, minuciosamente, aquele rosto que apresentava vestígios profundos de lutas tremendas... Mesmo tendo impressos sinais de vícios, era ainda encantador. Por que teria vindo Ninom parar na casa de Nicole? Quantas infelizes aí viviam, proporcionando à perversa criatura, lucros fabulosos.

Virgínia ouviu passos apressados e risadas altas que se misturavam com a voz de Nicole, já de volta. Onde iria ela designar o seu quarto? Gostaria de tê-lo sozinha. E Pierre? Moraria aí também? Não... Não lhe disse nada a esse respeito.

Examinando novamente o quarto, descobriu numa pequena mesa um retrato de homem. No primeiro momento ficou indiferente, mas fixando melhor pôde ver que era um jovem atraente, de rosto largo e olhar franco. Que representaria para a infeliz Ninom aquele jovem?... e assim, nesse constante pensar, as horas foram-se passando lentamente.

Já era quase meio-dia quando Ninom acordou e ficou

admirada vendo Virgínia deitada a seu lado, porém acordada. Depressa se levantou; tomando uma toalha, saiu ligeira sem dizer uma só palavra à jovem.

***

Momentos depois a porta se abriu e Nicole entrou. Virgínia não se alterou, continuando a olhar para o teto encardido.

– Vamos, minha menina, preciso muito conversar contigo para te dar as minhas instruções; nesta casa há um regulamento que precisa ser fielmente cumprido. Todas as instruções estão sujeitas a uma penalidade quando não cumpridas regularmente... Como as outras, terás um quarto separado que pagarás mensalmente, assim como as refeições; hora certa para se levantar e é exigido, para a noite, boas toaletes e uma venda determinada de bebidas.

Virgínia sentou-se na cama e quando Nicole parou, ela perguntou:

– Mas Pierre não pagará a minha estadia nesta casa?

Nicole riu alto.

– Ora minha querida, pois se Pierre está esperando que a sua irmãzinha pague o que está devendo a esta casa?

– No que irei trabalhar?... Podes determinar que estarei pronta para começar.

Nicole se aproximou mais da jovem e, admirada, perguntou:

– Ninom não te disse o que todas as moradoras desta casa devem fazer?

– Sim, disse, mas eu não quero viver assim, quero trabalhar e viver honestamente.

– Ora, tolinha, deixa disso e trata de aproveitar a tua mocidade, pois ela é rápida, é como a flor que desabrocha pela madrugada, coberta pelo orvalho fresco da noite, mas logo começa a emurchecer; todos a admiram quando as pétalas estão bem coloridas e perfumadas, mas logo que começam a perder o colorido e a pender nas hastes delgadas, todos os olhares se afastam para pousar em outras flores mais viçosas e, quando as pétalas fanadas caem, são pisadas ou impelidas pelo vento que as destrói implacavelmente. Virgínia, és linda como uma flor prestes a desabrochar, aproveita essa fase esplendorosa, saibas aurir dela todo o conteúdo, porque depois, só o desprezo. A velhice é cruel, não esperes que o vento leve para longe as pétalas fanadas da tua mocidade perdida.

Vamos, quero te mostrar o teu quarto e hoje mesmo começas a pagá-lo; precisas providenciar logo outros vestidos, pois o traje é importante para a vida que vais começar. Ninom poderá indicar boas costureiras e levar-te às lojas mais importantes; darei um pequeno prazo para me pagares... sei que és inexperiente, mas com os exemplos das minhas inquilinas, espero que breve estejas apta para, sozinha, orientar a tua existência.

Quero te dar um conselho: cuidado com Pierre, oculta um pouco os teus lucros, pois do contrário ficarás sempre na miséria. Ele joga e tudo quanto adquire se esvai na voragem impiedosa desse terrível vício. Cuidado, minha menina, muito cuidado. Agora vamos.

Virgínia, que tudo ouvira de Nicole sem poder articular uma só palavra de protesto, levantou-se e a seguiu calada. Transpuseram o salão e, logo no começo do segundo corredor, Nicole abriu a primeira porta. O quarto estava muito escuro, mas quando foi aberta a janela, um intenso raio de sol o iluminou todo. Tinha, como o de Ninom, uma larga cama, duas mesinhas, um armário, duas cadeiras e, na parede, além de pequeninas gravuras, um grande espelho.

– Pronto, este será o teu quarto; o pagamento para as outras antigas inquilinas é feito semanalmente, mas para uma inexperiente jovem que começa a vida, poderá ser feito mensalmente. Mandarei vir a tua bagagem – e sem esperar resposta, saiu fechando mansamente a porta.

Parada no meio do quarto, a jovem olhava, pela janela aberta, o céu muito claro inundado pelos raios fortes do sol. Com passos vacilantes foi até a janela e se debruçou para ver alguma coisa e deparou-se com um pobre jardim muito maltratado onde, nos canteiros, alguns cobertos de mato, flores teimavam em desabrochar tristemente.

Ainda nos seus ouvidos, as palavras de Nicole... A mocidade é como uma flor que desabrocha pela madrugada... As lágrimas corriam pelo rosto lindo da infeliz menina... mas quando as pétalas fanadas são pisadas e impelidas pelo vento... soluços sentidos sacudiam o seu pobre e esbelto corpo... Sem poder mais conter a dor que invadia o seu dolorido coração, atirou-se sobre a cama e sentiu que tudo rodopiava na sua mente cansada... Depois nada mais sentiu... nada... Quanto tempo ficou desacordada? Ignorava...

Mais tarde, ouviu batidas leves na porta e uma voz carinhosa chamando-a:

– Virgínia... Virgínia...

– Entra – disse a jovem.

Imediatamente apareceu Ninom, agora bem vestida, os cabelos penteados cuidadosamente e o rosto também perfeitamente pintado, ocultando as fadigas da noite anterior.

– Que é isso, ainda deitada? Vamos, está na hora do nosso almoço.

Virgínia sentou-se na cama e no seu rosto lindo ainda se podia ver vestígios de lágrimas. A sua bagagem estava no quarto e ela não se apercebeu quando a trouxeram. Ninom sentou-se ao seu lado e tomando as suas mãos lhe disse:

– Vamos, Virgínia, é inútil tentarmos lutar com o destino, pois, ele não se afasta, e é melhor aceitá-lo com resignação. Vamos, lava o teu rosto.

Virgínia obedeceu.

– Agora ajeita os cabelos, minha querida – e Ninom, com ternura, acariciava a cabeça da sua nova amiga.

– Pronto, depois farás outra toalete e sairemos para um pequeno passeio.

Já na porta, Virgínia parou de repente e perguntou:

– Quantas inquilinas tem Nicole nesta casa?

– Dez – respondeu Ninom – todas jovens e bonitas. Vamos logo que está na hora, e Nicole não perdoa atrasos; terás oportunidade de conhecer as outras – e tomando o braço de Virgínia, apressadas, se dirigiram para o salão onde as outras já estavam sendo servidas por duas criadas.

Ninom, na porta, bateu palmas e todas se voltaram espantadas.

– Quero apresentar a nossa nova companheira, Virgínia.

Todas, ao mesmo tempo, bateram muitas palmas e cantaram, em coro, uma alegre canção de boas-vindas. Virgínia, sensivelmente comovida, agradeceu pela bondosa acolhida, depois, ainda guiada por Ninom, sentou-se numa das mesinhas reservada para as duas.

Enquanto a criada não vinha, pôde Virgínia examinar as outras companheiras e em todas elas o mesmo estigma. Falsa alegria, pois naqueles rostos pintados, debalde tentavam encobrir as decepções e os ultrajes; em breve, no seu rosto estariam também estampados os mesmos sinais.

Virgínia pouco comeu e recusou beber. Finda a refeição, pediu a Ninom para se afastar, pois queria abrir a sua bagagem.

– Sim, querida, vai... à tarde irei buscar-te para o nosso passeio.

Virgínia saiu devagar e, ao passar por entre as mesas, todos os olhares se convergiram para ela.

* * *

Novamente no seu quarto, fechou a porta e procurou arrumar o que lhe pertencia.

Abriu o armário e começou a arrumá-lo cuidadosamente. Quantas saudades lhe evocavam aqueles pobres trajes, quantas... bem no fundo da mala estava uma velha faixa de veludo, a mesma que Marie lhe dera quando estava com oito anos.

Com a faixa nas mãos trêmulas, Virgínia fechou os olhos e recordou aquela noite de Natal tão ansiosamente esperada... Nos seus ouvidos parecia que chegava ainda o bimbalhar festivo dos sinos da capelinha distante. A neve cobria os campos e as árvores. Via o vestido de lã verde já desbotado pelos anos... ouvia a voz querida de Francisco dizendo com ternura: – Estás linda, minha filha, pareces um anjo que deixou o Céu para vir clarear a nossa humilde choupana.

– Pobre pai... – soluçava Virgínia apertando junto ao coração a velha faixa de veludo.

Inesperadamente surgiu também, na doce recordação, o vulto de Pierre com dezesseis anos, que ela já detestava...

Impossível reter a avalanche de suas recordações. Veio para junto da cama e ainda com a faixa presa nos dedos nervosos transportou-se para a capelinha florida, onde o bondoso cura, já paramentado, iniciava a tradicional cerimônia. No altar florido, a Virgem sorria. Num recanto, um grupo de camponesas cantava contrito e Virgínia, emocionada com a recordação, começou a cantar baixinho o mesmo trecho; no começo, muito baixo para depois, sem poder se controlar, erguer a voz e encher aquela casa, onde imperava o vício e o pecado, com a melodia santa e suave.

Doloroso contraste. Até então nunca fora cantada naquele antro sinistro uma só melodia pura, dedicada ao supremo Pai de Amor e Bondade e, quem sabe, se entre aquelas pecadoras existia outra Madalena que apesar dos grandes pecados fora tocada pelo olhar sublime do Rabi quando ao longe, na estrada poeirenta, divisou a silhueta da infeliz pecadora e deixou que os seus olhos pousassem nela e uma luz nova e estranha inundasse a sua alma...

Quando terminou de cantar, ouviu passos que se afastavam da porta de seu quarto; eram as companheiras que, ouvindo a bela melodia, vieram para mais perto encantadas com o timbre suave da sua voz.

– Não quero mais recordar o meu passado – meditava a infeliz jovem. – Por que recordar quando não posso mais revivê-lo? Preciso ter forças e coragem para enfrentar a realidade e não fugir covardemente. Tudo perdi. Só ficaram os ensinamentos de meu querido pai e esses procurarei guardar mesmo que t desapareça.

Cansada, mas tendo posto tudo em ordem, deitou-se procurou esquecer tudo quanto a atormentava. Breve Ninom viria buscá-la para o passeio prometido; gostaria de ver a cidade os seus recantos mais sedutores, as praças famosas, os templos e os parques.

Deitada, entregue a essas divagações, o seu pensamento pousou no jovem companheiro de viagem. Será que ele cumprirá a promessa, vindo visitar-me? Qual será a surpresa vendo-me nesta casa? Talvez já conheça Nicole, pois Ninom disse que ela era por demais conhecida em Paris e que os jovens elegantes a procuravam sempre ansiosos pelas surpresas magníficas que ela preparava para depois exigir somas fabulosas; porém, como os seus clientes eram ricos, pagavam sem hesitar e a astuta Nicole ia cada vez mais aumentando os seus bens, ora depositando em boas mãos grandes importâncias ou então adquirindo casas nos melhores pontos de Paris, sendo que as suas vítimas pouco podiam guardar e sempre acabavam na mais triste miséria.

Virgínia pensava: – Essas pobres vítimas só têm Nicole para explorá-las; e eu, que tenho ainda Pierre, devasso, jogador e cínico...

Ela lutava desesperadamente para afastar esses pensamentos, porém debalde...

A tarde caía lentamente e o Sol já começava a desaparecer; um vento agradável sacudia delicadamente as árvores e no céu cinzento um rendado branco de nuvens o cobria. Os pássaros cantavam e procuravam abrigo na copa verde das velhas árvores, onde bem ocultos os ninhozinhos os esperavam para o repouso da luta cotidiana. Tudo era quietude nessa tarde morna; parecia que a natureza estava cansada diante de tanta beleza, que o colorido forte das flores e o perfume vindo das suas corolas abertas faziam com que ela parecesse extasiada diante da sua própria obra.

Muito ao longe, os sinos badalavam os acordes suaves do ângelus. Seis horas da tarde, hora mística em que a humanidade

Ninom, parada em muda contemplação, esperava que ela terminasse de fazer as suas longas e douradas tranças, tão louras como o dourado dos trigais perto das colheitas.

Terminando, Virgínia deixou as tranças caírem negligentemente sobre seus ombros e voltando-se para Ninom com um sorriso triste bailando no lábios rubros, disse:

– Vamos, estou pronta.

Fechou cuidadosamente a janela e o velho armário e, acompanhada da amiga, saiu para o passeio tão ansiosamente esperado.

O ar abafado do quarto, o cheiro das iguarias e das bebidas, faziam com que a cabeça de Virgínia doesse bastante. Queria respirar o ar puro da tarde longe dali.

* * *

Logo que transpôs a porta, respirou profundamente e pediu à sua amiga que desejava primeiro conhecer um jardim, e Ninom, pacientemente, se dirigiu para o bosque tradicional da velha capital.

Que prazer sentiu Virgínia quando deparou-se com aquela exuberância de verdura; teve vontade de atirar longe os sapatos e correr livremente por entre aquelas árvores e aqueles canteiros floridos.

Emocionada, apertou a mão de Ninom e, vencida outra vez pelas recordações que a martirizavam, viu o bosque do burgo distante, a estrada vermelha, a encruzilhada, o trilhozinho, o regato de águas límpidas tendo o fundo juncado de pedrinhas lisas e brancas... Que bom... aquela água fresca quando cansada se aproximava e, fazendo uma concha com as mãos, bebia sofregamente até saciar a sede devoradora; depois lavava o rosto ardente... que delícia, que frescor inigualável... quantas vezes fez isso... Quantas? Se encontrasse nesse bosque uma fontezinha, talvez não resistisse e fosse lavar o seu rosto que tanto ardia depois das lágrimas que correram por tantas horas .

Ninom, impressionada com o olhar parado de Virgínia, disse:

– Vamos deixar este bosque, quero te mostrar outras coisas; vê aquelas carruagens que estão passando e que lindas damas. Olha, Virgínia, que bonito vestido e que sombrinha maravilhosa, toda de rendas, olha!...

Inútil. Virgínia tinha os olhos fixos nas árvores e Ninom, penalizada, continuou a percorrer o bosque já envolto em semi-escuridão.

Numa das voltas depararam com um grupo de jovens que conversavam animadamente e, ao verem se aproximar as duas lindas moças, pararam de repente. Todos os olhares convergiram-se para Virgínia que, indiferente, continuava olhando as suas árvores.

Um dos jovens conhecia Ninom, pois era assíduo freqüentador da casa de Nicole e, maravilhado com a beleza de Virgínia, empurrou os amigos e correu ao encontro das duas.

– Ninom... Ninom...

Esta parou e, ao ver o jovem, sorriu alegre.

– Explica-me logo quem é essa divindade que vejo ao teu lado – disse em tom de brincadeira o boêmio.

Ninom apresentou-lhe Virgínia, que não se impressionou com os olhares de cobiça do jovem.

– Desde quando Nicole guarda tão preciosa jóia? Aquela velha raposa é esperta demais... Dize a ela, Ninom, que hoje mesmo estarei lá em companhia de amigos para comemorarmos tão valiosa aquisição – e com um cumprimento cortês se despediu das duas.

Vendo o jovem se afastar para ir encontrar-se novamente com os amigos, que ansiosos esperavam a sua volta, a jovem perguntou à Ninom:

– Quem é esse?

Ninom sorriu com o ar de indiferentismo da sua companheira e respondeu imediatamente a pergunta:

– Este jovem é um assíduo freqüentador da casa de Nicole; pertence a uma nobre família e é um dos mais conhecidos boêmios de Paris. Tem desperdiçado enorme fortuna, principalmente no jogo, e nas mãos ávaras de Nicole tem deixado muito dinheiro. Tenho certeza de que, logo chegando à sua residência, já estará nas mãos de seu criado um convite de Nicole para hoje à noite, onde serás apresentada a ele. Muitas ingênuas adolescentes Nicole tem atirado nos seus braços que ele, depois de satisfeitos os seus desejos, atira sem piedade no lodo da vida.

Virgínia, tenho tristeza de estar te contando essas coisas terríveis, mas é preferível que saibas tudo para poderes mais facilmente te orientar. Estás em poder de dois patifes da pior classe. Nicole e Pierre são iguais. Estou aqui procurando te distrair enquanto Nicole já deve estar negociando, com o jovem que fez a viagem em tua companhia, o preço da tua venda; depois irá conversar com este que encontramos aqui e àquele que lhe oferecer mais ela te entregará como uma mercadoria banal. Seres como Nicole, não deviam existir, minha querida, mas existem e conseguem tudo quanto almejam.

Assim conversando, as duas caminhavam devagar por entre as árvores frondosas. Cansada depois de tantas emoções, Virgínia convidou Ninom para sentarem-se num banco que divisou ao longe.

– Sim – concordou Ninom e para lá se dirigiram.

Sentadas, bem juntas, olhavam indiferentes o tumulto da cidade, que já estava envolta no manto suave da noite... ficaram em silêncio por alguns momentos, depois Virgínia foi erguendo lentamente os olhos e pousou-os no rosto pintado da sua infeliz companheira.

Ninom era ainda muito jovem, devia ter sofrido bastante, pois, mesmo debaixo daquela máscara de desdém, não podia ocultar uma tristeza impressionante. Virgínia devagar tomou as mãos daquela que, por um capricho do destino, fora atirada a seu lado e muito baixinho perguntou:

– Ninom, por que foste viver em casa de Nicole?

Um brusco tremor sacudiu o corpo de Ninom que, com rapidez, retirou as mãos que estavam entrelaçadas com as da amiga. Nos seus olhos tristes e sombrios, as lágrimas brotaram sem que ela pudesse retê-las e um soluço sentido escapou do seu coração ferido.

Virgínia, surpreendida, tinha a respiração ofegante, mas não disse uma só palavra e continuou a olhar espantada para a sua companheira.

Passado o primeiro momento, Ninom enxugou as lágrimas e, com os olhos fitos no céu estrelado, começou a contar para Virgínia a sua história, que, dizia ela, é a história de todas as moradoras e vítimas de Nicole.

Era parisiense e seus pais, apesar de não serem ricos, desfrutavam de uma vida relativamente boa; só tinha um irmão muito mais novo e nela seus pais depositavam todas suas esperanças. Estudara num bom colégio e, aos quinze anos, conhecera um primo muito mais velho que residia na América e que, saudoso, viera visitar a família e rever a Pátria querida.

Impressionado com a jovem prima, alegre colegial, em breve começou a segui-la, e não demorou muitos dias a primeira declaração de amor fora feita. Encontravam-se todos os dias e, enlevada com esse amor inesperado, foi aos poucos cedendo a todos os pedidos feitos com muita delicadeza; aulas foram deixadas de assistir, e seus pais alheios a tudo.

Num desses passeios, depois de muitas promessas, ele, o desalmado, conquistou a sua vítima para dias depois embarcar inesperadamente para a América, onde uma noiva ansiosa esperava a sua volta.

– Quando chegou a participação de casamento foi que tive de confessar tudo a meus pais. Minha mãe, que era uma santa, perdoou a minha fraqueza; porém, meu pai, homem austero e de gênio violento, me expulsou, numa noite, impiedosamente.

Desorientada, sem saber para onde ir, humilhada, temendo não ser recebida por mais ninguém, comecei a vagar pelas ruas desta perigosa cidade que, como um polvo dissimulado, esconde os seus tentáculos à espera da presa descuidada.

Vaguei muitas horas sem rumo e, já bem tarde, cansada, estava prestes a cair quando vi uma porta se abrir e uma mulher sair acompanhada de um grupo alegre de jovens que riam alto e tomaram uma carruagem que os esperava.

Encolhida junto à parede, esperei que a carruagem se distanciasse um pouco, para sair apressada e ir pedir guarida naquela casa, única que ainda estava aberta. Bati com medo... a porta se abriu e a mesma mulher apareceu. Trêmula, pedi agasalho; a mulher me fez entrar depois de um exame meticuloso.

– Entra – disse ela. Entrei com passos vacilantes. A porta se fechou.

– Vem... – no salão, onde a desordem era grande, ela me fez sentar para lhe contar por que, tão jovem, vagava assim pela rua deserta. Contei-lhe tudo... tudo... A mulher se chamava Nicole e desde essa noite fiquei sendo sua prisioneira. Ela me domina, nada tenho e nada espero. Eis a minha história, Virgínia.

– E teus pais?

– Minha mãe morreu logo depois que desapareci e meu pai, juntamente com meu irmão, deixou Paris e nunca mais tive notícias deles.

Quando a saudade é muito forte, bebo e esqueço. Desprezo os homens, eles nada valem para mim; mas preciso de dinheiro para dar a Nicole, assim como irás precisar, minha querida.

– Mas Ninom, e quando a velhice chegar, o que poderemos fazer?

– Nada – disse Ninom com indiferentismo...

– Seremos como a flor que morreu e cujas pétalas fanadas estão caídas e pisadas no solo – disse Virgínia, recordando as palavras de Nicole...

– Deixemos disso e voltemos... Já está na hora...

– Vamos... – e sem esperar pela resposta, Ninom se levantou apressada e saiu ligeira.

Atrás, a jovem seguia os seus passos; só na saída do bosque foi que ela parou e ficou à espera de Virgínia.

– Vamos, Virgínia, já estamos atrasadas e precisamos nos preparar.

– Para quê, Ninom?

– Ora, Virgínia, deixa de perguntas ingênuas e apressa os passos.

– Mas, por que precisamos nos preparar se já estamos bem vestidas?

Ninom olhou para o seu modesto vestido e sorriu tristemente.

– Vamos, mais tarde ficarás sabendo por que temos de trocar de roupa. Só altas horas da noite é que poderás ver a metamorfose da casa de Nicole.

E assim conversando, chegaram à velha casa onde residiam. Vista ao longe era uma casa como qualquer outra, de aspecto severo, com as paredes um tanto sujas e o telhado encardido. Realmente, a casa era de construção muito antiga, assim como as outras vizinhas.

Nicole jamais quis reformá-la, dizendo que gostava dela assim mesmo. Achava que as casas se parecem com as mulheres que envelhecem; melhor aceitar resignadamente a crueldade dos anos em vez de tentar encobrir com pinturas e enfeites os estragos causados pelo tempo.

Assim, não pensava em reforma para a sua casa. Quando a comprou, era uma bela residência e foi presente de um dos seus primeiros apaixonados; e, juntamente com ela, vem suportando os desgastes impiedosos dos anos. Era a única recordação que Nicole parecia evocar com sinceridade... sempre que se referia a essa casa, fazia com expressão sentida.

Talvez ela tivesse também um grande amor, talvez; insondáveis são os arcanos da alma. Quem sabe se aquele coração, tão árido de sentimentos, não ocultasse uma tragédia que seria a causa dessa falta de compaixão, desse indiferentismo e dessa vontade de se vingar de tudo e de todos? Quem sabe?

* * *

Quando Ninom e Virgínia se aproximaram viram parada, junto à porta, uma carruagem.

Virgínia ficou admirada, mas Ninom, indiferente, entrou e foi direto ao seu quarto. A jovem fez o mesmo, mas ao passar pelo salão, onde nos candelabros já ardiam inúmeras velas e a ordem era absoluta, estando todas as mesas muito bem ornamentadas, assim como no estrado, os músicos sentados à espera da hora para o início do programa, viu numa das mesas, que ficava num recanto mais oculto, sentados Nicole e o jovem que fora seu companheiro de viagem.

Conversavam animadamente, tendo na frente dois copos onde se viam restos de vinho. Vendo Virgínia passar apressada, Nicole a chamou:

– Virgínia, mas o que é isso? Então não reconheces o teu companheiro de viagem? Vem, minha filha, cumprimentá-lo.

Ela sentiu um forte calor no rosto e um vago tremor percorrer o seu corpo, mas olhando para Nicole viu no seu olhar severo uma ordem que devia ser cumprida imediatamente. De cabeça curvada, dirigiu-se para onde estavam os dois.

Cortesmente o jovem se levantou para cumprimentá-la. A jovem, confusa, ficou parada no mesmo lugar à espera da determinação de Nicole.

– Parece que não gostaste do passeio. Voltaste triste ou cansada?

– Cansada – ela respondeu, timidamente.

– Ora, minha filha, é porque não estás acostumada.

O jovem ofereceu uma cadeira a Virgínia, porém Nicole disse:

– Agora não, ela precisa se preparar. Vai, minha filha, e te faças bem bonita; vai e volta logo.

A jovem ficou atordoada, pois aquele vestido era o melhor que possuía... como, pois, poderia voltar mais bem vestida? Olhando para Nicole, quis perguntar, mas parou diante daquele olhar, e sem coragem para fazer a interrogação, saiu em direção ao seu quarto.

Vendo Virgínia se afastar, o jovem não pôde esconder o seu entusiasmo e disse para Nicole:

– Esta jovem vale uma fortuna.

– Bem sei, meu caro, e por isso é que não a cedo por qualquer preço.

– Pois pede o que desejares, que estou pronto para pagar.

Nicole contou-lhe mais alguns detalhes da vida de Virgínia, desfazendo a impressão de que se tratava de uma pura adolescente, e concluiu:

– Nada tens a temer...

– Mas o irmão é um grande patife!...

– Concordo – disse Nicole – mas o que está feito não se pode consertar.

– Queria levar Virgínia só para mim...

– Impossível, ela irá posar como seu modelo, mas sem deixar esta casa.

– Compreendo...

Nesse momento Pierre chegou e, vendo Nicole com o jovem, foi direto para junto deles.

Sentou-se sem cerimônia e, fitando Nicole, perguntou:

– Pelo que vejo, já foi feito o negócio... Mas eu sou o dono...

– Sim, depois de saldares todos os teus compromissos. Agora quem manda sou eu.

Pierre quis protestar, mas Nicole o fez silenciar com o seu olhar severo e frio.

Já as mesinhas estavam tomadas pelas jovens e os músicos, obedecendo as ordens de Nicole, começaram a tocar.

Uma carruagem parou junto à porta e um grupo alegre entrou. Na frente, o jovem que tinha estado no bosque com Virgínia e Ninom. Quando viu Nicole, gritou:

– Vamos, velha raposa, onde está a Deusa que eu encontrei no bosque? Onde a ocultaste? Onde?...

– Onde? – gritaram os outros jovens – queremos vê-la, pois o nosso amigo nos disse que é muito linda e ele tem gosto apurado, é fino conhecedor de mulheres belas e sua opinião é abalizada.

Todos falavam ao mesmo tempo. Já outros freqüentadores vinham chegando e, surpreendidos com a algazarra perto de Nicole, foram também para junto dela, ansiosos para saberem da novidade daquela noite. Nas mesinhas, as mulheres, indiferentes, esperavam calmamente.

– Vamos, Nicole!... depressa, toma a varinha mágica e faze aparecer a Fada...

– Vamos!... – gritavam todos...

Pierre ria satisfeito; só o jovem da carruagem é que estava calado olhando para Pierre e Nicole.

– Bem, vou satisfazer a curiosidade de todos, vou buscar a minha nova filha.

Imediatamente os jovens foram para as mesas já reservadas. A orquestra continuava a tocar. Os criados parados esperavam os chamados.

Mais freqüentadores foram chegando. O salão iluminado; todos estavam envoltos numa atmosfera de ansiedade... A espera se fazia longa...

4

Visões de seu passado

Quando Virgínia, ainda atordoada, empurrou com força a porta do quarto e entrou, viu imediatamente sobre a cama um lindíssimo vestido.

Cambaleando, aproximou-se amedrontada. Tudo em seu redor rodopiava. Parecia que um vendaval tremendo tinha se desencadeado e estava destruindo implacavelmente tudo.

Na mesinha, um pequeno candelabro com quatro velas iluminava o quarto, mas para ela tudo estava envolto em trevas. A janela fechada, com as cortinas descidas; um suave perfume recendia pelo quarto.

Junto à cama, olhando o belo traje, a jovem procurava coordenar as suas idéias... com as mãos cobria os ouvidos tentando impedir de ouvir as palavras de Nicole: – Vai, minha filha, e te faças bem bonita... Depois a voz ríspida e antipática de Pierre: – Precisas de vestidos, sapatos, chapéus, perfumes... os homens adoram esses requintes de faceirice...

Um soluço violento lhe escapou do peito dolorido e, caindo de joelhos, implorou:

– Meu pai, vem em meu auxílio! Por que sofro tanto e sou tão infeliz?... Por quê?... – gritou desesperada.

Nesse instante, como se mão invisível tivesse apagado as

velas do candelabro, o quarto ficou envolto numa tênue penumbra que perturbou profundamente o seu olhar; foi preciso que ela abrisse bem os olhos e então surgiu na sua mente uma visão estranha.

Viu como se a tela preciosa do velho burgo se desprendesse da parede e dela saísse a nobre donzela que tanto a encantava. Vinha vestida exatamente como estava pintada, um longo e vaporoso vestido de alvas e finíssimas rendas com graciosos apanhados presos por laços de veludo; no corpete ajustado modelando esbelto busto sobressaía um magnífico colar de pérolas.

Os cabelos louros e sedosos, erguidos, tinham também como enfeite delicados fios de pequenas pérolas... Nas mãos de longos dedos apertava um leque entreaberto feito da mesma renda do vestido.

Sorrindo, se aproximou e ficou muito tempo parada junto de Virgínia... esta queria gritar, mas não podia... esforço tremendo fazia para chamar Nicole, porém tudo inútil, e a visão cada vez mais nítida junto dela... mais junto...

Estava prestes a desmaiar, quando ouviu Nicole abrir a porta e entrar apressada.

Vendo Virgínia ajoelhada com o olhar fixo no teto, teve um sobressalto e correu para junto dela. Fez com que ela se levantasse e, afastando o vestido, deitou-a cuidadosamente; depois, tomando um pouco de água, molhou a sua testa; e erguendo a cabeça, para que ela pudesse respirar mais facilmente, lhe deu água para beber.

Ansiosa estava Nicole, curvada sobre a jovem, quando Pierre entrou. Nicole voltou-se enérgica e, ainda sustentando-a nos braços, perguntou:

– O que vieste fazer aqui? Como tens a ousadia de entrar neste quarto?

– Porque quero e posso.

Nicole deixou cair o corpo de Virgínia e com os olhos desprendendo faíscas aproximou-se dele e, com as mãos bem juntas ao seu rosto, disse:

– Sai imediatamente antes que eu te esbofeteie como mereces!

Pierre não se amedrontou e ficou impassível no mesmo lugar.

– Sai!... – ela gritou exasperada – sai!...

– Sim, sairei, levando minha irmã...

A cólera de Nicole chegou ao auge.

– Levar tua irmã?

– Sim, levar minha irmã.

– Muito bem, estou pronta a te entregar desde que pagues o que me deves; mas mesmo assim chamarei a polícia e a mandarei ao teu encalço, denunciando-te como falsário e traficante de incautas donzelas.

– O mesmo farei contigo – replicou Pierre.

– Sim, podes fazer, mas eu tenho dinheiro bastante para fazer silenciar a polícia, bem sabes disso. Agora sai antes que eu chame os criados para te enxotar daqui. Sai!...

Pierre, depois de uma ligeira hesitação, saiu...

Virgínia, refeita, tinha ouvido tudo.

Tão fortes tinham sido os abalos sofridos em tão poucas horas, que ela estava completamente insensível; nada mais vibrava em seu íntimo, tudo estava paralisado; como uma sonâmbula, deixou que Nicole a vestisse.

Primeiro ela lhe calçou um lindo sapato de cetim preto; depois um ajustado vestido também de cetim negro e sobre este uma finíssima e imensa saia de gaze róseo claro; da cintura caía um grande buquê de rosas e botões entreabertos. Sobre o decote da blusa, uma echarpe presa atrás que, alargando-se, deslizava pelos ombros e vinha terminar na saia.

Em seguida fez as tranças e as ergueu formando como uma dourada coroa. Tomou um minúsculo frasco de perfume e cuidadosamente deixou cair algumas gotas sobre a graciosa cabeça da jovem. Abrindo uma gaveta, tirou um leque de rendas pretas, preso por um artístico cordão dourado e o colocou na mão de Virgínia.

Pronta a toalete, foi se colocar um pouco distanciada para melhor poder analisar. Sorriu contente ao constatar que ela estava maravilhosamente bela. Aquele vestido, em outra jovem, não teria o efeito que tinha em Virgínia. Como lhe sobressaía bem o negro do cetim com a tez alvíssima e com seus cabelos loiros!

Mandou que Virgínia desse algumas reviravoltas para ver se a echarpe esvoaçava como ela queria. Perfeitamente... A leve echarpe de gaze, com o menor movimento que ela fizesse, se abriria como as asas das borboletas, quando ébrias de luz e calor pousam sôfregas nas corolas entreabertas das flores.

Para que ela desse esse movimento desejado, nada mais era preciso do que um pouco de vinho ou licor. Precisava que a apresentação fosse realmente inédita.

Em outra mesa já estava uma garrafa e um copo. Nicole pôs uma regular dose e fez com que ela bebesse sem que reclamasse.

Não demorou muito e Virgínia sentia um calor estranho percorrer o seu corpo; veio para junto do espelho que refletiu a sua encantadora imagem, olhou com atenção e depois deu uma gargalhada... fez uma reviravolta tão rápida que não só a echarpe, como a larga saia, se abriram em movimentos ondulantes.

Nicole bateu palmas e pediu:

– Outra vez, minha filha, vamos, outra reviravolta!

Ela, tonta, se pôs nas pontas dos pés e deu muitas e muitas reviravoltas, até parar ofegante nos braços de Nicole. Esta estava maravilhada. Que sucesso estupendo.

– Agora, minha filha, um pouco mais de licor.

Virgínia, arrancando o copo de suas mãos, que mais pareciam garras aduncas, bebeu de uma só vez, e com o copo preso nos dedos finos pediu mais. Nicole deu.

Ainda com esmero, ajeitou as flores do vestido e dando o

braço à jovem, saiu do quarto em direção ao salão onde todos já estavam esperando impacientemente.

***

Com um sinal, a orquestra começou a tocar muito baixinho.

Pegando a mão de Virgínia e atravessando por entre as mesas, Nicole se dirigiu para onde estava o grupo de fidalgos.

Um pouco distanciado, o pintor tudo observava e Nicole, como sempre hábil calculista, foi primeiro onde lhe podia render mais dinheiro.

Todos os jovens, que até então conversavam animadamente, pararam como se tivessem sido atingidos por um inesperado choque. Realmente, foi uma surpresa eletrizante quando surgiu aquela leve silhueta envolta em gazes, cabeça erguida, circundada pela coroa dourada dos seus magníficos cabelos.

Virgínia tinha as faces rubras e os olhos brilhantes, que paravam incertos em todos. Devido aos efeitos do álcool, cambaleava ligeiramente, mas eram movimentos todos graciosos que, ignorando a torpe cena passada momentos atrás no silencioso quarto, eles não podiam suspeitar da dolorosa verdade.

Ninguém podia compreender o drama angustioso daquela infeliz adolescente atirada naquele lamaçal de vícios e pecados. Só Ninom, afastada, via com infinita piedade o primeiro passo da jovem na senda tortuosa em que era atirada por aquela sinistra mulher.

Passado o momento de expectativa, os jovens, em coro, saudavam a nova atração da casa de Nicole com uma estrondosa salva de palmas.

A orquestra, ainda orientada pela astuta dona daquele antro, executou um trecho saltitante e convidativo. Influenciados pela magia da música, os jovens cantavam alegremente, já meio alcoolizados.

Quando a alegria era mais intensa, Nicole bateu palmas pedindo um pouco de silêncio, no que, imediatamente, foi atendida.

– Quero agora, para coroar com mais brilho esta apresentação, que Virgínia dance um pouco para os meus amigos.

Atônita, ela olhou amedrontada para Nicole. Esta compreendeu, mas como tinha arquitetado o seu plano diabólico, levantou-se e, tomando um dos copos de sobre a mesa, pediu ao jovem fidalgo que fosse mais cortês com a nova amiga e lhe oferecesse um pouco de licor.

Imediatamente, o jovem tomando de uma garrafa e um pequeno copo aproximou-se de Virgínia e, com requintes de galanteria, lhe ofereceu o licor que era pago por um preço altíssimo. Ela, ainda meio entorpecida, tomou o copo e de um só gole bebeu tudo.

– Agora, minha filha, nada de acanhamentos. Todos nós sabemos que não tiveste professora de dança e que os teus bailados são criação exclusiva do teu gosto artístico; vamos, para os nossos amigos, executa aqueles maravilhosos rodopios que me apresentaste quando estávamos sozinhas. Tenho certeza de que todos ficarão maravilhados com a tua arte.

Novamente pediu que a orquestra executasse um número, já para isso preparado. Era um trecho de música típica dos camponeses russos, música ligeira e palpitante.

Palmas se fizeram ouvir durante alguns instantes, mas ela continuava parada sem saber o que devia fazer.

– Vamos, minha filha – e quase empurrando a infeliz criança levou-a para um tablado reservado às danças.

Chegando-se mais para perto de Virgínia, disse junto ao seu ouvido:

– Vamos, tola, dá aquelas reviravoltas que deste no quarto; vamos, dá muitas e muitas vezes, só isso – e deixou-a parada no meio.

Tudo rodava à sua frente, era um rodar ligeiro onde os quadros fugiam e desapareciam alucinantemente... via Francisco... Marie... o castelo... o bosque... o regato... o esconderijo... o primeiro passeio de carruagem numa clara manhã de primavera... o terraço florido onde repousava a velha fidalga... o retrato da linda dama de vestido de rendas, o colar de pérolas... a morte de Francisco... de Marie... depois a fidalga... o aparecimento de Pierre... as cenas do salão deserto... a despedida... o encontro com o jovem na carruagem e por fim a queda na casa de Nicole... tudo isso passava na sua mente e a orquestra tocando... tocando...

Nicole, apavorada, olhava para ela, ereta no meio do tablado, todos olhando para aquela linda visão...

Inesperadamente, Virgínia, como num soluço, juntando as mãos em súplica, falou como um tênue murmúrio da brisa matinal:

– Dançarei o meu:... Fim de um sonho...

Com movimentos muito sutis, bem na ponta dos pés, encaminhou-se para junto da parede e bateu muitas vezes... fez sinal para que a orquestra parasse e ficou muito tempo com o ouvido colado à parede fria; depois, com os braços estendidos fez um movimento, como se aparasse uma pequenina e indefesa criancinha... na sua mente via Francisco com ela, muito juntinho ao seu coração.

Imediatamente tomou nova expressão; o seu rosto com os olhos muito abertos; as mãos ameaçadoras tentavam arrancar alguma coisa invisível... via Marie de olhar duro e voz ríspida repreendendo o bom Francisco porque este lhe acariciava os cabelos loiros e compridos.

Deu em seguida várias reviravoltas deixando flutuar no ar a leveza da gaze da echarpe e a longa saia. Uma nuvem rósea a envolveu toda... via o castelo lendário coberto de sol rutilante... outras voltas com os braços esculturais erguidos para o alto... era o bosque com as árvores seculares onde bandos alegres de pássaros cantavam festivamente.

Sempre rodopiando nas pontas dos pés com uma leveza encantadora, ela via passar na sua mente toda a beleza impressionante do bosque secular, depois o regato de águas límpidas deslizando mansamente... o esconderijo de pedras que guardava tão grandes segredos e tão comoventes histórias... Os rodopios continuavam... em seguida viu a carruagem velha estacionada junto à escadaria de mármore numa fresca manhã de primavera...

viu a nobre Senhora com todo o seu garbo descendo devagar os inúmeros degraus enquanto um criado reverente, à espera, segurava a porta da carruagem... os animais impacientes esperavam... em seguida uma pequena aparece sôfrega, extasiada diante da carruagem onde já estava sentada, à sua espera, a bondosa dama; revia o vestidinho muito velho e a fita que amarrava as tranças mal feitas pela pressa...

– Vem, minha filha... – e a menina subiu trêmula, sentou-se e a Senhora deu ordem para que a carruagem partisse... Recordava que o céu estava muito azul, porém sem nuvens... via o cocheiro empertigado, com mão firme, guiando a carruagem... quando transpôs o portão, olhou para os brasões da aristocrática família, assim como para os bojudos lampiões... sempre rodopiando como uma libélula, movimentava as mãos como quando esteve acariciando a desbotada seda que guarnecia as almofadas e a leve cortininha... diminuindo os rodopios, passava os dedos ágeis num movimento ritmado como se estivesse sentindo ainda o contato das suas mãos sobre a escultura dos brasões esculpidos... o interior da carruagem... sentiu as flores-de-lis no relevo perfeito...

Inesperadamente sentiu a presença da Senhora do retrato; parecia que ela se destacava da tela e se encaminhava para jun-to dela, ouvia o farfalhar da seda do vestido, olhava assustada a visão encantadora... Parou de rodopiar...

Fez um gesto airoso, tomou com dedos leves a ponta da saia, deixando ver os contornos esculturais de suas pernas, abriu o leque e começou a executar todos os movimentos e gestos da visão que se tinha desprendido da velha tela...

Nada mais via da casa de Nicole... nada... estava no castelo... numa noite de gala.

Com atenção ouvia os acordes de antiga melodia... apurou mais o ouvido e ouviu nitidamente uma suave valsa de Strauss que impregnava com harmonia divina os salões onde se desenrolava uma grandiosa festa.

Ouvia a música perfeitamente... viu a desconhecida visão ser tomada nos braços por um garboso jovem e, muito juntos, deslizarem pelo salão inundado de luz... Com que leveza o par dançava...

Virgínia via tudo e procurava executar da mesma forma os movimentos da Senhora do retrato... começou a dançar uma valsa lânguida como se estivesse sendo guiada também por um garboso jovem... Dançava... dançava...

De repente, parou. A visão tinha desaparecido, tudo estava envolto em silêncio... tudo...

Inesperadamente, se pôs outra vez nas pontas dos pés e começou a rodopiar incessantemente, com angústia estampada no seu rosto que ia aumentando gradativamente; soluços baixinhos escapavam do seu peito, onde os braços estavam oprimindo fortemente, mas continuava a bailar nas pontas dos pés...

Soluçava porque recordava a morte de Francisco, depois a de Marie e finalmente a da Senhora, sua grande amiga...

A dança continuava impressionante, todos estavam com a respiração ofegante diante daquele bailado belo, porém trágico, pois ela demonstrava no rosto toda a angústia que tinha gravado na sua alma, mas ninguém tinha coragem para interrompê-la.

Os músicos, assustados, ficaram em pé. Nas mesas todos estavam de olhos fixos naquela misteriosa jovem e, até mesmo Nicole estava impressionada com o que via.

Bruscamente, Virgínia parou e correu para um ângulo do estrado onde ficou agachada como uma ave ferida por certeiro tiro. Comprimia a respiração e nos olhos muito azuis se viam estampados o terror de uma coisa invisível... é que ela via Pierre aparecer, via o salão mergulhado na penumbra, e no silêncio ouvia a porta se fechar e os passos da criada se distanciarem até que nada mais se ouvia a não ser o trinado dos pássaros e o sussurrar dos ventos.

Depois de uma grande demora ela foi novamente se erguendo e aconchegando a echarpe nos ombros. Tremia... tremia... no seu rosto a transformação tinha sido espantosa... deixou de ficar nas pontas dos pés, tudo nela era cansaço, desânimo, dor... cambaleava enrolada na echarpe transparente e rósea... parecia que um frio intenso a estava torturando... um tremor leve começou a percorrer o seu corpo, tremor esse que aos poucos ia aumentando até que ela, como uma frágil plantinha açoitada pela fúria do vendaval, curvada, percorreu o tablado até que exangue foi cair bem no centro. Caiu como se fosse arrancada, a esmo, a frágil plantinha sacudida pela violência do vendaval, rodopiando no ar até que desaparecesse por completo. Era, para Virgínia, a queda na casa de Nicole... o "Fim de seu Sonho"...

Aplausos estrugiram no salão... cadeiras se arrastavam, pois todos os jovens correram para o tablado levantando Virgínia nos braços...

A orquestra começou a tocar. Nicole, autoritária, quis tirar Virgínia dos braços do jovem fidalgo, porém este a encarou com severidade e disse-lhe ao ouvido:

– Nicole, ela me pertence! Depois dize-me quanto quer – e com o precioso fardo nos braços possantes dirigiu-se para um quarto que sempre estava à sua disposição.

Entrou e colocou Virgínia desacordada sobre o leito... Era realmente a primeira noite em casa de Nicole... pobre lírio imaculado atirado ao lodaçal.

* * *

Já era muito tarde quando Virgínia acordou. O quarto estava escuro, com as janelas completamente fechadas; sentia o corpo dolorido, assim como a cabeça.

As tranças estavam desfeitas... sentou-se muito devagar e ficou bastante tempo na mesma posição, sem coragem para se locomover; tinha vaga lembrança da noite passada.

Recordava-se do bailado até quando caiu exausta e fora suspensa por inúmeros braços: depois disso, de nada mais se lembrava.

Às apalpadelas conseguiu chegar à janela e com dificuldade abriu-a. Um jorro de luz clareou subitamente o aposento.

Virgínia ficou junto à janela aspirando o ar puro apesar de quente. O sol muito rubro cobria a Terra.

Ainda surpreendida, voltou-se de repente e constatou que não estava no seu quarto e sim em outro, mais bem mobiliado, quase que luxuoso. Um imenso leito onde quatro artísticas varas muito bem esculpidas sustentavam uma cobertura de madeira forrada de cetim azul muito suave. No assoalho lustroso, um tapete macio o cobria quase todo. Uma cômoda e em cima um grande espelho. Duas cadeiras, onde ela viu numa o traje da noite rasgado e a echarpe caída ao lado; em outra, um vestido que ela ainda não tinha visto.

Devagar, saiu da janela, pegou o vestido rasgado e a echarpe, e voltou a sentar-se na cama. Apertando aqueles pedaços de cetim e gaze, era como se estivesse sentindo os pedaços da sua própria alma. Como teria vindo para aquele quarto?

Ainda desconhecia a misteriosa casa de Nicole; teve uma leve curiosidade de saber todos os segredos daquela mulher estranha, dos seus verdadeiros negócios e da sua casa, monstro terrível e devorador de tantas vítimas e de tantos sonhos.

– Mas para que conhecer tudo isso se não tenho forças para enfrentar tão perigoso e astuto inimigo? Melhor curvar-me e aceitar resignadamente como fez Ninom e, talvez, as outras indefesas vítimas do destino. Para que tentar enfrentar uma batalha quando antecipadamente já estamos certos da derrota, quando constatamos que em tudo somos inferiores? Nicole possui todas as armas e enfrentá-la desprevenida será temeridade ou falta de senso.

Nesse momento, Virgínia raciocinava acertadamente.

– E Pierre, onde teria ficado?

Pobre Virgínia... ignorava que muito cedo já tinha vindo exigir de Nicole o seu quinhão na participação do lucro que ela havia conseguido na noite passada. Cena asquerosa tinha se passado entre ele e Nicole; Pierre queria a metade do que o fidalgo tinha pago. Nicole concordou, mas exigindo que ele lhe pagasse parceladamente o muito que lhe estava devendo e, caso ainda tivesse reclamações a fazer, ela o enxotaria definitivamente da sua presença.

Pierre conhecia muito bem aquela mulher, sabia até onde poderia chegar a sua cólera; era melhor concordar recebendo o que ela lhe queria dar, pois, do contrário perderia tudo. Tolo foi quando levou Virgínia e confiou aquela preciosa fonte de lucros a Nicole, velha conhecedora de tão vil negócio; mas estava feito e nada mais podia modificar.

Pierre, cantarolando, saiu da casa de Nicole levando o dinheiro para mais tarde ir jogar e tudo perder, enquanto Virgínia chorava sobre os escombros da sua vida.

– Impossível continuar neste quarto – pensou. – Preciso sair e enfrentar a realidade.

Atirou para longe o vestido e a echarpe e estava começando a se vestir, quando a porta se abriu e Nicole, muito alegre, entrou.

– Muito bem, minha filha, vejo que descansaste bastante; agora precisas te alimentar e depois tratares de fazer a tua toalete mais cuidadosa, pois tens que esperar uma visita.

Virgínia fitou Nicole com um olhar tão assustado que ela não pôde deixar de rir alto.

– Mas, minha filha, por que essa surpresa? O sucesso de ontem foi tão grande que é natural que hoje recebas muitas visitas, mas eu já tenho organizado o que deves fazer. Recorda-te do teu companheiro de viagem? Pois ele ontem aqui esteve e assistiu ao teu bailado; só não lhe fez a corte porque outro, mais astucioso e dispondo de mais recurso, lhe arrebatou a preciosa jóia.

– Mas quem foi o outro? – ela perguntou timidamente.

– Aquele que encontraste no bosque.

Tudo se fez claro no cérebro de Virgínia; um ódio tremendo invadiu a sua alma; teve vontade de esbofetear aquela sórdida mulher e sair para sempre daquele antro; porém foi rápido esse desvario, pois lembrou-se novamente de tudo quanto Ninom lhe contara.

Mesmo assim, com olhar de profundo desprezo, perguntou:

– Por quanto me vendeste, Nicole?

– Isso não te interessa. Basta que saibas que já paguei ao teu irmão a parte que lhe pertencia, assim como os dois vestidos que comprei, sapatos, flores e perfumes, a mensalidade adiantadamente do teu quarto e ainda sobrou isto e atirou na cama algumas notas.

Virgínia olhou com asco para aquele dinheiro.

– Vamos, tolinha, guarda bem porque nem sempre as noites serão como as de ontem; agora conversemos como boas amigas. O teu pintor quer que sejas seu modelo; poderás dispor de algumas horas por dia satisfazendo assim mais esse adorador de tua plástica admirável. Aproveita, minha filha, aproveita enquanto a flor está na plenitude da sua beleza, porque depois as pétalas murcham, perdem o colorido, o perfume e caem, e são levadas pelo vento ou pisadas pelos indiferentes. Jamais, Virgínia, esqueças este conselho. Tenho prática da vida, tive as minhas desilusões, por tudo isso sou hoje indiferente a qualquer sentimento afetivo; sempre soube enfrentar a adversidade, não fiz como as outras que quando feridas se entregam ao desespero ou ao vício, eu não... reagi e tornei-me a mulher que sou e assim marcharei até o fim. Vamos, já conversei bastante, breve aqui estará o jovem pintor para levar-te ao seu ateliê e possivelmente a algum passeio... Vamos, minha filha, não esqueças as minhas recomendações...

***

O Sol já começava a se esconder lentamente quando uma carruagem parou em frente à casa de Nicole e um jovem desceu apressado, empurrou a porta e entrou.

Na velha casa, os criados começavam a arrumação do grande salão para a noite, sob a vigilância severa de Nicole, que não se descuidava dos menores detalhes. Quando viu o jovem entrar, foi imediatamente ao seu encontro e, muito afável, o fez sentar para esperar Virgínia, que não deveria demorar.

Sentou-se ao seu lado e começou a conversar alegremente,

pois desde a noite anterior que tudo tinha combinado com o jovem; nada mais tinha a fazer do que lhe entregar a jovem, pedindo somente que, à hora certa, ele a trouxesse para efetuar os compromissos assumidos.

Constrangido, o jovem aceitou todas as imposições de Nicole, pois apesar de abastado, não podia competir com seu rival, dono de uma das maiores fortunas de Paris; mas ela o tinha tão fortemente impressionado que mesmo assim aceitou, recalcando os ciúmes que já sentia brotar impetuosamente e que ele não tinha forças para reter.

Quando Virgínia chegou, foi um deslumbramento para Nicole e o jovem pintor. Estava encantadora... Vestia um gracioso vestido de grossa seda com ampla saia que se avolumava atrás, presa por um laço da mesma seda; a blusa justa e aberta na frente deixava aparecer um peitilho de seda branca com gola alta, enfeitado de pequeninas rendas. Mangas compridas e muito franzido completavam o elegante traje. Um chapeuzinho de palha muito leve enfeitado de flores e fitas; e, para terminar, uma sombrinha de cabo muito esguio, última moda de Paris. Minúscula sacola também de seda.

Tinha Nicole muito gosto, pois essa toalete fora escolhida por ela. A jovem seria incapaz de fazer tal aquisição.

No rosto delicado, uma leve palidez, vestígio da noite anterior. Nos olhos grandes e límpidos, uma vaga tristeza. Em pé, junto à mesa, Virgínia recebeu indiferente os cumprimentos do pintor.

– Agora podem ir, mas vejam bem, não esqueçam as minhas recomendações... Vão...

E o jovem, dando o braço à Virgínia, saiu em direção à carruagem que os esperava. Sentados, deu ordem ao cocheiro: primeiro um ligeiro passeio para que ela fosse aos poucos conhecendo a cidade.

A tarde estava maravilhosamente bela. Tudo era encanto depois que o Sol se escondeu no horizonte longínquo, só deixando atrás uma nuvem vermelha como um manto de púrpura cobrindo o céu e refletindo na Terra.

Para o artista, nada mais emotivo do que as surpresas da Natureza. Só ele vê e sente as metamorfoses magníficas, como o desencadear da tormenta nos oceanos onde a fúria dos ventos levanta ondas encapeladas, cortando-as com faíscas luminosas, pondo em pânico embarcações que se tornam brinquedos insignificantes, para depois tudo cessar e, obedientemente, as ondas voltarem a deslizar mansamente e o céu perder a tonalidade escura e o azul límpido o cobrir outra vez.

Sentir o vento sacudir, como um gigante enraivecido, as árvores seculares das florestas misteriosas onde os animais bravios correm, apavorados, em busca de esconderijos até que passe o momento terrível.

Ver grupos de crianças em rodas cantando e saltitando na alegria pura da inocência descuidada.

Ver a mulher, mãe carinhosa, aconchegando o filhinho adormecido...

Ver uma donzela no esplendor da sua mocidade quando tudo em volta dela é belo, quando a vida ainda não lhe causou desenganos, quando o seu coração palpita ansioso na espera daquele que há de vir...

Sentindo os efeitos da beleza da tarde que morria, Virgínia estava silenciosa e o jovem também; mas ambos pensavam do mesmo modo, admirando a tarde maravilhosa que, aos poucos, ia desaparecendo para que a noite surgisse marcando o fim de mais um dia no calendário ininterrupto do tempo.

O jovem pintor olhou para Virgínia que, calada ao seu lado, não desprendia os olhos do horizonte. Que tristeza viu o artista naqueles olhos profundos e límpidos; recalcando os seus instintos, teve por aquela infeliz adolescente uma grande e sincera piedade, pois no esplendor dos anos estava atirada àquele antro de lama que era a casa de Nicole.

Quantas vezes ele não tinha ido até lá a procura de modelos que servissem de inspiração para os seus quadros já famosos. No seu ateliê muitas modelos tinham posado vindas da casa de Nicole, porém nenhuma lhe causara tão forte impressão como aquela que estava ao seu lado, impressão vinda desde os primeiros momentos do encontro na carruagem.

Ao vê-la ao lado de Pierre, julgou que era uma jovem que vinha conhecer Paris, mas, mesmo antes de chegar, já uma dúvida tremenda invadia o seu coração, e, na noite seguinte, tudo se esclareceu depois da ligeira conversa que teve com Nicole. Súbito rancor se apoderou do jovem pintor quando aquela mulher negociou Virgínia com ele, como se a infeliz adolescente fosse uma insignificante e barata mercadoria. Venceu quem deu mais, porém, mesmo assim, o pintor não hesitou em satisfazer a ambição de Nicole, pagando tudo quanto foi estipulado, para ter a satisfação de proporcionar à sua companheira de viagem um pouco de tranqüilidade no seu silencioso ateliê.

Pretendia e teria de pintar um retrato de Virgínia, pois, como artista, não poderia deixar de fixar numa tela tão rara beleza. Depois, talvez, ela lhe inspirasse outros quadros. Lembrava-se do bailado da noite anterior, cujos quadros ficaram retidos na sua retina; seria capaz de pintá-los sem necessidade da modelo, tal a impressão causada na sua sensibilidade de artista.

A carruagem, depois de mais algumas voltas, parou em frente ao ateliê.

O jovem desceu oferecendo-lhe a mão. Virgínia desceu e ficou parada muito tempo defronte à casa onde o pintor tinha instalado o seu ateliê.

Que diferença da velha casa de Nicole... Que rua larga e que aspecto acolhedor... Mesmo nessa hora crepuscular, quando toda a Terra é envolvida por um manto de suave penumbra e tristeza, essa rua era alegre e clara. Como devia ser linda ao amanhecer, quando o Sol começasse a despontar no horizonte distante e depois quando, das árvores frondosas, sombra amiga se projetasse para agasalhar aqueles que procurassem acolhida. Olhando as casas, constatou que todas eram bonitas e limpas e de telhados avermelhados. Impossível compará-las com a de Nicole, de paredes velhas e telhado encardido.

Só quando sentiu a mão do pintor puxar a sua foi que ela, assustada, se voltou da muda contemplação.

– Vamos, quero te mostrar o meu ateliê enquanto há um pouco de luz, pois, do contrário, o encontraremos totalmente escuro, perdendo assim todo o seu poético encanto.

5

Grande amor à primeira vista

Virgínia se deixou levar por aquelas mãos amigas. Subiu lentamente a longa escadaria de madeira, muito limpa, até que parou junto a uma porta que ficava logo em frente à escada.

O pintor abriu e, na frente, entrou, dirigindo-se à janela e abrindo-a toda.

Virgínia, que tinha acompanhado os seus passos, parou bruscamente, pois diante dos seus olhos atônitos, surgiu o mais belo quadro que os seus olhos tinham tido a ventura de ver. Emoldurando tão preciosa tela, descia os franzidos finíssimos de alva cortina que mais pareciam flocos de espuma empurrados pelas ondas que iam se perder na praia distante.

O céu estava dividido em duas faixas; no alto, um azul muito escuro que ia clareando aos poucos, até se confundir com o alaranjado claro dos últimos raios solares que se infiltravam no horizonte. Seria inútil o mais hábil pintor tentar reproduzir tais tonalidades. Nessas duas únicas faixas luminosas estava estampada a presença Divina de Deus, Supremo Criador.

Virgínia, tonta com tanta beleza, sentou-se numa cômoda cadeira junto à janela. Muitas vezes passou as mãos sobre seus olhos cansados e maravilhados com tanta beleza inesperada.

O pintor não a perturbou, deixou que ela mesma analisasse

como queria, o aspecto do seu ateliê que para ele, artista, era o seu verdadeiro lar. Ali passava horas entregue à sua arte, esquecido do mundo e mergulhado no êxtase do belo e do perfeito.

Quantas modelos ali posaram para o seu deleite artístico; quantas jovens encantadoras não se despiram para que ele as pudesse retratar e imortalizar para a posteridade. Cada uma dessas modelos tinha despertado na sua alma um sentimento diferente, sentimento esse forte, porém passageiro, pois que depois de fixa na tela a perfeição das suas formas, nada mais restava. Muitas delas ele esquecera até o nome, mas agora sentia que Virgínia ficaria imortalizada nas suas telas e no seu coração, até então árido de amor.

Sentira estranha emoção quando a encontrou na carruagem e depois que soube a sua história, contada pela perversa Nicole, e viu, compungido, o seu drama quando ela dançou, entorpecida pelo álcool, o seu bailado belo e trágico. Talvez só ele tivesse compreendido toda a extensão da sua desdita e, agora, ao vê-la sentada junto à janela, nessa hora triste do crepúsculo, no seu coração brotou, violentamente, um grande amor.

Quando Virgínia quis se levantar, ele correu para junto dela e a fez novamente sentar-se. Parado à sua frente, olhava deslumbrado aquela beleza que despontava magnificamente.

Tendo tirado a jovem da casa de Nicole, ainda mais se avolumava a sua surpresa. Como poderia aquela pobre criança enjeitada, sem amparo, atirada logo ao nascer, envolta em trapos, numa humilde choupana, obrigada a trabalhar desde os primeiros anos se tornar aquela jovem de beleza tão estranha e tão rara?

Mas não era só a sua beleza que o impressionava; era também o seu porte fidalgo, as suas maneiras distintas; parecia que ela tinha vindo não da choupana paupérrima, mas sim de autênticos e nobres salões.

Enquanto o pintor a examinava, ela, indiferente, percorria com olhares curiosos todo o ateliê. Era um imenso salão, tendo duas largas janelas e nas paredes estavam penduradas uma porção de telas; cavaletes e caixas de tintas sobre diversas mesas, dois grandes divãs e algumas cadeiras. Viu também uma porta que estava fechada.

Devagar, levantou-se e foi ver os quadros; o pintor, calado, deixou que ela fizesse o exame desejado. Tendo percorrido todo o ateliê, Virgínia voltou e sentou-se na mesma cadeira; foi quando o jovem se aproximou e delicadamente, como fez na entrada, tomou a sua pequenina mão e fez com que ela se levantasse para novamente o acompanhar.

Qual seria a surpresa que ele lhe reservaria? Atravessando o grande salão ele a levou até a porta fechada e muito devagar abriu com uma chave que estava sobre uma das mesas.

– Vamos, entra...

Ela entrou receosa e qual não foi a sua admiração quando deparou-se com um acolhedor aposento. Acesa uma vela de um candelabro, ela pôde ver perfeitamente tudo. Um leito largo, protegido por um dossel de seda grená, cujos apanhados eram presos por grossos cordões do mesmo tom. Uma cômoda e um espelho, e sobre a mesma diversos vidros de perfume e outros objetos que ela não teve tempo de observar melhor. Um armário completava o mobiliário desse quarto simples, mas de apurado gosto.

O jovem fez com que Virgínia sentasse no macio leito e, com muito cuidado, lhe tirou o pequenino chapéu, tomou a sacola e a sombrinha e colocou-os sobre a cômoda.

Ela respirou aliviada; era a primeira vez que podia respirar assim. Como era abafada a casa de Nicole; sempre o mesmo odor de tabaco, álcool e perfumes baratos. Que diferença deste ambiente onde se podia respirar perfeitamente, só sentindo suave e delicioso perfume.

***

Quando Virgínia acordou sobressaltada, estava deitada no macio leito. O quarto envolto numa penumbra deliciosa, pois o jovem tivera o cuidado de descer a leve cortina.

Já era noite... No ateliê, tudo era acolhedor. Ela teve vontade de ali ficar para sempre, mas imediatamente se recordou de Pierre e de Nicole, seus dois terríveis algozes; olhou para o pintor, que estava diante de um cavalete colocando uma tela, ao lado de uma caixa de tintas e vários pincéis.

Sentou-se no leito para melhor analisá-lo. Sentiu no seu coração uma terna afeição por aquele jovem tão diferente de Pierre e do fidalgo amigo de Nicole; relembrou-se da noite passada e todo o seu corpo estremeceu, pois tinha certeza que logo mais estaria representando a mesma cena.

Ainda sentia náuseas quando se recordava do jovem; tudo nele era vício e sensualidade. Que cheiro forte de perfume misturado com álcool; que riso sarcástico e que gestos desgraciosos... Por que teria de voltar para os seus braços, quando tudo lhe fazia sentir que não o poderia tolerar?

Levantou-se devagar e, muito mansamente, foi até onde estava o pintor e, colocando as mãos sobre o seu ombro, o chamou muito baixinho:

– Querido...

O jovem se voltou rapidamente e, tomando as duas mãos de Virgínia, beijou-as com amor.

Juntos se encaminharam para o divã.

– Quero saber o teu nome...

– Edmundo...

Ao ouvir o jovem pronunciar o nome de Edmundo, ela sentiu uma estranha emoção; parecia que esse nome pronunciado tão naturalmente lhe evocava uma dolorida saudade...

– Por que estou sentindo essa emoção? – perguntava a si mesma, enquanto lágrimas brotavam dos seus olhos sem que pudesse impedi-las.

Uma palidez cobriu o seu lindo rosto e todo o seu ser fremia; parecia que tinha sido tocada por uma faísca. Olhava para o jovem e ele estava indiferente, muito indiferente. Por quê? Cobriu o rosto com as mãos trêmulas e viu a dama do retrato junto dela e um jovem que ela chamava muito carinhosamente de Edmundo. Foi rápida essa visão. Alarmado com o que se passava, o jovem se levantou e ergueu-a, perguntando:

– O que estás sentindo, por que estás chorando?...

Virgínia olhava amedrontada para ele sem poder articular uma só palavra.

– Queres voltar?

– Não, não, espera mais um pouco... tenho medo da casa de Nicole.

– Mas por que estás chorando?

– Não sei, senti uma emoção tão grande quando ouvi o nome de Edmundo...

Nesse momento tornou a abrir muito os olhos e lembrou-se de que na sepultura da nobre senhora do retrato estava esculpido o nome de Edmundo. Tudo se clareou na sua lembrança. Recordou-se quando, certa manhã, perguntou à sua velha benfeitora quem era Edmundo e que ela lhe explicou que Edmundo fora um renomado escritor que tudo sacrificou pela nobre do retrato, abandonando a esposa para viver ao lado do seu único amor e que fora morto por um misterioso tiro na floresta.

Ela repetia pausadamente as palavras da velha fidalga. O jovem estava confuso e interrogou a si mesmo: – O que estaria pensando Virgínia?

Juntos à janela, ele, com muito carinho, afagando os seus lindos e dourados cabelos, pediu:

– Virgínia, conta-me o que estás sentindo... conta querida.

Ela, então, contou-lhe tudo. Quando terminou, ele, sorrindo, lhe disse:

– Nada de lágrimas e tristezas... sou Edmundo e serás Madalena, meu único amor... Estás satisfeita?...

Outra vez sentiu o mesmo tremor percorrer o seu corpo e um medo terrível invadir a sua alma, medo de perder aquele amor que já despontava alucinantemente no seu coração. E, ensimesmada, permaneceu algum tempo, até que o jovem a chamou:

– Vamos, minha Madalena, volta à realidade; precisamos obedecer à Nicole para que possamos ter estas horas de tranqüilidade.

Virgínia, como uma sonâmbula, voltou-se para o quarto e em frente ao espelho colocou o pequenino chapéu; tomou a sacola e a sombrinha, e viu o grande leito desfeito, as almofadas amassadas, o dossel grená, e novamente sentiu vontade de se deitar outra vez e aí ficar para sempre, mas precisava voltar para a casa de Nicole, precisava ganhar muito dinheiro para satisfazer o vício de Pierre e a ambição de Nicole. Precisava voltar para, em troca, ter alguns momentos de felicidade. Daria tudo para os seus dois algozes contanto que pudesse voltar muitas vezes com Edmundo e ali ficar esquecida por algumas horas.

– Vamos, minha querida. Vamos, pois já está muito tarde e Nicole não nos perdoará essa demora.

Olhando ainda uma vez para aquele quarto silencioso, ela se afastou apressada.

– Vamos, amanhã irei buscar-te mais cedo, quero logo dar início ao meu quadro – e, descendo a longa escada, foi lhe dizendo:

– Quero começar a trabalhar o mais depressa possível; não quero perder um só momento; as nossas horas são poucas e tenho certeza que passarão rapidamente, como passam todos os momentos de felicidade.

– Mas então terei de posar para algum quadro? O que irei representar? – perguntou Virgínia, curiosa.

– Nada de extraordinário, querida; simplesmente pintarei o teu retrato. Um simples retrato, minha querida...

Ela deu um prolongado suspiro e olhou meigamente para o jovem que já estava sentado ao seu lado na carruagem.

– Por que esse suspiro tão triste? Não ficaste satisfeita em minha companhia?

– Não, não – respondeu Virgínia – fiquei muito contente e quero ter outros momentos como esse.

– Mas, então, por que estás triste?

A carruagem seguia lentamente pelas ruas movimentadas, mas os dois jovens estavam completamente alheios a esse movimento. Foi depois de um prolongado silêncio que ela disse:

– Edmundo, como gostaria de possuir um vestido de rendas muito vaporoso, um leque também de rendas com varetas de madrepérola incrustadas de pedras preciosas...

– Por quê?

– Para posar para o teu quadro.

O jovem sorriu satisfeito e ia responder quando a carruagem parou defronte à casa de Nicole.

O jovem par desceu e rapidamente entrou. Do longo corredor puderam ver o salão já iluminado e os músicos nos seus lugares. Apressados, foram ao encontro de Nicole; esta os recebeu de olhar severo e foi logo dizendo:

– Já estava surpreendida com a demora; por que foi?

O jovem tentou explicar que foi devido ao atraso da carruagem.

– Está bem – respondeu ela, e voltando-se para Virgínia, ordenou-lhe que fosse se preparar, pois estava na hora de receber os amigos.

Sem contestar, ela se despediu do jovem pintor e retirou-se imediatamente para o seu quarto. Antes de entrar ainda olhou e viu que Nicole recebia das mãos de seu companheiro algumas notas. Sentiu um forte calor nas faces e bruscamente entrou.

***

Como na noite anterior, ao acender uma vela, viu sobre a cama novo vestido, mais belo que o outro e muito mais caro.

Olhou com profundo desdém e, afastando-o, reclinou-se

para um ligeiro repouso. Atirou o chapéu e a sacola sobre a cadeira, desfez as tranças e respirou aliviada.

Compreendeu que teria poucos momentos para repousar e breve Nicole a estaria chamando para, quem sabe, tornar a dançar e depois... Virgínia estremeceu só em pensar... mas o que poderia fazer?

Teria de submeter-se a todas as vontades de Nicole, pois só com algum tempo é que poderia tomar outra decisão. Precisava ainda conhecer a cidade e fazer algumas amizades; talvez Edmundo mesmo a tirasse daquele antro.

Esperançosa, sentiu mais coragem para enfrentar a cruel realidade. Todos os dias teria as suas horas de tranqüilidade no ateliê de Edmundo e isso daria forças para suportar tudo até que pudesse se afastar definitivamente dali.

Estava entregue a esse doce devaneio quando Nicole, apressada, entrou e ao deparar-se com ela de olhos fechados, gritou furiosa:

– Mas o que significa isso? Então não compreendes que tens obrigações a cumprir? Todas já estão em seus lugares e venho encontrar-te deitada? Se soubesse que irias ficar tão cansada não teria permitido que saísses com o teu pobre apaixonado. Vamos depressa, que quem está pagando o teu luxo não gosta de esperar.

Virgínia, amedrontada com a simulada ameaça de Nicole, levantou-se apressada e começou a se vestir debaixo da fiscalização severa da terrível mulher. Calçou os sapatos e depois vestiu o belíssimo traje; correu para perto do grande espelho, fez as tranças e circundou a cabeça; depois tirou do vaso que estava sobre a mesa uma rosa vermelha e colocou no decote audacioso; em seguida tomou o vidro de perfume e espargiu algumas gotas nos braços e no colo. Voltando-se para Nicole, perguntou:

– Estás gostando?

– Sim! – respondeu satisfeita a astuta mulher – só falta uma coisa.

– O que é? – diz surpresa Virgínia – creio que nada falta.

Sorrindo, Nicole respondeu:

– Falta o principal, um pouco de vinho para dar vivacidade a esse rostinho encantador – e tomando a garrafa que já estava pronta para essa ocasião, encheu o copo e deu à jovem que o tomou com as mãos trêmulas.

De uma só vez bebeu tudo e depois, entregando novamente o copo, pediu mais. Seria mais fácil obedecer quando estivesse com a cabeça dolorida e a vista turva. Assim, nessa inconsciência, não sofreria nada no momento.

Nicole, que já tinha dado o suficiente, encarou-a admirada e recuou assustada quando viu o olhar de ódio que ela pousou no seu rosto já murcho pelos anos e pela vida depravada.

– Vamos! – gritou Virgínia, batendo com força os pés. – Vamos, ou atiro este copo na tua cabeça, vamos se queres que eu tenha dinheiro para dar a Pierre para pagar as minhas despesas.

Foi então que as mãos mirradas de Nicole tremeram.

– Quero mais vinho... – tornou a gritar enfurecida. – Depressa!

Nicole novamente encheu o copo que Vírginia tinha preso nos seus dedos longos. A jovem tornou a beber com sofreguidão e, chegando à janela, atirou o copo que foi se espatifar no jardim; e sem olhar para Nicole, abriu a porta e saiu.

Paralisada no meio do quarto, Nicole ouviu as palmas que estrugiram no salão e a orquestra que começou a tocar. Resoluta, saiu, fechando com cuidado o quarto.

Quando entrou no salão, viu Virgínia sentada numa das mesas ao lado do nobre fidalgo. Conversavam animadamente.

Em dado momento, todos os presentes começaram a pedir para que Virgínia dançasse, mas o jovem, tomando-a pelas mãos, saiu com ela em direção ao corredor onde tinha reservado o seu aposento. Inútil pedir. Todos sabiam perfeitamente como era caprichoso e para isso pagava muito caro. Então voltaram aos seus lugares e a alegria continuou.

***

Já havia muitos meses que Virgínia estava em casa de Nicole e era sempre a mesma rotina; de noite dançava e depois ficava com o jovem fidalgo... Algumas vezes saía e ia para outra residência que ele tinha num bairro afastado.

Durante o dia estava livre para ir ao ateliê do pintor, onde continuava posando para ele.

Durante esses meses conheceu diversos artistas, amigos de Edmundo; passou horas inesquecíveis, completamente esquecida da horrível casa de Nicole, onde tinha de estar sempre para satisfazer Pierre que, insaciável, exigia cada vez mais, e na voragem do jogo tudo perdia.

Pouco lhe restava depois de satisfeitos os caprichos daqueles dois infames que, indiferentes ao infortúnio daquela infeliz jovem, estavam sempre dispostos a sacrificá-la.

Virgínia, conformada com seu destino, ainda se julgava feliz tendo o afeto e a admiração de Edmundo que, apesar de conhecer pormenorizadamente a verdade da sua vida, a tratava com carinho e respeito.

Porém, quando ela estava em casa de Nicole, tudo se transformava. Quanta mesquinhez na alma daquela mulher. Que insensibilidade no seu coração; tratava todas com frieza e jamais perdoava um pequeno atraso. Era má... Quando uma das infelizes não podia saldar pontualmente o seu débito, era atirada à rua com todos os requintes de crueldade.

Certa manhã, Virgínia foi despertada com os gritos de Nicole que ecoavam estridentes por toda a casa. Prestou atenção e ouviu o nome de Ninom repetidas vezes. Ouviu quando a porta se abriu e Nicole, furiosa, dizia:

– Rua, vadia... esta casa não é para servir vagabundas... rua...

Virgínia ouvia os soluços de Ninom... Rapidamente se levantou e, vestindo apressadamente um vestido, correu em demanda ao corredor. Viu, estarrecida, Nicole sair do quarto de Ninom com um punhado de roupas para atirá-las à rua, e aproximando-se da infeliz, que estava trêmula junto à parede, tentou arrastá-la também. Neste momento Virgínia gritou:

– Nicole, larga Ninom ou deixarei esta casa juntamente com ela. Nada te devo e posso ainda exigir o que me tens furtado. Perversa...

E, num gesto brusco, arrebatou as roupas de Ninom sem que Nicole nada fizesse e, com o olhar cheio de ódio, bem em frente à terrível mulher, perguntou:

– Quanto te deve Ninom? Quanto, dize logo, miserável, dize que eu te pagarei tudo e, se não atenderes, sairei já para não mais voltar.

Ninom olhava para Virgínia, trêmula, apavorada com o que Nicole pudesse fazer com a sua benfeitora. Virgínia, vendo o terror estampado naquele rosto que fora tão belo, sentiu profunda piedade pela sua companheira de infortúnio. E com um ríctus de desdém, disse:

– Nada temas Ninom, tenho dinheiro para comprar esta infame, ela nada me fará quando eu lhe atirar no rosto algumas notas. Vem, vamos para o teu quarto – empurrando Nicole, amparou Ninom e, entrando com cuidado no quarto escuro, deitou a amiga para depois ir abrir uma janela para que o ar puro limpasse aquele cheiro característico de tabaco e álcool.

Deitada Ninom, ela saiu, encontrando Nicole à sua espera.

– Vamos, quero saber quanto ela te deve e nada de maltratá-la, pois, do contrário, saberei agir contando tudo ao teu amigo, que facilmente arranjaria outro aposento melhor e mais barato que o teu. Vamos...

Nicole nunca vira Virgínia tão corajosa e revoltada; teve medo de perdê-la e, por isso, sem contestar as suas palavras, foi buscar a conta de Ninom que imediatamente foi paga.

Lançando ainda um olhar de desprezo àquela desalmada, Virgínia voltou-se para junto de sua pobre amiga. Quando entrou, o quarto já estava mais arejado e o sol muito quente o invadira. Sentou-se ao lado de Ninom na velha cama desarrumada, depois o seu olhar percorreu tudo; o armário estava aberto e os poucos vestidos caídos e amassados; junto ao leito, os sapatos estragados e em uma das mesas o retrato que tanta curiosidade despertou em Virgínia quando ali entrou pela primeira vez... perto do armário, diversas garrafas vazias e um copo quebrado.

Ninom não dizia nada, mas olhava fixamente para a companheira ao seu lado. Que expressão tinha o seu olhar, misto de ternura e medo. As mãos muito brancas estavam trêmulas. Os cabelos soltos e vestígios de pintura nas faces.

Virgínia recordou-se da história que lhe fora contada. Reviu a jovem colegial no esplendor da mocidade despreocupada e feliz, até que surgiu aquele homem que lhe veio roubar todas as esperanças, aniquilar todos os seus sonhos e, depois de satisfeito na sua vaidade, deixou a infeliz vítima e desapareceu indo se unir a outra que ingenuamente o esperava. Via, compungida, a pobre vítima alquebrada pelos desenganos cair sem ter quem lhe desse amparo, quem lhe perdoasse aquela pequenina falta e, trôpega, ir cair definitivamente em casa de Nicole, monstro insaciável a quem nada a enternecia a não ser o vil dinheiro.

Olhando Ninom naquele miserável estado, teve medo do seu futuro. Agora era jovem e bela, tinha quem lhe garantisse a subsistência, mas, se depois, quando envelhecida, tudo lhe faltasse, o que seria dela? Sabia que Nicole faria como quis fazer com Ninom: abriria a porta e a atiraria na rua, inútil pensar de outra forma... aquele seria o fim de todas as infelizes que fossem atiradas naquela sórdida casa.

Lembrou-se de Edmundo e uma vaga esperança inundou a sua alma; ele lhe havia prometido um abrigo seguro, seria a surpresa que breve pretendia fazer a Nicole e ao fidalgo, que todos já sabiam se casaria brevemente. Ninguém suspeitava que ela preparava uma boa surpresa àquele par de patifes.

– Quanto tiver a minha casa, levarei Ninom, tirarei minha amiga daqui; sei que ela está muito doente e quero lhe proporcionar uns dias calmos, talvez consiga que ela deixe de beber, talvez – pensava Virgínia, acariciando os cabelos de Ninom que, devido à emoção, estava com os olhos fechados, mas mesmo assim as lágrimas corriam pelo seu rosto desfigurado.

Momentos depois, Virgínia, cautelosamente, saiu fechando a porta com cuidado... voltou para seu quarto e tornou a se deitar.

* * *

Debalde tentava esquecer a cena que presenciara e sufocar o ódio que sentia por Nicole e Pierre. Este, vinha todos os dias receber das mãos sujas da sua parceira o dinheiro para saciar o seu vício indomável.

Quantas vezes ao ver aquele jovem de aspecto tão bonito, porém de caráter tão falho, em confabulações com Nicole, revia o vulto de Francisco, o bom Francisco que ela tanto adorava, aquela alma imaculada, aquele nobre caráter incapaz de uma falha; revia também Marie, trabalhadora e honesta, e não podia compreender como da união daqueles dois seres pudesse ter nascido Pierre. Esforçava-se para afastar da sua imaginação todas essas recordações desagradáveis, mas não conseguia...

Agora, que já estava mais ambientada e esperançosa de breve sair daquela casa, pois tinha certeza que tudo se resolveria logo, sentia crepitar, no seu coração, intensa alegria.

Em companhia do pintor, fora ver uma pequenina casa afastada onde poderia instalar o seu ateliê e ao mesmo tempo o seu almejado lar.

O fidalgo se casaria breve e talvez se afastasse da boemia por algum tempo. Ela estaria livre desse compromisso.

Tudo faria para suavizar o sacrifício de Edmundo. Gostava de trabalhar e já antevia os dias que pudesse organizar a sua casa, preparar tudo modestamente e ali, oculta de todos, esqueceria esse período de sua vida em casa de Nicole.

Estava tão cansada que, entregue a esses pensamentos, tornou a adormecer profundamente.

Quando acordou já era muito tarde.

Levantou-se assustada e foi até a janela. Nunca lhe acontecera isso, tinha tão grande prazer em ir para o ateliê de Edmundo que jamais ele esperou por ela; sempre que ouvia o barulho da carruagem já estava vestida e sentada no salão à sua espera, mas essa tarde dormiu muito e não ouviu o barulho da carruagem.

– Será que Edmundo está conversando com Nicole? Não... mesmo que eu não estivesse à sua espera ele teria vindo despertar-me – pensou.

Apressadamente abriu o armário e retirou o primeiro vestido, vestiu sem olhar para o espelho, fez as tranças, tomou o chapéu e a bolsa, e saiu sem fechar a porta.

No salão, a confusão era a mesma: os criados num vai-e-vem incessante preparando as mesas e as bebidas. Perguntou por Nicole e lhe disseram que ela fora fazer umas compras e ainda não voltara.

Foi ao quarto de Ninom, entrou e encontrou a sua amiga sentada diante do espelho penteando, indiferente, os cabelos.

Ao vê-la através do cristal límpido, Ninom se voltou com um triste sorriso; quis agradecer, porém a amiga, com gesto delicado, tapou-lhe a boca.

– Nada de agradecimentos, Ninom. Creio que farias o mesmo por mim.

Ela tornou a olhar firmemente para a sua amiga e depois perguntou:

– Por que estás tão preocupada, Virgínia? E por que não saíste com Edmundo?

– Dormi muito hoje e ao acordar não encontrei Edmundo; é a primeira vez que ele não vem na hora certa.

– Não te preocupes, querida, talvez algum negócio.

– Não... Sinto que algo está acontecendo de terrível.

Ninom sentou-se ao lado da amiga e, abraçando-a carinhosamente, tornou a dizer:

– Não será nada, ele pode ainda vir.

– Sim, mas já é tarde e tenho certeza que Nicole não permitirá a nossa saída; ela precisa tirar dinheiro até o último momento do seu velho amigo, pois terá por poucos dias essa possibilidade.

– Quando ele se casa? Faltam muitos dias?

– Não. Faltam oito dias apenas.

– Ele te deu muito dinheiro? – tornou a perguntar Ninom.

– A mim não, mas a Pierre e Nicole deu muito.

– Miseráveis... Miseráveis...

Virgínia foi até a janela e olhou a rua deserta, nada viu... e exclamou:

– Por que Edmundo não veio?

Voltou a sentar-se ao lado de Ninom; angústia imensa oprimia o seu coração até há pouco tempo tão alegre. Ouviu a voz de Nicole que entrava e austera interpelava um dos criados. Ouviu nitidamente quando ela perguntou:

– Virgínia já voltou?

– Ela hoje não saiu – respondeu o criado.

– Não saiu, por quê?

– Porque não vieram buscá-la.

Nicole assustada foi ao quarto de Virgínia, empurrou a porta e entrou... era grande a desordem, motivo que ainda mais atemorizou a observadora Nicole, sabedora de quanto Virgínia detestava coisas desarrumadas.

– Ela está no quarto de Ninom – pensou.

Saiu apressada, tornou a passar pelo salão, deu novas ordens e foi direta ao quarto de Ninom.

Entrou... Na cama, as duas estavam sentadas... Não deram a menor importância à entrada de Nicole. Esta se colocou em frente das duas e com as mãos na cintura as interrogou autoritária:

– Mas o que foi isso, por que não saíste com o teu Edmundo?

Virgínia não respondeu e continuou olhando pela janela o céu, que já estava escuro, mas em breve estaria enfeitado de estrelas...

– Vamos... hoje quero muita alegria nesta casa, mas parece-me que não posso contar com isso.

Virgínia se levantou e, empurrando Nicole, saiu. Ninom continuou na mesma posição. Sem olhar para aquela sua vítima, Nicole também saiu.

No salão já estava a orquestra e nas mesas algumas mulheres conversando alto e bebendo; momentos depois, um grupo alegre de rapazes entrou e a orquestra começou a tocar. Outros rapazes chegaram.

Nicole, sempre atenta, de longe fiscalizava tudo, nada escapando da sua atilada vigilância; tinha um controle absoluto, não lhe fugindo o menor detalhe. Era de uma memória extraordinária e os criados sabiam que era impossível ludibriá-la.

Alegremente se voltou quando viu surgir no corredor o fidalgo, acompanhado de alguns amigos. A mesa estava reservada. Sentados, pediram bebida e imediatamente foram atendidos por criados atenciosos.

Como Virgínia estava demorando, o fidalgo fez um gesto a Nicole que logo se afastou.

Tinha compreendido o seu pedido e quando se aproximava do quarto, a porta se abriu e ela apareceu maravilhosamente bela. Nicole parou e ficou olhando atenta para aquela esbelta mulher que desdenhosamente passava junto dela sem olhá-la.

Com passos firmes Virgínia entrou no salão e foi direta à mesa do fidalgo. Recebida com entusiasmo, sentou-se e pediu bebida. Imediatamente foi servida.

A alegria era intensa no salão. Todos conversavam e riam enquanto a orquestra tocava quase que ininterruptamente, mas para um bom observador poderia logo ser constatada a falsidade daquela alegria. Naqueles rostos pintados e naqueles olhos cansados viam-se estampados os estigmas de lutas, de decepções e desenganos. Tudo ali era falso. Até a própria música não tinha a suavidade e o encanto característico.

Os músicos, assim como as mulheres, eram fracassados, pois do contrário não teriam vindo parar naquele antro de perdição. Mas, quem sabe, quantos deles não eram realmente artistas; quantos não iniciaram a vida cheios de esperanças gloriosas para o futuro, mas logo no início viram que a estrada a palmilhar não era tão plana como pensavam, que os obstáculos seriam muitos e que as forças lhes faltariam mesmo lutando como bravos, e em lutas constantes iriam esmorecendo até que, para não falharem de tudo, viram-se na contingência de se submeterem às pequeninas ofertas de casas como a de Nicole.

Virgínia, mais de uma vez, ouviu Nicole se referir ao seu pianista; dizia ela que era um legítimo artista. Jovem pobre da província, viera a Paris animado em poder continuar os estudos e se tornar um pianista conhecido e aplaudido, mas logo viu ruírem os seus castelos e, para não voltar ao lar onde deixou tão grandes esperanças, vivia agora tocando em modestas orquestras para ganhar o suficiente para a sua manutenção.

Virgínia bebia vagarosamente, fazendo essas conside-rações, para afugentar os pensamentos lúgubres que a tortu-ravam desde a tarde.

– Por que Edmundo não veio?... Por quê? – pensava ela apreensiva...

Ao seu redor todos riam e conversavam fazendo ao jovem fidalgo inúmeras perguntas.

– Então casas, mesmo?

– Sim – respondeu ele, sorvendo com prazer uma deliciosa bebida. – Caso... pois sou forçado a fazer essa tolice; poucos dias tenho de liberdade.

– Quantos? – perguntaram em coro os seus companheiros.

– Três... meus amigos – disse ele com um profundo suspiro. – Três...

– E Virgínia?

Como se fosse tocado por uma força desconhecida, o jovem fidalgo encarou rudemente os seus companheiros e dando um empurrão na mesa, onde os copos e as garrafas estremeceram, e algumas caíram entornando sobre a mesa, se levantou e tomando a mão de Virgínia, saiu com ela, deixando todos alarmados com o seu gesto brusco.

Nicole, a quem nada escapava, correu para perto do grupo temerosa de alguma cena desagradável. Passados os primeiros momentos de surpresa, tudo voltou ao ritmo normal e em breve o pequenino incidente foi esquecido.

Dançando e bebendo todos, não se aperceberam das horas que lentamente passavam para que breve surgisse novo dia.

* * *

Já o Sol principiava a aparecer no horizonte, quando o último retardatário saiu da casa de Nicole; tudo estava na mais completa desordem.

Nicole, sozinha no salão, contava atentamente o dinheiro adquirido. Inesperadamente viu ao seu lado o jovem fidalgo, que estava com a fisionomia transtornada. Cautelosamente colocou o dinheiro de um lado e, solícita, voltou-se para ele.

– Quero saldar todos os meus débitos nesta casa, pois foi a minha última noite passada aqui.

Nicole, com uma expressão de profundo constrangimento, perguntou:

– E Virgínia? Que pretendes com ela? Devo conservá-la à tua espera?

– Não – respondeu categórico o jovem. – Estou disposto a modificar totalmente a minha vida. Vamos, vê logo quanto te devo.

Nicole pausadamente fez os seus cálculos que foram pagos imediatamente. E, sem olhar para aquela mulher e para aquela casa onde passara tantas noites de orgia, o jovem saiu sem pronunciar uma só palavra, um só adeus.

Ela ouviu o barulho da carruagem que se distanciava velozmente levando o seu melhor freguês. Ouviu também passos incertos e voltando-se deparou com Virgínia que, trôpega, encaminhava-se para o seu quarto. Suspirando, Nicole pensava:

– Que pena, perdi um grande amigo. Agora preciso providenciar com urgência novo encontro para Virgínia, preciso aproveitar o mais possível a beleza dessa tola menina.

No seu quarto, Virgínia, mesmo vestida como estava, se deitou e adormeceu... estava cansada... dormiu profundamente e quando acordou já era muito tarde.

Passou as horas de espera numa ansiedade dolorida; muitas vezes foi à porta na esperança de ver aparecer Edmundo mas, como na tarde anterior, ele não veio buscá-la. Sentada, conversando com Ninom, ficou até que as esperanças desapareceram novamente.

A noite chegou e ela teve que ir para o salão cumprir o seu dever. Antes, Nicole a chamou e lhe deu as instruções que desejava: fosse para a mesma mesa, mas que não se demorasse muito; com o pretexto de uma indisposição, se afastasse logo e fosse para o seu quarto.

Virgínia olhou admirada para Nicole e esta, sorrindo, lhe disse:

– Tem paciência, minha filha, pois tenho outro negócio muito rendoso para nós, mas preciso de uns três ou quatro dias de espera.

O que estaria tramando aquela terrível mulher?

Conforme essas determinações, naquela noite a jovem se recolheu cedo. No silêncio e na penumbra do seu quarto, pensava aflita:

– Mas, Edmundo, por que não vem? Amanhã irei ao ateliê saber de tudo.

Muito cedo, já estava acordada. Viu Pierre conversando em surdina com Nicole, e quando esta lhe deu outra vez muito dinheiro e lhe transmitiu uma ordem.

Quando Pierre saiu e ela pôde vir para o salão, deu entrada no mesmo um jovem desconhecido de Nicole, mas que Virgínia o reconheceu, pois tinha se encontrado mais de uma vez com ele no ateliê: era um dos pintores amigos de Edmundo.

Ao vê-lo, correu ao seu encontro perguntando por Edmundo.

O jovem olhou muito tempo para Virgínia, parada à sua frente, e depois tomando-lhe a sua mão, muito constrangido disse:

– Virgínia, é com pesar que venho te dar uma desagradável notícia.

Ela tremia amedrontada e não afastava o olhar do rosto do pintor.

– Sim, Virgínia, é uma notícia terrível. Edmundo adoeceu repentinamente e poucas horas terá de vida. Sabendo de tudo vim te avisar.

Ela nada disse, desprendeu a mão que o jovem tinha presa à sua e voltou para o quarto.

Nicole tudo presenciara. O jovem pintor, sem dirigir uma só palavra à proprietária, saiu.

Durante todo o dia Virgínia passou fechada no seu quarto e, à noite, quando Nicole bateu repetidas vezes na porta, chamando alto, foi que ela se levantou e veio cambaleando abrir. Nicole recuou assustada tal a expressão do olhar da jovem.

– Então, que é isso?... Parece que não estás bem disposta?

– Sim – respondeu laconicamente. – Estou indisposta e quero ficar sossegada... Pode sair.

– Então não vais cumprir as tuas obrigações?

– Não.

– E a despedida do teu fidalgo?

Já nos despedimos ontem, assim como já recebeste o teu farto quinhão. Podes, pois, sair do meu quarto – e levantan-do-se abriu a porta, num gesto que Nicole compreendeu perfei-tamente bem.

E, como realmente tinha sido muito bem paga, saiu sem uma só palavra de revolta.

Virgínia tornou a se deitar depois de ter apagado a luz. Queria estar no escuro. Ouvia a orquestra que tocava sem parar, também vozes e risadas altas, mas era tão intenso o seu desespero que toda aquela alegria e todo aquele barulho lhe era indiferente.

O seu pensamento estava fixo num só ponto: Edmundo. Se ele desaparecesse, tudo estaria morto para ela, tudo. Ele era a única esperança, a única luz que ainda brilhava na sua vida. Sem ele nada mais existiria.

Passou toda a noite acordada; ouviu o barulho dos que saíam do salão depois de uma noitada de orgia, a voz de Nicole dando as últimas ordens, depois o silêncio envolveu toda a casa.

Da janela aberta, ela viu o despontar do dia. Que linda madrugada! Que frescor vindo da aragem leve... Os pássaros despertos esvoaçavam entoando delicados trinados. O céu de um azul muito claro onde bailavam pequeninos punhados de nuvens, que mais pareciam flocos de neve ao cair nas manhãs de inverno, e ela deitada sem forças para se levantar.

Tudo rodopiava à sua frente e uma dor aguda no coração a atormentava desde o instante em que soube que Edmundo estava desenganado. Sem que ao menos pudesse estar ao seu lado, afagando os seus cabelos, beijando as suas mãos, ouvindo as suas últimas palavras... mas não o poderia ver...

Recordava a casinha muito branca e acolhedora onde iriam morar, onde ele iria pintar os seus quadros tendo ela por modelo. Quantos sonhos desfeitos... Resolveu ir até o ateliê, mas não poderia entrar, pois só Edmundo tinha a chave.

Muito tarde, Nicole entrou e, vendo-a deitada, aproximou-se do leito e perguntou amável:

– Estás melhor, minha filha?

– Sim.

– Por que não te levantas?

– Porque não quero.

Nicole sentou-se ao seu lado e depois de uma breve pausa falou:

– Virgínia, ouve o meu conselho, procura afastar do teu coração todo o afeto possível, principalmente nos homens. Nunca deposite esperanças nos homens; veja todos num só prisma, são egoístas e ingratos. O teu fidalgo, depois de mais de um ano, te deixou indiferentemente; julgou que tendo pago tinha sido também correto... assim são todos, minha filha... indignos...

Ela olhou para Nicole e ficou surpreendida com as suas palavras.

– Vejo que ficaste admirada do que acabo de dizer, mas se o digo é porque tenho certeza; já fui jovem, esperançosa... ergui castelos e tive sonhos bonitos, mas inesperadamente tudo caiu, porém eu me levantei do meio dos escombros... me levantei outra mulher.

Desde então, encaro a vida e os homens com desprezo e fico furiosa quando vejo outras jovens, como eu, ludibriadas, desprezadas, se entregarem ao desespero ou a um vício qualquer, que vai aos poucos roubando-lhe a mocidade até que elas se transformam em pobres farrapos na sarjeta, famintas, pedindo esmolas ou moribundas nos leitos dos hospitais, míseras indigentes sem nome.

Eu pensei de outro modo, levantei-me das ruínas dos meus sonhos não para tornar-me uma viciada ou uma mendiga... Não... Eu me levantei para vingar, vingar dos homens, arrebatando-lhes impiedosamente tudo quanto posso e das jovens tolas que se deixam ficar mortas sob os escombros sem tentarem um só gesto para a sua reabilitação.

E depois de dizer tudo isso sem uma só interrupção, Nicole bruscamente se retirou.

Virgínia ouviu quando ela fechou cuidadosamente a porta e pensou:

– Qual será o segredo de Nicole? Que ela teve um grande desengano não tenho dúvida.

Reconheceu que Nicole era muito forte; mas ela, Virgínia, era como as outras... tola... tinha certeza que ficaria para sempre morta entre as ruínas dos seus sonhos.

Passou todo o dia sem alimento e, quando a tarde vinha preguiçosamente se aproximando, foi que se levantou... vestiu um simples vestido e foi até ao salão onde pediu uma ligeira refeição.

Comeu devagar, sentindo na boca estranho amargor. Depois saiu, passou pelo quarto de Ninom e não entrou como costumava fazer.

6

Belas recordações num dia trágico

Nas ruas movimentadas, caminhava sem rumo.

Parecia que ainda tinha o corpo sob os efeitos de forte anestesia. Sabia que algo tinha acontecido a Edmundo, pois num momento em que adormeceu, viu quando ele se aproximou e pousando a mão sobre os seus cabelos lhe disse muito triste:

– Adeus!...

Realmente Edmundo tinha falecido instantes depois que o pintor fora levar a Virgínia a dolorosa notícia e, agora, ainda sem ter a certeza, ela caminhava como uma sonâmbula pelas ruas da cidade.

Depois de muito andar, surpreendida ficou quando viu inúmeras carruagens paradas em frente a uma elegante residência, e ficou em frente à mesma, colada à parede fria. Via muitas pessoas entrarem numa grande confusão; depois um ataúde e o cortejo fúnebre se distanciando vagarosamente.

Virgínia, trêmula, procurava se encostar ainda mais à parede... Sentia a umidade da mesma entorpecer o seu corpo, queria se afastar dali, mas estava como que presa a possantes algemas. Muito tempo ali ficou a infeliz sem que os transeuntes indiferentes e apressados se apercebessem dela. Todos passavam e não viam aquela linda mulher de rosto tão perfeito, de olhar tão expressivo, fito num ponto distante, num ataúde onde jazia o corpo de um homem que para ela concretizava todos os anseios e todas as suas esperanças.

Aos poucos, muito lentamente, ia desaparecendo ao longe aquela mancha escura até que se perdeu de todo no fim de uma longa rua, sombreada de árvores verdes e frondosas.

Mas, a infeliz jovem continuava imóvel no mesmo lugar, de olhos muito abertos, como que tentando gravar para sempre na sua retina aquele triste quadro, que para ela era o fim de uma etapa na longa estrada da vida.

Quando conseguiu coordenar as suas idéias, ficou surpresa de estar parada junto àquela parede fria, em frente à casa que reconheceu ser a de Edmundo.

O silêncio tornou a envolver a rua. A elegante residência estava com todas as janelas fechadas, mesmo assim ela ainda ficou muito tempo olhando para aquela casa.

Ali ele passou, talvez, a sua infância. Como toda criança, devia mesmo ter corrido por entre aqueles canteiros floridos sob o olhar vigilante de mãe extremosa que agora, assim como ela, devia estar com o coração dolorido pela perda inesperada do filho amado.

Pensava tudo isso indiferente à umidade que vinha da parede onde estava recostada. Se pudesse subir aquela escada e correr ao encontro da bondosa mãe de Edmundo e, junto ao seu coração, chorar... chorar, mas precisava voltar para a escura casa de Nicole e ali ficar para sempre.

Com passos incertos começou a se afastar devagar, caminhando ainda sem destino... a tarde estava calma e agradável... Virgínia andava a esmo e depois viu outra vez um aglomerado de carruagens... se aproximou... estava defronte a uma igreja.

Afastando os transeuntes, com dificuldade conseguiu entrar no templo. Ficou parada e extasiada diante de tanta luz e de tantas flores. Música suave envolvia todo o recinto. Com atenção constatou que todos estavam ricamente vestidos.

Amedrontada se recostou atrás de uma coluna de mármore. A música continuava a tocar harmoniosamente. De repente, viu que todos se voltavam curiosos para a imensa ala... viu então aparecer o seu companheiro de tantas e tantas noitadas alegres na casa de Nicole.

Sim, era o jovem fidalgo que descia os degraus do altar trazendo pelo braço a sua esposa, linda adolescente, de olhar puro e rosto perfeito. Toda envolta em rendas era qual uma visão celestial. Nos lábios rubros um sorriso feliz.

Passou bem junto à coluna onde Virgínia estava oculta e assim, ela pôde perfeitamente ver o fidalgo que afagava a mão longa e fina da esposa. Recordou-se também o que lhe dissera Nicole e, com desdém, disse baixinho: – Indigno.

Surda revolta invadiu a sua alma, pensou em voltar para a casa de Nicole e proceder da mesma forma, mas esse pensamento fora passageiro, pois sentia que uma fria indiferença tomava todo o seu ser. Sabia que nunca mais poderia voltar a viver alegremente.

Esse dia seria o fim de tudo. Porque perdera Edmundo e com ele todos os seus anseios de uma vida honesta num lar pequeno e humilde; perdera também aquele que apesar de nunca lhe ter prometido amparo, dava-lhe o suficiente para satisfazer as exigências de Nicole e os vícios de Pierre.

Mas agora, que esses sustentáculos desapareceram, o que iriam tramar Nicole e Pierre? Ela já pensava nisso e sabia que, ao voltar, tudo estaria novamente arquitetado para que ela cumprisse sem protestos. Nicole, velha e astuciosa, já estava sabedora de tudo quando deixou que ela saísse, pois Pierre breve voltaria com a resposta desejada.

Depois que todos deixaram o templo, Virgínia ficou sozinha naquele recinto florido, envolto num perfume tênue e delicioso. Ninguém para perturbar a avalanche dos seus pensamentos... Num banco ficou sentada deixando que as lágrimas corressem livremente pelo rosto que ardia.

Inesperadamente lembrou-se das palavras de Francisco quando ela, já mocinha, no castelo, conversava com ele debaixo de uma das grandes árvores da alameda, nos momentos de folga... Foi numa tarde, quando depois de Marie ter ficado zangada porque ela demorou na execução de um trabalho, que Virgínia, triste e abatida, procurou o bom velho, e chorando, perguntou:

– Por que sofro tanto, meu pai, por quê?... O que devo fazer para evitar o sofrimento que me persegue injustamente?

Francisco ficou muito tempo calado e, olhando para ela, disse:

– Minha filha, é preciso compreender que o **sofrimento aniquila, mas nos é necessário, pois só com o sofrimento é que lembramos, mais sinceramente, de Deus...** e para quando estiveres sofrendo te aconselho:

Que sejas calma, pois a vida é uma batalha constante.

Não penses apressadamente.

Não chores inutilmente; guarda as tuas lágrimas e sejas forte.

Não te desesperes; procura meditar com calma.

Sê paciente, pois só assim poderás enfrentar os combates difíceis da vida.

Que saibas esperar com resignação.

Procura o silêncio para resolver os teus problemas.

Sê prudente nas tuas atitudes e resoluções.

Não te aflijas inutilmente.

Perdoa, mesmo com dificuldade, mas perdoa sinceramente.

Virgínia, ao recordar-se nitidamente desses conselhos do seu bondoso pai, surpreendida ficou com a sensação de paz que invadiu o seu torturado coração. Ajoelhou-se e, com os olhos fitos no altar ainda iluminado, implorou:

– Pai de amor e bondade, perdoa a tua filha rebelde, mas que te ama sinceramente.

Outra vez chegou aos seus ouvidos a voz branda de Francisco quando lhe ensinou que: **Devemos amparar o que duvida... socorrer o aflito... guiar o desamparado... esclarecer o incrédulo...**

Nesse momento uma dúvida cruel invadiu a sua alma que, prostrada diante da imagem da Virgem, suplicou:

– Por que, então, meu Pai eu não encontro, neste momento de dor e incerteza, quem me ampare?... Por que agora, que estou aflita, não encontro o socorro que necessito?... Por que, desamparada como estou, não encontro mão amiga que me levante? Por que, meu Pai, quando a descrença invade o meu coração não vem ao meu encontro aquele que possa me esclarecer? Por quê? – implorava baixinho Virgínia... no silêncio do vazio templo em que só ela estava diante do altar, onde há poucos instantes um par jovem e feliz estivera ajoelhado para receber a sacrossanta bênção de um sacerdote que os uniu para sempre.

Chegou até ao seu coração ferido, depois que fizera as súplicas sinceras, uma sensação diferente; era como um bálsamo miraculoso que, aplicado na chaga que ardia, fazia com que a dor desaparecesse inesperadamente. Ela novamente sentou-se e ficou sentindo um bem-estar delicioso.

Parecia que todo o seu corpo fora envolvido por uma força nova, até então, desconhecida, e a recordação dos conselhos de Francisco chegava como se fossem o Amparo, o Socorro, o Guia e o Esclarecimento pedidos... e sem desprender o olhar do altar via que as mãos da Virgem se estendiam para ela, que os seus lábios se moviam e que as palavras brotavam numa cadência harmoniosa como se fossem acordes arrancados de uma harpa maviosa e muito de leve ouvia: **deixai vir a mim os que sofrem... aproximai os aflitos que eu os consolarei...** – e ela, Virgínia, estava agora mais forte porque naquele templo encontrara o amparo, o socorro, o guia e o esclarecimento. Podia retornar à casa de Nicole, certa de que não tombaria na rua como uma desconhecida.

Tão engolfada estava na sua meditação que não apercebeu que já estavam apagando as luzes da igreja. Apressada, levantou-se e saiu depois de olhar ainda uma vez para o vulto da Virgem, que continuava sorrindo... Já era noite...

Compreendeu que chegaria atrasada e que Nicole a iria

repreender severamente, mas não teve medo; pensou em tomar uma carruagem para chegar mais depressa, porém a noite estava tão fresca e tão convidativa que ela resolveu seguir vagarosamente. Que importava a cólera de Nicole?

***

Quando chegou, o salão já estava iluminado e diversos jovens sentados, conversando alegremente.

Passou, indiferente, por todos e foi para o seu quarto; deitou-se, pois estava exausta, sentia sono e foi tão bom quando sentiu a maciez das cobertas sobre o seu corpo frio.

Estava quase dormindo quando a porta se abriu bruscamente e Nicole entrou furiosa. Vendo-a deitada a sua revolta chegou ao máximo.

– Levanta, preguiçosa, vai cumprir o teu dever.

Virgínia continuou de olhos fechados. Outra vez a voz de Nicole ecoou no quarto:

– Não ouviste a minha ordem?

Virgínia não se moveu. Foi quando então Nicole se aproximou do leito e, com um brusco movimento, arrancou as cobertas que envolviam o dolorido corpo da infeliz jovem. Esta também, num inesperado pulo, se pôs em frente dela como um animal enraivecido prestes a atacar certeiro.

Nicole recuou apavorada pelo imprevisto. Virgínia lhe mostrou a porta e gritou alucinada:

– Sai já!... Sai!...

Nicole estava junto à parede e não se moveu. A jovem, então, presa de uma força desconhecida, agarrou Nicole pelos ombros e depois de bater muitas vezes o seu corpo na parede, quase que arrastando-a, num empurrão atirou-a para fora.

No corredor, ainda cambaleando, ela fez menção de entrar novamente no quarto; foi quando Virgínia, tomando um vaso que estava sobre a mesa, a enfrentou novamente e gritou:

– Não entres, Nicole! – e com toda força atirou o vaso que

se espatifou perto dela e com um empurrão fechou a porta, trancando-a por dentro.

Nicole ficou desesperada, pois era a primeira vez que uma das suas vítimas tinha coragem para enfrentá-la e desobedecer uma ordem dada. Justamente naquela noite que Pierre tinha prometido trazer o nobre jovem interessado em conhecer a beleza tão decantada de Virgínia.

Nicole, num momento de reflexão, ainda pensou em voltar ao quarto da jovem, pois tinha outra chave e forçá-la a se apresentar, porém como velha conhecedora compreendeu que perderia a partida; sabia que nada conseguiria nessa noite e que tinha sido um lamentável erro seu quando autorizou Pierre a trazer o fidalgo na mesma noite que Virgínia perdera o seu apaixonado, pois sabia que forte e sincero afeto os unia. Devia ter deixado passar mais uns dias, porém era fácil corrigir este erro. Astuciosa, encontraria logo um motivo para desculpar a ausência de Virgínia.

Foi o que realmente fez quando Pierre entrou trazendo a presa prometida. Ela, com todo o cuidado, explicou que infelizmente Virgínia fora acometida de uma ligeira indisposição que a obrigava a ficar em repouso por alguns dias, mas que logo restabelecida, estaria pronta para satisfazer prazerosamente todos os seus caprichos.

Pierre ficou surpreendido com essa explicação e fez menção de se levantar para ir pessoalmente ver o que estava acontecendo, porém Nicole, que não perdia um só momento de observá-lo, o impediu fazendo com que ele ficasse ao lado do jovem, pois precisava se afastar por uns momentos.

Pierre, furioso, obedeceu; mas ao sair foi procurar Nicole para pedir explicação:

– Nada tenho que explicar-te, sei o que faço, retira-te.

Ele, que conhecia bem as resoluções de Nicole, cabisbaixo saiu.

Tudo voltou ao silêncio na velha casa. Virgínia dormia profundamente, enquanto Nicole arquitetava novos planos para o futuro.

7

No outono e inverno da vida

Quando, na manhã seguinte, a jovem acordou, sentia ainda o corpo dolorido e estranho amargor na boca; sentou-se no leito e depois, vagarosamente, foi até à janela, abrindo-a toda.

Estava um dia belíssimo; o Sol, altaneiro, já inundava de luz forte toda a Terra.

Virgínia se debruçou na janela e ficou imóvel durante alguns momentos, extasiada diante de tanta luz e de tanto calor. Só o seu coração estava frio, parecendo que ele não pulsava mais, pois uma insensibilidade profunda tinha impregnado todo o seu ser.

Assustada com essa revelação Virgínia veio se colocar diante do espelho para uma ligeira análise de si própria. Em frente à lâmina de puro cristal, viu refletida a imagem de uma mulher até então estranha para ela: no olhar profundo, uma névoa de tristeza; na fronte, indeléveis rugas denunciadoras de lutas, desenganos e revoltas; na boca de lábios descorados, um sorriso misterioso; e nos cabelos macios e dourados, alguns fios prateados num contraste chocante; na tez delicada, uma palidez impressionante.

Analisando a si própria constatou que não seria a mulher que Nicole aconselhou mas, sim, uma outra vítima do destino igual a todas que habitavam aquela mesma casa. Poucas seriam como Nicole.

Com a morte de Edmundo se iniciava mais uma etapa da sua vida, esta sem esperanças, somente com o fim de satisfazer Pierre e Nicole; nada mais a interessaria... nada.

Outros homens poderiam cruzar o caminho áspero e tortuoso de sua existência sem que ela pudesse sentir, nunca mais, um só lampejo de esperança, de confiança e de amor... O seu coração estava como um árido deserto onde é impossível germinar uma só semente, brotar um só arbusto, desabrochar uma só flor...

Tudo estava definitivamente morto... que importava agora a aridez da sua vida... Só depois que tudo ruiu foi que ela pôde melhor compreender a história de Ninom e o seu indiferentismo por tudo e por todos.

Só uma coisa ela sentia ainda sobreviver da hecatombe total dos seus desenganos: as palavras de Francisco e os seus sábios conselhos. Virgínia recostou a cabeça junto ao espelho e com grande esforço lembrou-se quando ela, pequenina, vinha procurar refúgio junto a ele depois de uma severa repreensão de Marie. O bom velho escutava atentamente as suas queixas e depois, brandamente, dizia:

– Filha querida, é preciso que saibas desde já que: **perdoar, esquecer e amar é sublime, mas renunciar é divino...**

Quanta verdade nessas poucas e singelas palavras! Ela queria perdoar Pierre e Nicole... sentia que podia perdoá-los e esquecer tudo... tudo... compreendia também como era sublime amar, pois duas vezes tinha amado na vida... dois amores diferentes, porém ambos sublimes... Francisco e Edmundo... e desses dois amores é que ela ainda tirava as forças para enfrentar, mesmo vencida, os embates cruéis que o destino tinha lhe reservado... mas renunciar é divino, como aconselhava Francisco; e Virgínia, sem poder erguer a cabeça de junto ao espelho, ainda tentava afastar de seus pensamentos a idéia de um lar, uma casinha modesta e tranqüila.

Era a suprema renúncia imposta para a sua reabilitação junto Àquele que rege sabiamente as nossas vidas...

Virgínia levantou a cabeça e tornou a olhar firmemente no espelho... agora olhava com sincero indiferentismo... Abriu depois o armário e retirou um vestido... vestiu devagar, fez as tranças longas e deixou-as caídas atrás, saindo em seguida.

No corredor encontrou Nicole que conversava animadamente com uma jovem desconhecida. Passou sem dirigir uma só palavra, e simplesmente olhou para a jovem e pensou: – Mais uma vítima para saciar a ambição de Nicole...

No salão procurou uma das mesas e pediu uma ligeira refeição. Prontamente o criado atendeu-a.

Enquanto esperava, olhava com mais interesse aquele grande salão que agora parecia tão diferente, mas eram os mesmos quadros, os mesmos candelabros que pendiam do teto sustentando muitas velas, as cortinas pesadas de cor grená... Por que ela então estava achando tão diferente aquele ambiente?

Quando o criado veio com a refeição pedida, foi preciso que a chamasse mais de uma vez para que ela se voltasse assustada. Virgínia comia sem apetite, pois continuava com o mesmo amargor desagradável na boca.

Nicole, que tinha terminado de conversar com a jovem, veio sentar-se ao seu lado e muito alegre disse:

– Muito bem, minha filha, vejo que já estás melhor.

– Sim – respondeu.

– Agora quero que me respondas com franqueza: quando queres voltar a trabalhar?

– Trabalhar? – perguntou sarcasticamente. – Mas nunca trabalhei nesta casa.

Nicole, então mais séria, disse:

– É preciso que compreendas que tens sérios compromissos: o pagamento do teu quarto, os teus vestidos, os teus sapatos, os perfumes.

– Basta! – interrompeu bruscamente Virgínia. – Sei que

preciso pagar tudo isso e, ainda mais, dar dinheiro a Pierre para jogar e para o teu cofre de avarenta. Podes hoje mesmo contar comigo; na hora certa estarei à disposição de quem der mais – e afastando a mesa, saiu deixando Nicole sentada, fremindo de cólera, que aos poucos foi diminuindo na expectativa do grande lucro que teria breve com a participação da jovem

Viu quando ela voltou muito graciosa com um pequenino chapéu e, sem lhe dar a menor satisfação, saiu.

Nicole não se preocupou, pois tinha certeza que na hora exata ela estaria presente. Precisava era organizar tudo com mais presteza e para isso tinha que ir pessoalmente ao encontro de Pierre. Apressada, também saiu, logo após ter Virgínia deixado o salão.

***

Pelas ruas inundadas de luz, cheias de transeuntes apressados, onde carruagens se cruzavam perigosamente, Virgínia caminhava sem preocupação. Não se apercebia dos olhares curiosos que se fixavam na sua silhueta elegante, assim como não parava para olhar as grandes lojas repletas de tentadoras jóias e de modernos vestidos.

Depois, sem saber como, foi parar em frente ao ateliê de Edmundo. Parada no outro lado da rua, via a janela fechada... teve vontade de se aproximar, mas para quê, se não poderia entrar?

Mas, mesmo assim, ficou meditando e olhando para aquela casa onde passara dias inesquecíveis...

– Para onde iriam agora as telas pintadas por Edmundo?... E o seu retrato, onde ele procurou fixar com tanto amor o seu rosto? E se pudesse adquiri-lo? – ela sorriu tristemente... – adquiri-lo e levá-lo para a casa de Nicole? Isso nunca... Seria uma profanação... Melhor seria que mãos estranhas o levassem.

Virgínia continuava parada em frente ao ateliê quando viu se aproximar uma carruagem e dela descer um jovem apressadamente.

A carruagem se afastou e o jovem subiu ligeiro as escadas.

Momentos depois a grande janela foi aberta e o jovem ficou debruçado, olhando atentamente a rua.

Em dado momento viu Virgínia parada em frente; reconheceu-a imediatamente, pois tivera ocasião de encontrá-la, muitas vezes, em companhia de Edmundo, não só nesse mesmo ateliê, como em vários passeios. Era grande admirador dela e muitas vezes mostrou a Edmundo vontade de poder retratá-la, porém ele não permitiu, embora fosse seu amigo. Mas, agora, todos os obstáculos estavam afastados e o jovem, quase correndo, desceu outra vez a longa escada e, ofegante, se aproximou de Virgínia.

Depois de cumprimentá-la, cortesmente, a convidou para entrar. Talvez ficasse com o ateliê de Edmundo; para isso fora pedir à família as chaves do mesmo para um exame mais meticuloso. Talvez ficasse com tudo, com exceção das telas com as quais a família pretendia organizar uma exposição para a venda das mesmas. Ela recusou o convite, pois pensava que seria doloroso voltar àquele lugar horas depois da morte de Edmundo, porém prometeu que breve viria.

O jovem ficou muito tempo ao lado dela, conversando alegremente; e com a promessa da próxima visita, caso fosse adquirido o ateliê, o jovem foi expondo os seus planos. Primeiro teria de trazer o seu velho professor, pois desejava a sua opinião abalizada. Em seguida, algumas modificações; não gostaria de manter as mesmas ornamentações feitas pelo amigo, apesar de achar que era impecável, mas queria outra para evitar justamente recordações.

Essa notícia animou bastante Virgínia, pois para ela era também desagradável rever principalmente aquele quarto. Feita a promessa que breve viria para um encontro, ela se despediu do jovem.

Vagarosamente continuou andando sem rumo certo.

Foi até ao bosque, sentou-se num banco afastado, tirou o chapéu e recostou a cabeça no tronco da árvore. Naquela deliciosa quietude ficou muito tempo, sentindo um desdenhoso desprendimento de tudo.

Tinha prometido ao jovem que viria encontrá-lo, como

tinha prometido à Nicole que, à noite, estaria pronta para receber quem ela desejasse. Podiam os dias, os meses e os anos passarem, assim como os homens, que ela, agora, tudo veria por um prisma muito diferente.

Realmente, assim aconteceu. Virgínia voltou para a casa de Nicole e, à noite, estava à sua disposição. Viu com imenso desdém quando Pierre entrou em companhia do jovem.

Nicole, apressada, foi ao seu encontro e, instantes depois, fazia a apresentação à jovem. Esta nem sequer se interessou em observar o seu futuro companheiro; qualquer um que Nicole trouxesse, ela receberia do mesmo modo.

Nessa noite dançou a pedido de todos, e foi delirantemente aplaudida... e assim os dias foram passando, dias iguais, sem esperanças, sem ideal.

Nicole recebia muito dinheiro e Virgínia pouco se interessava por isso. Queria somente que ela ficasse satisfeita e só lhe fez uma imposição: não queria ver nem falar com Pierre; podia dar tudo quanto ele exigisse, mas com essa condição, que foi facilmente aceita pelo desalmado.

Virgínia vivia quase que isolada, saía pouco. Voltou ao ateliê que fora completamente modificado pelo jovem pintor; conhecera o seu professor, que era igual aos outros, apesar da idade e do nome respeitável que possuía.

Só uma amizade ela cultivava: a de Ninom que, aos poucos, estava definhando. Auxiliava-a constantemente, pagando o quarto, os remédios, dando-lhe vestidos, saindo com ela e não permitindo que Nicole a maltratasse.

Sempre estava a seu lado e foi com verdadeiro desespero que, certa manhã, ao entrar no seu quarto desarrumado, viu que ela ardia em febre.

Procurou Nicole, providenciando a vinda de um médico. Ninom fora desenganada, precisava sair daquela casa para um hospital e Virgínia tudo arranjou como se fosse para uma irmã querida. No hospital, estava sempre a seu lado até que ela partiu para sempre.

Nada deixou a infeliz Ninom; só aquele retrato ela nunca abandonou e que, ao sentir o seu fim, depositou nas mãos de Virgínia depois de um beijo demorado onde deixou cair puras e sentidas lágrimas. Aquele homem era seu pai de quem nunca mais tivera notícias.

O seu enterro foi modesto e, para acompanhá-lo, somente Virgínia e Nicole.

Quando voltavam, depois de um prolongado silêncio, Nicole, olhando para Virgínia, disse:

– Viu como foi o fim de Ninom, assim será de todas aquelas que não souberem aproveitar a mocidade... Pétalas murchas... As de Ninom serão levadas pelo vento... outras serão pisadas pelos indiferentes...

Virgínia não deu a menor importância às suas palavras; continuava a olhar as ruas pela janelinha da carruagem.

Ao chegar, Virgínia foi para o seu quarto, onde ouviu logo a voz de Nicole dando ordens para que o quarto de Ninom fosse imediatamente limpo, pois tinha outra jovem para ser colocada nele.

* * *

Virgínia continuava em casa de Nicole. Muito anos já haviam se passado depois que Pierre aí a deixara.

Nicole, muito envelhecida, se tornava cada vez mais avarenta... O prestígio de sua casa tinha diminuído consideravelmente, pois ela pouca importância dava pela mesma, só queria saber de dinheiro, era o seu ideal... acumular uma fortuna à custa de jovens ludibriadas... Sentia ódio quando via uma linda jovem mulher chorar por um homem. Quando ouvia uma jovem dizer que amava, tudo nela se transformava... Ficava furiosa.

Outras casas mais luxuosas foram surgindo; a de Nicole continuava com as paredes encardidas e o telhado sujo. No grande salão, os mesmos candelabros, até os criados eram quase todos os mesmos, velhos servidores.

Virgínia também envelhecia rapidamente; pouco ligava à

vida. Era Nicole quem comprava quase todos os seus vestidos, sapatos e adornos; tinha muito gosto, mas com o decorrer dos anos ela também foi perdendo o senso artístico e passou a comprar para Virgínia vestidos espalhafatosos e exigir que se enfeitasse demasiadamente. Aos poucos, os boêmios nobres que freqüentavam a sua casa foram desaparecendo...

Pierre, envelhecido prematuramente, tinha descido a toda degradação; vivia no meio mais sórdido, jogava e bebia e muitas vezes tinha vindo extorquir dinheiro de Virgínia e de Nicole sob ameaças terríveis, e as duas, temerosas, davam a importância pedida, amedrontadas das suas represálias.

Era impressionante o aspecto de Pierre, e quantas vezes Virgínia se surpreendeu ao ver que aquele rosto sujo, de olhos injetados, a pele baça, os cabelos compridos e maltratados, fossem do mesmo menino que no burgo distante tinha tido mãe carinhosa e pai extremoso, que tudo fizeram por ele apesar de paupérrimos.

O tempo, na sua marcha vagarosa, ia tudo destruindo, aos poucos, na casa de Nicole. Os anos passavam lentamente levando consigo os restos daquele fausto passado. A decadência era total.

As poucas mulheres que vinham bater à sua porta, não eram mais aquelas jovens belas no apogeu da mocidade; eram mulheres envelhecidas, cansadas, muitas expulsas de outras casas para que os seus lugares fossem ocupados por jovens encantadoras.

Assim eram os freqüentadores, boêmios arruinados que não podiam mais pagar o luxo de outros lugares mais modernos e vinham, então, à procura da amiga Nicole dos áureos tempos... Entravam cantando as velhas melodias do passado e, abraçando Nicole, com ela rodopiavam pelo salão...

* * *

Com surpresa Nicole e Virgínia notaram que Pierre não viera certo dia, como de costume fazia, diariamente, buscar dinheiro...

– O que teria acontecido? – pensava alarmada Nicole. – Algo de extraordinário devia ter sucedido a ele.

O dia todo esperaram, mas Pierre não veio. Já estavam dispostas a saírem à sua procura, quando inesperadamente um homem desconhecido entrou procurando por Virgínia.

Era um maltrapilho. Virgínia, quando veio atender o seu chamado, recuou amedrontada, mas o desconhecido, apertando o velho chapéu na mão de dedos grossos e unhas grandes e sujas, respeitosamente falou:

– Não tenhas medo; vim somente te avisar que o teu irmão morreu.

Virgínia quis falar, mas não conseguiu... Nesse instante, Nicole se aproximou e, vendo aquele homem de aspecto tão estranho conversando com Virgínia, ficou também assustada.

Ouviu quando ele tornou a dizer:

– Ele morreu hoje pela manhã.

– Quem morreu? – perguntou Nicole.

– Pierre...

– Como?... – tornou a indagar Nicole.

– Vim avisar que Pierre morreu – repetiu o desconhecido, já um tanto mal humorado...

Mas, morreu como? – perguntou Virgínia. – Ele estava tão forte; ontem ainda aqui esteve.

– Sim – tornou a dizer o homem desconhecido – ele estava forte e sadio, mas foi assassinado durante uma acalorada discussão por motivo de um desentendimento com uns parceiros de jogo, seus antigos companheiros – e sem mais explicações, saiu, deixando-as aniquiladas com a notícia desagradável.

– Precisamos providenciar o seu enterro, pois não é justo que estranhos se encarreguem disso. Vamos depressa, Nicole.

Ambas saíram apressadas e instantes depois tomavam uma carruagem que as levaria ao quarto onde Pierre morava.

Virgínia viu horrorizada até onde ele caíra. Quanto dinheiro lhe dera e em que miséria o encontrou morto. Tudo ele atirou no jogo... era um fanático, nada mais existia para ele além do jogo... nada...

Sepultado Pierre, Virgínia sentiu que estava realmente só, pois ele, apesar de tudo, era o único liame que a prendia ao passado.

Quantas vezes, depois de surda revolta, quando ele vinha pedir dinheiro para jogar, ela curvava a cabeça e sentia um ligeiro bem-estar ao pensar que podia proporcionar ao filho de Marie e Francisco alguma coisa que lhe desse alegria, pois assim estava também retribuindo o muito que recebera daquele bondoso casal que a criara... e agora... seria somente para Nicole.

Já não ganhava muito, mas, mesmo assim, ainda podia pagar pontualmente o seu quarto e ter nas mãos algum dinheiro para socorrer às suas companheiras de infortúnio.

Tinha perdoado sinceramente Pierre quando fora levá-lo à sua última morada e, ajoelhada junto à sepultura, ouvira novamente as palavras de Francisco quando lhe dizia:

– Praticar o bem... perdoar quem nos ofende... esquecer quem nos calunia... são moedas de valor que acumulamos no cofre santo das nossas provações e que nos darão mais tarde grandes e benfazejas compensações.

Virgínia, agora que Pierre desaparecera da sua vida, pensava que poderia viver mais tranqüilamente, pois não teria mais que se preocupar com as exigências dele... tudo que adquirisse seria somente para ela e Nicole...

Pobre Virgínia...

***

Outros anos se passaram depois da morte de Pierre.

Na velha casa de Nicole, o tempo continuava a sua marcha destruidora. Poucas mulheres viviam lá, assim como raros eram os freqüentadores. À noite, a antiga orquestra tocava para os poucos dançarinos.

Nicole era a única que mantinha a mesma atitude, apesar

de estar bem velha... Ficava junto à orquestra fiscalizando tudo, desde os músicos até os criados que a temiam.

No ateliê, tudo se modificou depois que o jovem amigo de Edmundo viajou e nunca mais voltou. Virgínia ainda serviu de modelo, por muitos anos, para diversos pintores que, aos poucos a foram abandonando quando os primeiros cabelos brancos começaram a aparecer e o seu corpo escultural perdendo a flexibilidade da mocidade, até que as portas do mesmo lhe foram definitivamente fechadas. Resumia a sua vida no estrito âmbito da velha casa que nunca abandonara.

Todos os trágicos acontecimentos da vida de Vírginia lhe vieram de surpresa, desde o aparecimento de Pierre no castelo, a morte de Edmundo e também o falecimento de Pierre e, para finalizar o triste ciclo, a morte súbita de Nicole.

Depois de um dia normal, onde ela esteve atenta dando ordens e à noite, fiscalizando o seu salão, se recolheu e, na manhã seguinte, como era de costume, ela não se levantou cedo; e, como já era muito tarde, resolveram bater à porta de seu quarto. Não obtendo resposta, abriram-na à força e depararam com o seu corpo rígido caído ao lado da cama.

Novo e tremendo golpe para a infeliz Virgínia.

Depois dos funerais, que foram modestos, inesperadamente apareceram os parentes de Nicole, vindos de província distante, para reclamarem a fortuna deixada por ela. Revistaram toda a casa e deram ordens para que as mulheres procurassem outro abrigo, pois iriam demolir o prédio.

Foram impiedosos... Debalde algumas reclamaram o dinheiro que tinham em poder de Nicole, mas tiveram de se retirar levando somente as roupas.

Virgínia nada reclamou, juntou o que lhe pertencia e saiu sem dizer uma só palavra. Na porta, junto às malas, enquanto esperava a carruagem, olhou mais uma vez para o interior daquela velha casa onde tinha entrado na plenitude da sua mocidade e saía agora no outono da vida, sentindo que breve a névoa do inverno lhe cobriria a cabeça.

Pouco possuía, o suficiente para a sua manutenção por alguns dias apenas... e para onde iria?... Recordou-se de uma casa que Ninom certa vez lhe falara quando Nicole quis expulsá-la; ficava do outro lado da cidade e era freqüentada por operários, estudantes e boêmios pobres. Sabia o nome da rua e quando a carruagem chegou deu o endereço.

Queria raciocinar, queria organizar um plano para a sua vida mutilada, mas impossível; não podia coordenar os seus pensamentos agora que estava livre do jugo de Nicole... Agora estava liberta, mas constatava que essa tão almejada liberdade viera tardiamente.

Sempre deixou que Nicole e Pierre agissem, simplesmente obedecendo-os, por isso estava confusa, sem poder saber como devia reiniciar a sua vida em outra casa tão diferente.

* * *

A carruagem parou numa rua estreita, defronte a um prédio ainda mais feio e sujo do que a velha casa em que morara tantos anos.

Pagou o cocheiro e, vacilante, entrou. Um comprido corredor e, nos fundos, um salão; a mesma disposição da casa de Nicole, sendo porém mais escuro o seu interior e desguarnecida de móveis caros, apenas algumas mesas e antigas cadeiras, dois grandes armários onde ela pôde ver inúmeras garrafas e copos ordinários.

No salão encontrou uma criada que a recebeu mal humorada, indo depois chamar a proprietária.

Não demorou muito e apareceu uma velha de aspecto pior que Nicole; baixa, gorda, pele enrugada e cabelos grisalhos, trazendo um vestido de flores vistosas de péssimo gosto.

Virgínia timidamente lhe contou a sua história que a mulher ouviu sem interromper.

– Posso ficar?

– Pode, mas o pagamento do quarto é adiantado.

Virgínia pagou imediatamente e recebeu a chave do mesmo.

A criada foi buscar as malas e levou até à porta onde Virgínia já esperava... recebeu e agradeceu.

No quarto pequeno, uma cama, um armário antigo, uma cadeira e na parede um espelho quebrado. Ela retirou seus vestidos e os arrumou no armário; poucos possuía... Cuidadosamente guardou o retrato que Ninom lhe dera...

Como iria viver naquela casa desconhecida... só agora é que podia calcular como era confortável a casa de Nicole comparada com essa, mas precisava se conformar, precisava pagar aquele mísero quartinho e, nessa sórdida habitação, passou mais alguns anos vivendo dias de verdadeiro desespero, sujeita às mais torpes humilhações.

Aí desceu os penúltimos degraus que a levariam à queda completa.

Foi nesse período de sua vida tormentosa que, durante noites de insônia e medo, para acalmar a angústia que invadia a sua alma, procurava escrever num supremo esforço as últimas recordações que tinha de Francisco e os seus conselhos... escrevia para depois destruí-los...

Dizia Francisco: **É dever de todos amparar os aflitos e consolar os desesperados, pois essa tarefa sublime é que nos aproxima de Deus.**

Virgínia escrevia, apressada, temerosa de esquecer aquelas palavras consoladoras... Compreendia, como Francisco, que realmente é dever de todos amparar os aflitos e consolar os desamparados, mas tão poucos cumprem esse dever... tão poucos... ela jamais encontrara na sua vida, depois que deixou o burgo, quem lhe amparasse quando estava aflita... só Ninom, porém essa estava mais desesperada do que ela... mas escrevia os conselhos de Francisco encontrando neles suave lenitivo.

Quando nos dedicamos a socorrer os sofredores, esquecemos a nossa própria dor.

Verdade sublime...

Sempre que socorria uma das suas companheiras, esquecia totalmente que também sofria.

Sim, para esquecer a dor, o melhor bálsamo é trabalhar em benefício dos que sofrem, dizia ainda o bondoso Francisco, com aquela voz macia que Virgínia tanto gostava.

***

Foi numa noite invernosa quando, tiritando de frio, Virgínia procurava numa gaveta um agasalho, encontrou um papel amarelado pelos anos. Tomou o agasalho e foi se deitar; estava cansada, velha e com dificuldade podia sair à noite, principalmente no inverno. Essa noite, então, estava terrivelmente fria...

Deitada, bem aconchegada aos agasalhos, ela procurou ler o que estava escrito no velho papel. Logo nas primeiras linhas se recordou quando escrevera; estava no castelo, tinha treze anos e para comemorar esse dia exigiu que Francisco lhe ditasse qualquer coisa para ela escrever e guardar como lembrança dele... reviu um dia de inverno como esse agora... a neve cobria as árvores, os campos e as estradas... foi no quartinho bem aquecido que os dois conversavam:

– Mas o que desejas que eu dite, minha filha?

– Um trecho das tuas histórias, só para eu poder escrever, meu pai, gosto tanto de escrever...

O bom Francisco pensou muito e depois, devagar, foi ditando:

A modéstia é o apanágio dos bons.

O orgulho é o enfeite dos tolos.

A renúncia é o caminho dos mártires.

A fé é o sustentáculo dos infelizes.

A esperança é o bálsamo dos sofredores.

A caridade é a fonte do amor.

O trabalho é o estímulo para a vida.

O amor é a força sublime que nos ampara.

A saudade é a dádiva do amor.

Depois de ditar essas frases que Virgínia escreveu corretamente, ele se calou.

Virgínia esperou que ele continuasse, porém seu velho pai não pronunciou mais uma só palavra; então perguntou:

– Nada mais?

– Não...

– Por que ditaste isso? Eu queria um trecho de história.

– Mas, minha filha, talvez essas frases que hoje não encontras grande satisfação em escrever, possam mais tarde ser um lenitivo para a tua alma, e na análise ligeira delas encontrarás a essência da mais pura verdade.

Como teve razão o bom Francisco quando ditou ou quando aconselhou Virgínia, pois tudo que ele lhe disse foi realmente para ela o grande e único lenitivo... principalmente agora que estava envelhecida, abandonada e sem apoio já no fim da longa estrada.

Estava Virgínia há muito tempo residindo nessa casa e cada dia que se passava mais se acentuavam as suas dificuldades, mal conseguia pagar o seu quarto e nesse inverno que chegava amedrontador, pela primeira vez atrasou o pagamento do mesmo.

Os seus vestidos estavam velhos e alguns rasgados, os sapatos também estavam precisando de reforma, os agasalhos antigos, pois desde que deixara a casa de Nicole não mais comprara nada.

Sempre achou que Nicole era má e avarenta, porém, essa com quem vivia atualmente era muito pior. Nicole pertencia a boa família e recebera excelente educação, era instruída. Mas a proprietária dessa casa era ignorante e tinha vindo da mais baixa classe.

De todas que ali viviam, Virgínia era a mais instruída e, apesar de envelhecida, ainda continuava muito bonita.

Os dias se passavam frios, o inverno cada vez mais ameaçador e poucos freqüentadores se arriscavam, à noite, vir passar umas horas alegres naquela casa mal aquecida e mal iluminada. As dificuldades se acentuavam assustadoramente. Virgínia viu, horrorizada, mais de uma de suas companheiras ser atirada à rua sem piedade por falta de pagamento; inútil todo o apelo e toda a súplica, a proprietária era inflexível...

Poucas conseguiam o suficiente para as despesas mais urgentes e à proporção que o inverno chegava a casa ia ficando mais vazia. Restavam somente três... e Virgínia via chegar, apavorada, o momento em que também seria intimada a deixar aquele quarto que era o seu único asilo.

E esse momento chegou, quando numa fria manhã a porta do seu quarto se abriu e entrou ofegante a proprietária que, vendo-a deitada, foi para junto do leito e apressada lhe disse:

– Levanta e trata de arrumar o que te pertence, pois precisas deixar esta casa hoje.

Virgínia bruscamente se ergueu e, fitando a gorda mulher, perguntou:

– Mas por que deixar esta casa? Somente devido ao atraso de um mês de pagamento?

– Não...

– Então, por quê?

– Porque recebi ordens para entregar imediatamente este prédio e é a terceira vez que recebo esta intimação, e hoje terei de sair impreterivelmente. Lamento profundamente, mas tens que providenciar logo outro quarto – e sem olhar para a infortunada Virgínia, saiu ligeira.

Ela se levantou tiritando de frio, foi até a janela e olhou a rua. Tudo estava envolto por uma finíssima camada de neve; muito tempo ela aí permaneceu, sem coragem para tomar uma decisão, mas compreendia que agora estava se aproximando definitivamente o seu fim.

Para onde iria?... Não possuía nenhum dinheiro e não tinha a quem recorrer... Todos os seus antigos amigos se afastaram para sempre. Durante esses longos anos, apesar de reconhecer que não fora má, não lhe foi possível manter uma só amizade. Depois da morte de Edmundo, ela se tornou indiferente, tudo aceitava friamente e não pôde jamais dedicar uma só partícula de afeto a quem quer que fosse. Amou Edmundo e dedicou sincera amizade a Ninom e nada mais, por isso agora não contava com um só amigo a quem pudesse pedir auxílio.

Com a cabeça recostada à janela, Virgínia via estarrecida o fim doloroso da sua vida.

Com um profundo suspiro voltou para o leito, sentou-se e ficou olhando aquele humilde quarto que era tudo quanto desejava, mas até isso teria de ceder e cabisbaixa ficou muito tempo; depois, sentindo o corpo dolorido pela posição forçada, ergueu-se e foi abrir o armário donde retirou tudo o que lhe pertencia. Era pouco, pouquíssimo, alguns vestidos, dois velhos agasalhos e outras peças de roupas também já bastante usadas e o retrato presenteado pela Ninom.

Arrumou tudo e depois de uma rápida toalete saiu, indo à procura das duas outras companheiras.

Sem bater entrou. No quarto pequenino, a desordem era completa. Olhou penalizada as duas mulheres mais velhas do que ela, verdadeiras ruínas... Como puderam chegar àquele mísero estado? Virgínia tomou uma cadeira e foi sentar-se junto à janela, não pronunciando uma só palavra durante muito tempo. As duas infelizes também nada disseram; uma foi se deitar e a outra, calmamente, começou a retirar do armário os seus velhos vestidos.

Inesperadamente ouviu-se uma gargalhada estridente... Virgínia se voltou assustada... Foi quando a mulher que estava arrumando as roupas, num ímpeto de verdadeira loucura, começou a rir e a rasgar os vestidos numa fúria impossível de conter.

Debalde Virgínia quis detê-la; ela, num brusco movimento, a empurrou para perto do armário e saiu correndo para a rua deserta.

Virgínia, trêmula, foi sentar-se outra vez perto da janela. Ficou quase que revoltada com o indiferentismo da companheira e esta notando lhe disse:

– Para que tentar impedir que uma infeliz desabafe a sua

revolta contra o destino cruel? Deixe que ela grite, que rasgue as roupas e que depois desapareça para sempre; desejo que morra logo, finalizando assim uma vida desgraçada.

Virgínia olhava para a companheira sem um só protesto; achava que ela estava certa, que seria muito melhor a morte do que viver naquele mísero estado.

Vendo que Virgínia se mantinha calada, perguntou:

– Para onde pretendes ir?

– Não sei, não tenho nenhuma orientação, mas precisamos sair de qualquer modo.

– Sim, precisamos – respondeu a outra. – Mas com esse inverno terrível, com esse frio que nos deixa insensibilizadas...

– O que podemos fazer? – tornou a dizer, amedrontada, Virgínia...

– Tolice... teremos de fazer qualquer coisa, ou então ir dormir na sarjeta, que é o mais certo.

– Dormir na sarjeta?... Nunca!... Nunca! – gritou Virgínia.

– Então faze como a nossa companheira, enlouquece e sai correndo pela rua.

– Mas, para onde podemos ir?

– Conheço uma casa, não muito confortável, onde poderemos ir até que possamos arranjar outra melhor...

– Onde fica?

– Pouco importa o local, basta que seja uma casa para nos abrigar... Vai buscar o que te pertence e vamos para lá.

Virgínia saiu, voltando momentos depois com a sua pequenina mala e, em companhia da amiga, foi em busca de novo abrigo.

***

Andaram muito, pois não tinham dinheiro para a carruagem... Sentiam fome e Virgínia, então, comprou um pão que dividiu com as duas.

Estavam perto de uma praça cujas árvores, despidas da verde folhagem, tinham um aspecto impressionante. Cansadas, procuraram um banco. Depositaram as malas e sentaram-se para comer o pão.

Saciada a fome e mais confortadas com o ligeiro descanso, retomaram as malas e, apressadas, puseram-se a andar.

À tarde chegaram... Nunca Virgínia fora àquele recanto da encantadora capital... Surpreendida ficou com o aspecto miserável do mesmo. Casas velhas e imundas, crianças sujas, mulheres maltrapilhas e homens rudes onde via-se nitidamente os estigmas de todos os vícios. Ali se reuniam os párias do destino.

Na velha casa as duas foram recebidas com amabilidades... Um quartinho estreito e escuro foi o que conseguiram para ambas, mas, mesmo assim, era melhor que a sarjeta.

Duas camas de ferro e uma cadeira quebrada era todo o mobiliário. Cansadas se deitaram e adormeceram depressa.

Horas depois foram acordadas por batidas fortes na porta. Virgínia, como a sua companheira, se deitara vestida, e, ao ouvir as batidas, levantou-se apressada e foi abrir a porta, mas ao abrir sentiu que uma mão grande, de dedos que pareciam garras, arrastou-a violentamente para fora... quis gritar mas não pôde, tal o medo que sentiu ao ver um homem de aspecto repelente tentando arrastá-la para a rua.

Inútil foram os seus esforços... cedeu... pelas mãos desse desconhecido desceu os últimos degraus da depravação...

Caiu... Caiu... Conheceu os mais sórdidos lupanares depois que a velhice chegou. Pobre e inofensiva vítima atirada à margem da vida, profanada no âmago profundo da sua alma.

Nessa derradeira etapa de sua vida, Virgínia esqueceu todo o passado... o velho burgo com o castelo, o bosque, a bondosa fidalga, Marie, tudo desapareceu na voragem impiedosa dos anos... Só ficou na sua recordação o indelével vulto de Francisco...

Com a vida que Virgínia levava, a velhice se aproximava com passos gigantescos e com ela, os últimos que a desejaram, desapareceram. Daquela encantadora adolescente, que certo dia entrou na casa de Nicole, restava apenas uma mísera velha maltrapilha vagando pelas tascas do miserável arrabalde onde se misturavam estranhos indivíduos, os deserdados da sorte, os párias do destino...

Quando viu que tudo tinha ruído e que nada mais lhe restava, desesperada, procurou então no álcool, companheiro fiel dos desesperados, o consolo, embora passageiro. Passou a beber nas tascas, pedindo, suplicante, aos freqüentadores das mesmas que lhe dessem um pouco para beber.

Muitas vezes fora enxotada pelos proprietários e brutalmente atirada à rua, porém nunca pronunciou, nem mesmo quando embriagada, uma só palavra de revolta. Quando atirada à rua se levantava, erguia os olhos para o céu, juntava as mãos e, suplicante, implorava:

– Perdoa!... Pai de Amor e Bondade... Perdoa a minha fraqueza!...

Mais uns anos Virgínia vagou pelo arrabalde miserável e pelas tascas, pedindo bebida até que foi expulsa do mesmo; enfim, não tendo guarida para o seu infortúnio, foi buscar alívio nas estradas sem fim, andrajosa e faminta, pedindo por amor de Deus uma esmola para não morrer de fome.

***

E nesse perambular pelas estradas silenciosas, sem saber, foi ter no burgo de Saint-Germain... caminhava sem parar, dormia debaixo das árvores e certa madrugada, quando acordou, estava numa encruzilhada...

O Sol, muito rubro, despontava no horizonte; a passarada alegre cantava nas árvores; estava em plena primavera, tudo florido e inundado de luz. Ofuscada pela claridade, ela sentou-se.

Estava debaixo de uma árvore grande, cuja copa muito verde, entrelaçada de flores alvas, que desprendiam tênue e doce perfume, bandos alegres de pássaros em trinados harmoniosos saudavam o romper do dia. No chão, tenra relva, ainda úmida pelo orvalho fresco da noite, estava juncada de pétalas brancas das flores caídas pelo sacudir do vento.

Na estrada longa e deserta nem um só viajor... Virgínia, sentada, ficou muito tempo tentando reconhecer aquele lugar que para ela não era de todo desconhecido. Na sua perturbada mente, uma vaga recordação ia aos poucos despontando.

Com dificuldade se ergueu... Há muitos dias que vinha sentindo forte dor no coração e vertigens rápidas se sucediam... Foi assim quando se ergueu; pareceu-lhe que o Sol fora encoberto por um manto escuro, tudo rodou e o silêncio também envolveu a alegria dos pássaros. Não foi ligeira essa vertigem, cambaleou, mas conseguiu se encostar na árvore.

Quando tudo passou e o Sol voltou a brilhar, os pássaros retornaram a gorjear, ela procurou então forçar a sua mente confusa e se pôs a caminhar vagarosamente. Tomou um pequenino caminho e aos poucos o seu raciocínio ia se fazendo mais claro.

Numa volta do caminho deparou-se com uma fontezinha, onde um filete de água corria transparente e belo. Aproximou-se da fonte e, sôfrega, bebeu muito da água fria e gostosa... parecia que aquela fontezinha não lhe era estranha, mas, debalde, forçava o seu cérebro empobrecido...

Continuava a caminhar... ao longe, ruínas de uma casa há muito desaparecida, só vestígios de que ela fora habitada, velhas árvores, restos de um pequeno pomar e jardim, e nada mais.

Virgínia voltou e retornou à estrada, andou, andou, até que diante dos seus olhos, quase sem brilho, surgiu um bosque... recordava-se que há dois dias não bebia; portanto, não era efeito de embriaguez, nem sonho, pois estava certa de que realmente caminhava.

Mas onde estava? Por mais que tentasse se recordar não era possível lembrar, mas aquele recanto não lhe era de todo desconhecido. Aquelas ruínas e agora esse bosque majestoso...

Instintivamente se enveredou por um estreito trilho. Sentiu que, subitamente, o seu alquebrado corpo fora invadido por uma nova força, começou a andar mais depressa, afastando os galhos secos que lhe tolhiam a liberdade; sentia nos seus pés as folhas secas serem esmagadas e delicadas flores silvestres, que nessa manhã de primavera estavam desabrochadas, pendidas à margem do estreito caminho, algumas já fanadas, cujas pétalas jaziam mortas e caídas ao léu.

Quando as pisou foi que, num rápido lampejo, se recordou das frases que Nicole tanto gostava de citar: – Mocidade... Velhice... pétalas murchas pisadas pelos indiferentes ou levadas pelo vento.

Ela caminhava cada vez mais depressa, e no emaranhado verde do bosque aos poucos vinham chegando as recordações...

De repente apareceu um regato cujas águas límpidas corriam mansamente.

Virgínia sentou-se e começou a olhar firmemente as águas que deslizavam sobre pedras e areia muito branca... Fixando melhor o olhar viu perfeitamente o vulto de uma velha mendiga de vestes rasgadas e cabelos brancos refletidos no espelho límpido das águas. Muito tempo ficou observando o vulto num tremendo esforço para recordar quem podia ser.

O Sol já estava muito quente e ela sentia muita fome. Resoluta, resolveu continuar a caminhar, andou por entre as árvores durante muito tempo, encontrando alguns frutos que saciaram a fome que a torturava...

Em dado momento a sua atenção foi despertada por um grande orifício formado por imensas pedras. Entrou corajosamente, mas imobilizada ficou quando viu os grandes divãs de pedras. Passado o primeiro momento de surpresa, Virgínia começou então a percorrer o estranho lugar, e desesperada, gritou:

– Mas onde estou?... Onde?...

Só o eco da sua própria voz repetindo as mesmas palavras e nada mais; o silêncio envolvia aquele lugar que para a infeliz mendiga era belo e trágico...

Teve vontade de sentar-se num daqueles divãs e, amedrontada, foi se aproximando de um deles; depois passou a mão na pedra lisa, mas ao sentir o frio da mesma, um medo terrível se apoderou dela e correndo alucinada procurava o orifício por onde tinha entrado. Parecia que ouvia vozes por todos os lados e vultos negros tentavam agarrá-la impedindo a sua saída. Só depois de muito lutar com aqueles fantasmas imaginários foi que ela conseguiu sair. Estava exausta...

Sentiu novamente a mesma dor e o mesmo escuro tornar a cobrir os seus olhos... Caiu junto a uns galhos secos, um filete de sangue manchou o seu rosto sulcado de rugas, e aí, caída, ficou muito tempo... Ninguém para socorrê-la...

Quando voltou a si, a tarde já estava se aproximando. Tarde bela de primavera...

Virgínia se ergueu com esforço e caminhou desanimada por entre as árvores; sentiu que as suas forças estavam cada vez mais diminuindo, mas tinha que caminhar sem rumo... e sem rumo caminhou pela longa estrada até que, ao anoitecer, viu que estava junto a um grande e majestoso portão.

Agarrou, com as mãos mirradas, os grossos ferros retorcidos em arabescos artísticos, ergueu os olhos e viu dois bojudos lampiões sustentados por duas colunatas também de ferro, e bem no alto, desafiando o perpassar dos anos, os brasões de uma nobre família. Uma longa alameda ia dar a uma imponente escadaria de mármore.

A tarde morria lentamente no arruinado castelo, agora abandonado; ninguém para perturbar a mendiga que estava caída perto do portão.

No céu começavam a aparecer as primeiras estrelas e muito veladamente a Lua ia despontando. Os pássaros deixaram de gorjear e se agasalharam nos ninhos macios e quentes; os camponeses, cansados da labuta diária, voltaram aos humildes lares para o repouso reparador...

Tudo estava parado, e nessa doce quietude do entardecer, a velha mendiga sentia, pela última vez, a dor fina e cortante que a martirizava por tão longos anos...

Olhando o céu estrelado e a Lua que já despontara altaneira, Virgínia foi aos poucos sentindo que um véu pesado ia cobrindo mansamente o firmamento e que as estrelas, até então brilhantes, iam perdendo aos poucos o brilho e que a Lua também estava ficando escura... muito escura...

Deitada junto ao portão, conseguiu agarrar uma das grades e, segurando esse pequeno pedaço de ferro que durante muitos anos sustentou os brasões de uma das mais nobres famílias da França, deixou de existir a velha e anônima mendiga.

A Lua, pairando no alto do firmamento, dava estranho brilho àqueles brasões e como paradoxo tinha a mendiga, como último ornamento para o seu mísero corpo, o enfeite daquele lendário portão e daqueles brasões reais em que se podia ver nitidamente as soberbas flores-de-lis...

***

Quando ao romper da madrugada os primeiros camponeses se dirigiam ao trabalho, ao passarem pelo velho portão do palácio, depararam com um lúgubre achado. Morta, uma desconhecida.

Velha, cabelos brancos, vestes rasgadas, estranho sorriso tinha nos lábios gélidos...

Respeitosos, tiraram os chapéus e, juntos, ergueram uma prece à infeliz desconhecida.

Nenhum deles reconheceu na morta, a pequenina enjeitada filha de Francisco e Marie, a mesma menininha que tinha corrido por aquela estrada, que tinha cantado com tanta graça nas noites de Natal, naquela mesma capelinha que se avistava ao longe... que tinha percorrido todo aquele burgo sentada ao lado da velha fidalga na carruagem antiga e que, depois, saíra numa tarde acompanhada de Pierre para ali só voltar agora, velha, faminta e vir sucumbir junto ao senhorial portão...

Foram os camponeses que, piedosamente, lhe deram a sepultura no velho cemitério da nobre família.

Foi uma rara concessão, pois devido as horas que estivera abandonado o seu corpo junto ao portão, era impossível levá-lo para a cidade mais próxima e, como na ocasião estava ali um descendente da família, este deu permissão para que fosse sepultada a indigente no velho e quase abandonado cemitério do castelo, perto de duas antigas sepulturas onde se lia o nome de Madalena e Edmundo.

8

No Plano Espiritual

Depois de ter percorrido por longos anos as estradas poeirentas, esfarrapada e faminta, pedindo por amor de Deus um pedaço de pão para saciar a fome, quando encanecida e trêmula tombei moribunda junto ao portão do velho castelo, sem amparo, nos estertores de uma atroz agonia que senti por muito tempo, fui levantada por mãos invisíveis e levada bruscamente pelas alturas incomensuráveis do Infinito.

Senti depois que era atirada em um lugar muito escuro, onde não podia vislumbrar uma só nesga de luz...

Sentia frio e angustiada tentava gritar; mas me parecia que tenazes forças comprimiam-me a garganta, impossibilitando-me de emitir uma só palavra...

Queria coordenar as minhas idéias, mas baldado o esforço; só me lembrava que tinha tombado junto a um portão majestoso donde se via um grande castelo...

– Mas, por que este escuro tenebroso? e este frio tão intenso? Por quê?... Onde estou?... Não sei... Não sei...

Com as mãos nervosas procurei apalpar para sentir se estava sentada sobre pedras ou terra úmida... senti as mãos pousarem sobre uma laje fria e lisa. Senti, ao retirá-las, que estavam molhadas como se eu tivesse ido pela manhã colher algumas flores salpicadas pelo orvalho da noite.

– Mas, onde estou? – dolorosa interrogação... – Por que tenho os olhos vedados?

Quero retirar a venda que sinto presa sobre os meus olhos cansados... quero retornar a ver a luz clara e rutilante do Sol invadindo as estradas, os campos e as cidades com os seus raios fortes e quentes... mas as minhas pobres mãos são impotentes para poderem levantá-la; a venda fortemente atada me torna subjugada e presa ao lugar onde fui atirada.

– Mas, por que sofro tanto?... Por quê?...

Consigo recordar a minha infância de criança enjeitada, atirada a uma porta desconhecida para ser criada qual uma intrusa, num lar paupérrimo... depois, a primeira desilusão, a primeira queda e todo o desmoronar das minhas ilusões e de todos os meus anseios...

Mais tarde, a velhice impiedosa, os lupanares sórdidos, as afrontas dos homens desalmados; e, depois de não ter mais força para enfrentar as crueldades do destino, fui forçada a procurar no álcool o companheiro desejado e, para terminar, então busquei as estradas sem fim até que, exausta, caí para não mais me levantar... e, quando recobrei novamente a razão, novo martírio, agora inválida e cega ao desamparo...

– Mas por que sofro? – gritei alucinada. – Por quê?... Por quê?...

Foi quando ouvi uma voz de timbre suave e senti pousar sobre os meus olhos doloridos a maciez de mãos quentes e acariciadoras que cuidadosamente foram retirando a venda espessa.

Fui abrindo os olhos aos poucos, receosa da claridade até conseguir abri-los de todo e vi, junto a mim, o vulto claro de um ancião... Desprenderam-me as tenazes que tinham apertado minha garganta e pude contente ouvir a minha própria voz. Ajoelhada, implorei:

– Bondoso amigo, dize-me, onde estou?

Ouvi claramente a resposta:

– No Infinito, para onde todos retornam depois da trajetória pela vida terrestre.

– Mas, por que sofri tanto e ainda sofro?

– Porque foste orgulhosa e má...

– Não! – gritei alto – fui enjeitada, pobre, iludida, desprezada e mendiga...

– Sim, filha, foste tudo isto, porque em outra existência, quando fabulosamente rica e nobre, ao deparar-se, nos degraus de mármore do teu palácio, tenra e mimosa criancinha enjeitada e infeliz, não tiveste a compaixão precisa, e desdenhosamente, com os teus pés, finamente calçados, atiraste, com inúmeros pontapés, para a sarjeta, a desgraçada criança.

Porque quando rica e portentosa não ouviste os apelos de pobres camponeses que vinham junto às grades de teu portão implorar a tua ajuda.

Porque quando pobres e infelizes donzelas, tuas servidoras, foram profanadas no recinto do teu lar, pediram o teu auxílio, tu sorriste sarcasticamente e disseste: – Fâmulas não têm honra nem dignidade, só servem para saciar os desejos de seus senhores, nobres e ricos –, deste grandes gargalhadas zomban-do das infelizes, depois as enxotaste para longe.

Desprezada porque, possuidora de invulgar talento, podias ter batalhado pelo bem, ter amparado os necessitados, mas nada fizeste de bom. O teu talento foi para pregar o Nada, para encher as páginas dos teus livros incutindo nos incautos, com a magia dos teus poemas, a verdade do Nada, quando pregaste que: "A vida é tudo quanto vemos e tudo quanto sentimos", portanto deviam tirar dela o "melhor" vivendo alegres e descuidados, pois terminada voltariam para o seio fecundo da terra contribuindo com as suas reservas orgânicas para o seu eterno desenvolvimento.

Ouvia estarrecida as palavras do bondoso ancião e então comecei, realmente, a me recordar vagamente de tudo e, ainda ajoelhada, tomei as mãos do bondoso amigo e supliquei:

– Esclarece-me, por piedade, não posso compreender como depois de ter sido tão pobre e desgraçada, o meu amigo diz que fui rica, nobre, inteligente e má...

Senti a mesma maciez e a mesma quentura da leve mão pousar sobre a minha cabeça e, imediatamente, vislumbrei qual um mágico cenário se formar diante dos meus olhos deslumbrados e a voz leve do ancião dizer:

– Recorda agora, minha filha, a tua passagem pela Terra quando foste a Duquesa de X...

Revi emocionada a minha vida anterior, os meus erros e as minhas crueldades... tudo passou pela minha frente em quadros seguidos... ajoelhada continuava e, à proporção que tudo ia se passando, eu ia também compreendendo quão justas são as aparentes desigualdades na Terra.

E no contraste destas *duas vidas,* está positivada esta sublime VERDADE...

Rio de Janeiro, 22 de fevereiro de 1953.

Últimas palavras

Fica o burgo de Saint-Germain, situado a poucos quilômetros de Paris...

Como é agradável rever os lugares da Terra onde já vivemos, onde amamos e onde fomos felizes.

É o que sinto agora ao ver o meu burgo querido...

Parti há tantos anos, e o meu Espírito não deixou ainda de sentir saudades quando, em vôos rápidos, consigo me aproximar e vejo, comovida, a sua vegetação exuberante e o verde delicado das suas campinas.

Foi num desses vôos, quando a primavera desabrochava na fase esplendorosa, do milagre multicor das várias flores que cobriam os vales e os prados, e o céu límpido inundava tudo de luz, que desci e pude divisar o grande palácio que me serviu de berço.

Aproximei-me junto ao senhorial portão de grossos ferros retorcidos em arabescos artísticos, presos por duas colunatas de ferro, terminadas em sustentáculos por bojudos lampeões onde, bem no cimo, paira ainda, desafiando o tempo, os brasões da nobre Família de X.

Vejo nitidamente as soberbas flores-de-lis...

Cheguei mais perto e vi a larga avenida que vai dar junto à majestosa escadaria de mármore. Depois o meu olhar voltou-se para o grande jardim cuja alameda, circundada de seculares árvores, terminava num oculto salão, onde eu, quando aí vivi, deslumbrei a sociedade elegante e nobre com as mais exóticas festas. Vi entristecida esse recanto pecaminoso do meu passado.

Parecia ouvir ainda o tinir dos finos cristais e as gargalhadas estridentes dos convivas ébrios e devassos; ouvia o timbre da minha própria voz, bem nítido e alto, quando, faiscante de jóias preciosas e ricos trajes, erguia a minha taça e dizia: – Bebamos todos em homenagem ao Amor e ao Prazer porque, depois disso, só o Nada.

Ouvia o tinir frenético das taças que, erguidas bem alto, correspondiam à minha saudação...

Encostei a cabeça nos grossos ferros do grande portão e, quando voltei a erguê-la, procurei a longa estrada poeirenta e silenciosa, e recordei o vulto de outra mulher, miserável, esfarrapada, faminta, de cabelos brancos e olhar revoltado que agonizava na estrada longa que vinha dar no rico castelo.

Só agora é que posso compreender que a orgulhosa e depravada dama, senhora desse aristocrático burgo, era a mesma mendiga que, faminta, estendia a mão pedindo esmolas para não morrer de fome.